U0959866

权威·前沿·原创

皮书系列为

“十二五”“十三五”国家重点图书出版规划项目

本书是中国葡语国家研究中心的研究成果
对外经济贸易大学区域国别研究院和安哥拉粤商会资助出版

葡语国家蓝皮书

BLUE BOOK OF
PORTUGUESE-SPEAKING COUNTRIES

葡语国家发展报告（2017~2018）

REPORTS ON THE DEVELOPMENT OF PORTUGUESE-SPEAKING COUNTRIES (2017-2018)

主　编／王成安　张　敏　刘金兰
副主编／安春英

社会科学文献出版社
SOCIAL SCIENCES ACADEMIC PRESS (CHINA)

图书在版编目(CIP)数据

葡语国家发展报告. 2017－2018 / 王成安，张敏，刘金兰主编. --北京：社会科学文献出版社，2019.9

（葡语国家蓝皮书）

ISBN 978－7－5201－5268－6

Ⅰ. ①葡… Ⅱ. ①王… ②张… ③刘… Ⅲ. ①葡萄牙语－国家－社会发展－研究报告－2017－2018 Ⅳ. ①D569

中国版本图书馆 CIP 数据核字（2019）第 164049 号

葡语国家蓝皮书

葡语国家发展报告（2017～2018）

主　　编 / 王成安　张　敏　刘金兰

副 主 编 / 安春英

出 版 人 / 谢寿光

责任编辑 / 许玉燕

文稿编辑 / 李惠惠　李吉环　张金木

出　　版 / 社会科学文献出版社（010）59366556

地址：北京市北三环中路甲 29 号院华龙大厦　邮编：100029

网址：www. ssap. com. cn

发　　行 / 市场营销中心（010）59367081　59367083

印　　装 / 天津千鹤文化传播有限公司

规　　格 / 开　本：787mm×1092mm　1/16

印　张：20. 25　字　数：303 千字

版　　次 / 2019 年 9 月第 1 版　2019 年 9 月第 1 次印刷

书　　号 / ISBN 978－7－5201－5268－6

定　　价 / 128. 00 元

编 委 会

主编简介

王成安 资深翻译家，对外经济贸易大学中国葡语国家研究中心首席专家、客座教授，清华大学一带一路战略研究院特聘研究员、中国农业大学经济管理学院客座教授、中国社会科学院世界经济政治研究所发展研究中心特聘研究员。主要研究方向为葡语国家、对外援助和非洲，主编《中国—葡语国家经贸合作论坛（澳门）10 年报告（2003 ~2013 年)》《葡语国家发展研究(2013 年)》《葡语国家蓝皮书：葡语国家发展报告》等。北京广播学院外语系（现为中国传媒大学外语学院）葡萄牙语专业毕业。1977 ~1991 年担任中国援佛得角、几内亚比绍专家组葡语翻译和中国驻几内亚比绍、圣多美和普林西比大使馆经济商务参赞处经济商务外交官，1991 ~2004 年担任中国商务部援外司处长、副司长，2004 ~2008 年担任中国—葡语国家经贸合作论坛（澳门）秘书长，2012 ~2019 年担任中国世界贸易组织研究会副会长。

张　敏 中国社会科学院欧洲研究所研究员，享受国务院政府特贴专家，兼任中国社会科学院西班牙研究中心主任，博士生导师，澳门城市大学特聘导师；曾在荷兰蒂尔堡大学、西班牙巴塞罗那大学、马德里自治大学、英国皇家科学院、德国弗莱堡大学、比利时科学院、芬兰科学院、欧洲政策研究中心、葡萄牙科英布拉大学等大学与智库机构进行访问与研究。现为中国社会科学院欧洲研究所科技创新领域首席研究员，先后主持和主要参与中国社科院重大研究项目“欧盟国家经济改革的理论与实践”“当代西班牙政治与经济研究”“欧洲国家政党研究”“欧盟国家低碳经济理论与实践”等，参与撰写《欧洲蓝皮书：欧洲发展报告》（1996 年起），主编《葡语国家蓝皮书：葡语国家发展报告》（2015 年起），合著《中国对外援助》《欧盟国家经济改革理论与实践》，合译《欧洲资本主义的未来》，著有《当代西班牙经济与政治》《列国志·西班牙》，并发表学术论文50余篇。现任中国社会科学院科英布拉中国研究中心执行主任（中方）、中国欧洲学会理事、对外经贸大学葡语研究中心副主任、国家社科基金评审专家。

刘金兰 研究员，现任对外经济贸易大学英语学院党委书记，中国葡语国家研究中心副主任兼秘书长。主要研究方向为区域国别研究、高等教育管理。主持并完成国家汉办科研项目“外国语言传播机构师资遴选和培养管理运行模式研究”，参与国家汉办“汉语国际推广师资非英语语种外语强化培训培养模式研究”科研项目，作为执行副主编参与《中国—葡语国家经贸合作论坛（澳门）10年报告（2003~2013年）》的编写工作，完成课题十余项，在《国际贸易》《国际商务》《中国高等教育》等发表论文20余篇。

安春英 中国社会科学院西亚非洲研究所《西亚非洲》编辑部主任、编审，兼任中国非洲问题研究会秘书长，主要研究方向为非洲经济、非洲减贫与可持续发展问题，著有《列国志·加蓬》(2005)、《非洲贫困与反贫困问题研究》(2010)、《中非减贫合作与经验分享》(2018）等。

赵雪梅 对外经济贸易大学教授，大连外国语大学西葡语系教授，硕士生导师，曾任北京外国语大学校外兼职博导，现任中国拉丁美洲学会常务理事，人社部全国翻译考试中心西语组专家委员，教育部国家教材委员会专家委员。1982年7月毕业于对外经济贸易大学，获经济学学士学位；1988年毕业于墨西哥经济研究教学中心国际经济政治学专业，获经济学硕士学位。1993~1994年任中国驻智利大使馆经商处二等秘书，1994~1996年任中国驻多米尼加代表处副代表。

魏　丹 北京大学法学学士，葡萄牙科英布拉大学法学硕士、博士，是该校第一位取得法学博士学位的中国人，也是中国第一位用葡语取得学位的法学博士。澳门大学法学院教授，代副院长，博士生导师。熟悉葡语系国家法律制度，曾参加中国巴西部长级贸易技术谈判。2013 年起任巴西司法部项目合作专家。任巴西南大河联邦大学客座教授，曾在近十所巴西大学讲学或参加学术研讨会。主持了多项涉及巴西的研究课题，如“葡语国家外国投资法律法规汇编”、“巴西贸易救济制度”（荷兰 Kluwer）、“中国与拉丁美洲国家贸易纠纷的解决”（德国 Springer）、“中国高铁项目在拉美遇到的法律问题”（德国 Springer 即将出版）等。Springer 出版社“新兴经济体的法律”系列丛书总主编和巴西教育部 A 级学术期刊《消费者法》编委会编辑。中国国际经济贸易仲裁委员会仲裁员、最高人民法院外国法查明研究基地外国法查明专家。

周志伟　中国社会科学院研究生院法学博士，现任中国社会科学院拉丁美洲研究所研究员、国际关系研究室副主任、巴西研究中心执行主任。曾先后在巴西圣保罗大学国际关系研究所、里约热内卢天主教大学金砖政策研究中心和 Fluminense 联邦大学战略研究所访问。主要研究方向为巴西综合问题、巴西国际战略、中拉关系。2012 年出版专著《巴西崛起与世界格局》，并在《拉丁美洲研究》《西亚非洲》《世界经济与政治论坛》《当代世界》等学术刊物发表数十篇论文。

唐奇芳　中国国际问题研究院副研究员，毕业于北京大学，曾在日本早稻田大学留学，获得国际政治博士学位。主要研究方向为中国与东南亚国家关系、中日关系及东亚地区合作。出版学术专著一部、译著三部，在学术期刊及论文集发表论文数十篇，经常为各大报刊及网络媒体撰写国际问题时评文章。

前　言

中国葡语国家研究中心以此第四部年度报告——《葡语国家蓝皮书：葡语国家发展报告（2017～2018）》奉献给亲爱的读者们，向长期持续关注葡语国家整体和国别的研究团队展示最新的研究成果和敬业精神。

本报告以中国—葡语国家经贸合作论坛（澳门）（以下简称“中葡论坛”）成立15周年为契机，将特别报告部分置于显著位置，邀请中葡论坛常设秘书处撰文，充分回顾中葡论坛取得的显著成就，高度概括其发展经验，热情展望其未来的发展前景。同时，对澳门特别行政区打造中国与葡语国家商贸平台所做出的不懈努力及其发展经济适度多元化取得的进展给予特别关注。

本报告以中国改革开放40周年为引领，系统阐述中国与葡语国家的多双边合作成果和形成的机制。希冀本书作为当前从整体上研究葡语国家经济、社会发展的学术专著，而具有理论和实际意义上的参考价值。

本报告以中国与葡语国家负责经济贸易事务的部长们在第五届中葡论坛部长级会议通过的经贸合作行动纲领为共识，以“一带一路”倡议为引领，反映中国与葡语国家深化合作的最新行动，阐明论坛与会国落实共同目标的实际效果。

本报告从区域国别研究的视角，既阐述、分析葡语国家经济发展状况，又反映、展现分布于四大洲的葡语国家在世界经济格局中的地位和作用，同时在国别报告中又一一展示八个葡语国家的最新表现。因此，本书可为政府部门制定政策提供参考建议，也可为中外企业开展合作提供指导意见。

葡语国家包括安哥拉共和国、巴西联邦共和国、佛得角共和国、几内亚比绍共和国、莫桑比克共和国、葡萄牙共和国、圣多美和普林西比民主共和国及东帝汶民主共和国。2018 年，葡语国家总人口为 2. 81 亿人，总面积为 1076 平方千米。

对外经济贸易大学国际学院乔雪冬老师将全书摘要译成英文，并审定了每篇报告摘要和关键词的英文部分。浙江外国语学院西方语言文化学院葡语系王小月老师将全书摘要和每篇报告摘要翻译成葡文。浙江外国语学院外籍专家施若杰（José Medeiros da Sílva）审定了每篇文章摘要和关键词的葡文部分。北京外国语大学西葡学院研究生李诗悦做了葡文文字校对工作。

感谢中国—葡语国家经贸合作论坛常设秘书处对本书的大力支持，感谢对外经济贸易大学区域国别研究院对本书出版的指导和帮助，感谢中国社会科学院欧洲研究所、西亚非洲研究所、世界经济政治研究所、拉丁美洲研究所巴西研究中心、中国国际问题研究所、商务部国际贸易经济合作研究院外贸所、澳门大学和广东国际商会副会长王毅先生的大力支持。

摘　要

《葡语国家发展报告（2017～2018）》以葡语系八国，即安哥拉、巴西、佛得角、几内亚比绍、莫桑比克、葡萄牙、圣多美和普林西比及东帝汶为研究对象，回顾、分析2017～2018年葡语国家整体和国别经济、社会发展状况，在主报告和国别报告中分别论述了中国与葡语国家经贸合作的发展变化。

主报告部分以详尽的宏观数据综合阐述2017～2018年经济全球化背景下葡语国家经济、社会发展的状况，通过比较方法从纵向和横向概括分析了葡语国家发展的经验和面临的挑战。2017年，世界经济增速出现明显回升，发达经济体出现增长势头，美国采取单边主义，中美贸易摩擦加剧。葡语国家国内生产总值达到2.42万亿美元，八国平均增速为3.1%。葡语国家经济总量占全球经济总量的3.01%，比2016年有所增长。巴西和葡萄牙不同程度地摆脱经济危机的困境，出现恢复性增长的可喜局面。亚非葡语国家经济增长稳定，但是仍然在低速增长区间。

中国与葡语国家友好合作平稳发展。2018年12月，中国国家主席访问葡萄牙，双方签署《共同推进“一带一路”建设的谅解备忘录》。2017年8月，巴西总统特梅尔访华并出席金砖国家领导人厦门会晤。中国与葡语国家领导人互访极大促进了双边友好合作。2017年和2018年，双边货物进出口总值分别达到1100多亿美元和1700多亿美元，同比分别增长20.40%和25.31%。中国与葡语国家经贸合作在多双边的共同作用下，取得长足发展，经过专家论证，多边的溢出效应十分明显。随着中国与葡语国家经贸合作的拓展，中国地方政府与葡语国家贸易、投资联系日趋紧密。十分值得关注的是，近年来，中国内地和中国澳门与葡语国家的智库交流日趋活跃，举办研讨会、相互访问、出版书籍日益增多。

热点报告部分反映了多方关切。何为葡语国家当前的热点问题？葡语国家经济社会和人文领域的整体发展状况引人注目，这些研究成果包括中国与葡语国家多双边合作机制的探讨、葡语国家共同体缘起与发展综述、中国与葡语国家的发展合作研究、中国与葡语国家的人文交流，以及巴西和安哥拉两国的经济发展方面的研究，一是巴西组成新政府之后的经济发展态势和政府新政，二是安哥拉多元化发展道路的探索等。

国别报告部分通过比较研究，分析 2017～2018 年的发展变化，以及中国与各个葡语国家间的合作成果。尽管获取文献资料有限，但是作者们通过本人或其他专家、学者的实地调查，获取了第一手材料，十分难能可贵。

2017 年世界经济恢复增长出现曙光，2018 年世界经济因美国发起中美贸易摩擦而增加许多不确定因素。世界贸易组织改革面临巨大挑战，葡语国家经济社会发展面临一定的困境。尽管如此，葡语国家努力奋斗，克服大宗商品国际市场价格低迷带来的困难，继续砥砺前行。2017～2018 年，中国与葡语国家的贸易增长可观，中国企业对葡语国家的投资热情不减，足以证明中国与葡语国家间友好关系稳固，中国与葡语国家的双边合作有效，中国—葡语国家经贸合作论（澳门）具有强大的生命力。

未来，葡语国家的经济社会发展可期，中国与葡语国家的友好合作前景更加美好！

关键词： 葡语国家　经济社会发展　经贸合作

目录

Ⅰ　主报告

Ⅱ　特别报告

Ⅲ　热点报告

Ⅳ 国别报告

Ⅴ 资料

皮书数据库阅读**使用指南**

主 报 告

General Report

B.1 葡语国家经济社会发展综述（2017～2018年）

王成安*

摘 要： 2017 年，葡语国家整体经济发展稳定，但是仍然处于低速增长状态。巴西结束经济衰退，实现恢复性增长；葡萄牙摆脱 2008 年以来的主权债务危机，经济增长打破 21 世纪纪录。亚非葡语国家仍然受大宗商品价格回升乏力的影响，经济发展波澜起伏。葡语国家人口达到 2.81 亿人，减贫问题日趋重要。安哥拉和巴西大选后社会稳定，两国国内外政策走向受到关注。2018 年，中国国家主席习近平访问葡萄牙，签署共建“一带一路”谅解备忘录。中国—葡语国家经贸合作论坛

* 王成安，对外经济贸易大学中国葡语国家研究中心首席专家，中国—葡语国家经贸合作论坛（澳门）常设秘书处前秘书长。

（澳门）成立15周年，展开第三方评估。

关键词： 葡语国家 经济社会发展 中国—葡语国家 经贸关系

葡语国家作为跨区域经济体是全球经济格局的重要组成部分，因分布于亚洲、非洲、拉丁美洲和欧洲四大洲，在经济全球化的今天，其经济走势不可避免地受到全球经济发展的影响，也必然脱离不了区域经济的发展。

2017年，世界经济增速结束继续下降的局面，出现明显回升的势头。世界银行公布2017年全球经济总量为80.68万亿美元，增长率比上年高出0.6个百分点，按购买力平价（PPP）计算为3.6%。① 全球原油价格有所回升，超过60美元/桶。国际贸易增速提升，世界贸易组织最新报告指出，2017年全球货物贸易额达到34.77万亿美元，增长4.7%。② 全球服务贸易出口增长8%，进口增长6%。全球网络零售交易额达到2.304万亿美元，同比增长24.8%。但是，全球外国直接投资下降了16%，为1.52万亿美元，而2016年为1.81万亿美元。

2017年，发达经济体出现增长势头，增速比上年提升0.4个百分点。美国GDP增速进一步上升至2.3%，经济复苏状况良好；英国脱欧并未造成欧洲经济低迷，相反欧元区GDP增速达到2.5%，创十年来最高水平。新兴市场和发展中经济体市场出现恢复性增长，增速达到2.1%。2017年巴西GDP增速达到1.0%，2016年为-3.5%。亚洲经济体经济增长强劲，增速提高0.1个百分点，达到6.5%。③ 南美和加勒比地区的GDP增长1.2%，而2016年仅为-0.9%。2017年非洲GDP为2.263万亿美元，增长3.6%，其中东非地区增长5.9%，明显高于非洲整体经济增长水平。2017年非洲人

① 姚枝仲：《2017～2018年世界经济形势分析与展望》，载张宇燕主编《世界经济形势分析与预测（2018）》，社会科学文献出版社，2018。

② 《国经中心：世贸组织发布〈2018年世界贸易统计报告〉》，国际财经中心网站，2018年8月3日，http://www.mof.gov.cn/mofhome/ytcj/pdlb/yjcg/201808/t20180803_2980606.html。

③ 《2017年全球经济回顾》，中金网，2017年12月21日，http://forex.cngold.com.cn/20171221d1710n198706114.html。

口为12.6亿人，比上年净增3120万人。

2018年，美国采取单边措施，中美贸易摩擦加剧，影响全球经济。3月，美国发起所谓“301调查”。7月，美国对中国输美340亿美元产品加征25%关税。8月，美国提出对另外160亿美元产品加征关税。美国的做法不仅严重损害了中美双边经贸关系，而且对世界经济产生了负面影响。当然，中国政府为了维护正当权益，采取了反制措施，但是因为中国的经济体量很大，加征关税对中国的经济发展影响暂时有限。中美贸易摩擦将使美国付出巨大代价，如美国新兴产业发展将遭受重挫，并影响美国制造业的国际市场份额，还将影响美国高科技产品的出口等。2018年，全球经济复苏相比2017年趋缓。欧元区经济增长速度放缓，日本经济或将持续低迷，新兴市场保持增长但是差异较大。

2018年，中国改革开放整整40年。改革开放之初的1978年，中国的经济总量仅为3679亿元。2017年，中国GDP已经达82.71万亿元（约合12.2万亿美元），中国已经成为世界第二大经济体。2017年，中国经济总量占世界经济的比重已经达到16%，仅次于美国。1978年，中国进出口贸易额为355亿美元；2017年，中国进出口商品总值同比增长11.4%，达到41052亿美元，是1978年的782.82倍，外贸依存度为33.5%。2017年，中国吸引外国直接投资1440亿美元，是继美国之后全球第二大外资流入国，并继续成为吸引外资最多的发展中国家。截至2017年底，中国对外直接投资存量为1.8万亿美元，排名提升至全球第二位。2017年，中国外汇储备增长1294亿美元，达到31399亿美元。2017年，中国的供给侧结构性改革取得成效。政府采取积极的财政政策和稳健的货币政策，通过减税降费减轻企业负担，重点保障民生、扶贫、环保等领域的财政支出。2018年，中国GDP增长速度为6.6%，生产和需求、就业、物价、国际收支保持平稳态势。

一　葡语国家在稳定、调整、复苏中发展

随着经济全球化逐步深入，葡语国家不断调整宏观政策。从整体上看，

葡语国家经济发展基本稳定，其中巴西、葡萄牙走出经济危机的阴霾，经济发展在复苏之中，但不乏经济十分困难的个别国家。

2017 年，尽管巴西进行总统选举，但是特梅尔政府经过努力，遏制了经济衰退，经济重现增长势头。葡萄牙摆脱 2008 年以来的主权债务危机，经济增长打破 21 世纪以来的纪录。非洲葡语国家几内亚比绍得益于政府稳定，经济增长喜人。佛得角、莫桑比克及圣多美和普林西比经济继续稳步增长。东帝汶经济增长表现良好。而安哥拉受到原油价格大幅下跌的重创，经济只有小幅增长。

（一）葡语国家整体经济发展稳定，巴西、葡萄牙实现恢复性增长，亚非葡语国家经济发展波澜起伏

2017 年，巴西、葡萄牙结束经济危机，处于恢复性增长时期；亚非葡语国家经济发展波澜起伏，圣多美和普林西比异军突起，经济出现傲人的增长；非洲葡语国家经济增长稳定，但是安哥拉增长乏力。

1. 经济发展基本稳定，GDP 不同程度增长

2017 年，巴西结束两年的经济衰退，当年国内生产总值增长 1.0%，基本恢复到 2011 年的水平。巴西农牧业增速达到 13%，推动巴西经济复苏。此外，服务业、外贸进出口都有不同程度的增长。葡萄牙 2016 年开始摆脱主权债务危机，2017 年经济恢复超过预期，比上年增长 2.6%，创 2000 年以来最高增幅。葡萄牙出口增长 20.7%，旅游业增长 8.9%，外贸出口和内需是拉动其经济复苏的主要因素。亚非葡语国家经济发展出现起伏，2017 年增长较好的是非洲几内亚比绍，实现 4.9% 的增幅。佛得角、莫桑比克、圣多美和普林西比三国平均增长 4.2%，成为葡语国家 2017 年经济增长的稳定器。东帝汶 GDP 实际增长率为 3%。而安哥拉没有像人们所希望的那样，只增长了 0.7%。

2017 年，葡语国家国内生产总值为 2.42 万亿美元，葡语八国平均增速为 3.1%。葡语国家经济总量占全球经济总量（80.68 万亿美元）的 3.01%，比 2016 年略有提升。葡语国家整体上处于低速增长之中。从各国

GDP 看，圣多美和普林西比为 4.40 亿美元，实际增长 5.0%；几内亚比绍 13.47 亿美元，实际增长 4.9%；佛得角 18.27 亿美元，实际增长 4.0%；莫桑比克 123.00 亿美元，实际增长 3.7%；东帝汶 32.20 亿美元，实际增长 3.0%；葡萄牙 2193.00 亿美元，实际增长 2.6%；巴西 2.05 万亿美元，实际增长 1.0%；安哥拉 1283.36 亿美元，实际增长 0.7%。

从宏观经济数据上看，2017 年葡语国家经济增速呈阶梯状。第一梯队是增长最快的圣多美和普林西比，为 5.0%；第二梯队是几内亚比绍和佛得角，等于或超过 4%，成为葡语国家经济增长的稳定因素；第三梯队是莫桑比克和东帝汶，经济增速等于或超过 3%；第四梯队是葡萄牙，经济增速在 2% 和 3% 之间；最后梯队是巴西和安哥拉，经济增速为 1% 及以下。

从人均 GDP① 来看，2017 年，葡萄牙为 32073 美元，巴西 15565 美元，东帝汶 7213.0 美元，佛得角 6749.7 美元，安哥拉 6383 美元，圣多美和普林西比 3276.5 美元，几内亚比绍 1665.6 美元，莫桑比克 1246 美元。

从经济总量上看，巴西以 2.05 万亿美元独占鳌头，尽管巴西出现过经济衰退，但是其经济总量从未跌出世界前十位。其次是葡萄牙和安哥拉，两国的经济总量超过 1000 亿美元，但与巴西差距稍微大一些。对人均 GDP 来说，葡萄牙占据第一的位置，巴西也超过 1 万美元，安哥拉实际上处于中等收入国家行列，比中等收入国家佛得角略逊一筹。东帝汶、莫桑比克、几内亚比绍及圣多美和普林西比目前是联合国公布的最不发达国家，亚非国家的经济发展任重而道远。

2017 年，葡语国家经济发展呈现若干亮点。葡萄牙房地产、旅游业拉动其经济增长，2017 年 12 月累计复苏率达到 17.3%，差不多恢复到主权债务危机之前的水平。2017 年葡萄牙共接待游客 2060 人次，同比增长 8.9%，酒店住宿增长 7.4%，总收入 33.9 亿欧元。巴西服务业、出口拉动其经济增长，服务业增长 0.3%，出口增长 13.2%。初步总结上述两国走出经济危

① 人均 GDP 按购买力平价计算，参见本书安春英《2014～2018 年葡语国家主要经济指标》。

机阴霾的原因主要有两个方面，一是两国采取的恢复经济增长的政策得当，发展国内优势产业，大力吸引外资，逐步使内部需求增加；二是得益于外资的引进，两国在艰辛的经济恢复期间，既有国际援助，又有持续不断的外资进入，特别是中国企业的各类投资对两国经济恢复做出了贡献。

几内亚比绍社会稳定，政府虽有更迭，但是并未造成社会动荡，国民安居乐业是这一发展中葡语国家经济发展的基本保障。几内亚比绍是赖以出口换汇的腰果的非洲主产地之一，2017 年产量为 16.3 万吨，比上年略有增长。2016 年产量为 15.4 万吨，为世界第八、非洲第五大腰果生产国。渔业资源丰富，年产大约 18000 吨，与欧盟和中国都有长期渔业合作。

佛得角经济长期稳定，得益于公共投资和宽松的货币政策，私人贷款同比增长 31.43%，为其经济发展注入活力，同时受惠于欧元区的经济表现。

圣多美和普林西比附近海域大约有 60 亿桶至 100 亿桶石油资源，可供开采 45 年。这一发现为其经济发展带来巨大机遇，外国企业纷至沓来。除中国政府外，国际组织和外国政府也对其给予援助，2017 年联合国开发计划署向其提供 1300 万美元的援助。

莫桑比克虽然经济有所放缓，但是仍然维持 3.7% 的增长率。有“世界腰果之乡”美称的莫桑比克，2017 年腰果大丰收，产量达到 13.74 万吨，创下 30 年新高。① 港口吞吐能力提升，马普托港口处理货物 1820 万吨，比上年 1490 万吨增长了 22.1%。莫桑比克丰富的矿产资源吸引了中国投资者。2016 年其外国直接投资为 34 亿美元，成为非洲外国直接投资的热点之一。

安哥拉继续受到原油价格低迷的困扰，国内经济增长乏力，但是不乏经济增长亮点。2017 年石油产量 163.2 万桶/日，在全球十大产油国中排在第九位。原油出口 5.96 亿桶，虽然数量减少，但是原油价格上涨了 12 美元，以 52 美元出售，出口额同比增长 18.13%，出口额 301.66 亿美元。石油收

---

① 《2017 年莫桑比克腰果产量创 30 年纪录》，中非贸易研究中心网站，2017 年 5 月 9 日，http：//news. afrindex. com/zixun/article8925. html。

入下滑，使安哥拉推动经济多元化的力度加大，并且重点放到发展农业上去。

2017年，东帝汶经济虽有小幅增长，但石油产量下跌，受恶劣气候影响，咖啡产量和出口下跌，政府公共开支大幅度收窄，非石油经济下跌1.8%。同时，东帝汶基础设施建设仍然在进行中，总长30355千米的苏艾高速公路在2018年4月完工。

2. 对外贸易不可或缺，货物进出口大幅度增长

2017年，葡语国家中葡萄牙、巴西、安哥拉、佛得角、几内亚比绍、莫桑比克是世界贸易组织（WTO）成员。葡语国家中依赖石油和矿产资源出口的巴西和安哥拉近几年饱受大宗商品价格下跌拖累经济发展之苦，进而实施经济多元化政策，正在由发挥产能优势向拉动内需转变。同时，发展本国产业，扩大出口货源，提高出口能力。巴西是世界贸易组织的创始成员，在世贸组织中积极活动，在协调解决贸易争端方面经常代表发展中成员发挥了重要作用。世界贸易组织总干事为巴西人阿泽维多（Roberto Azevêdo），长期从事国际贸易和经济事务，尤为熟悉多边贸易争端机制，熟练运用英语、法语和西班牙语工作。葡萄牙于1995年1月1日作为发达成员加入世界贸易组织。其他葡语国家均作为发展中成员加入世界贸易组织。葡语国家传统进出口产品依然以初级产品为主，并对出口换汇的依存度较高，主要出口原油、矿产品、农产品，进口机电产品、日用品、粮食。葡语国家2017年进出口货物贸易总值为5774.63亿美元，比2016年增长13.84%，占全球货物贸易额34.77万亿美元的1.66%，比2016年上升约0.66个百分点。葡语国家2017年较大幅度提高贸易能力，努力出口换汇，全年出口总额为3233.23亿美元，占当年GDP的13.36%。进口总额为714.64亿美元，进口货物用以满足各国的基本需求。

巴西主要贸易对象有美国、欧盟、日本、中东及拉美邻国。2017年，巴西进出口总额为2415.7亿美元，比上年增长12.4%。其中，出口2087.55亿美元，比上年增长13.2%；进口328.15亿美元，比上年增长

7.8%；贸易顺差1759.4亿美元。主要进口石油、小麦、药品、机械设备、电子设备、汽车及零配件。主要出口铁矿砂、飞机、钢材、大豆、药品、汽车及零部件。①

葡萄牙主要贸易对象有欧盟，包括西班牙、德国、法国、意大利、荷兰、比利时等，还有中国、安哥拉、巴西、尼日利亚。出口产品主要有机械设备、汽车、普通金属、化学品；进口商品主要有矿物燃料、机械设备、车辆。软木产量占世界总产量的一半以上，出口位居世界第一；制鞋出口在全球居第11位。葡萄牙2017年进出口总额为918亿美元，比上年增长19.8%。其中，出口747亿美元，比上年增长20.7%；进口171亿美元，比上年增长16.3%；贸易顺差576亿美元。

安哥拉政府对进口商设有进口配额，并将逐步限制制成品进口，鼓励大宗商品进口。当年进出口总额为490.77亿美元，比上年增长36.37%。其中，出口346.14亿美元，比上年增长25.46%；进口144.63亿美元，比上年增长10.91%；顺差201.51亿美元。安哥拉出口石油、钻石、天然气、剑麻、咖啡，还有养殖产品、木材、棉花等。安哥拉主要进口药品、食品、纺织品、机电设备、交通工具及其零部件等。

莫桑比克2017年进出口总额为99.48亿美元，比上年增长23.41%。其中，出口47.25亿美元，比上年增长41.98%；进口52.23亿美元，比上年增长10.35%；贸易逆差为4.98亿美元。莫桑比克制造业产品为主要出口产品，包括铝锭、煤炭、电力、天然气，以及农业与渔业产品，如棉花、烟叶、木材、对虾、糖等。莫桑比克主要进口汽车、石油、机械设备、粮食等。②

佛得角2017年进出口总额为9.46亿美元，比上年增长12.7%。其中，出口1.73亿美元，比上年增长16.7%；进口7.73亿美元，比上年增长

① 《2017全年中国与巴西双边贸易概况：进出口额为748.1亿美元，增长27.9%（附图表）》，中商情报网，2018年1月29日，http://www.askci.com/news/finance/20180129/161340117189.shtml。

② 世界贸易组织：《2018年世界贸易统计报告》，2018年7月30日。

11.9%；贸易逆差为6亿美元。佛得角全部机械设备和建筑材料、80%以上的日常生活用品和燃料依靠进口。佛得角主要出口金枪鱼罐头、冻鱼、龙虾、食盐、船用燃料、服装、鞋类、火山灰等，每年贸易逆差巨大。主要贸易伙伴有葡萄牙、西班牙、荷兰和阿尔及利亚。

几内亚比绍2017年进出口总额为6.12亿美元。其中，出口3.28亿美元；进口2.84亿美元，比上年增长26.4%。几内亚比绍主要出口腰果、冻虾、冻鱼，其中腰果出口占出口总额的80%以上。几内亚比绍主要进口粮食、燃料、润滑油、运输设备和建材。主要贸易伙伴有印度、尼日利亚、葡萄牙、塞内加尔。①

圣多美和普林西比2017年对外贸易总额为1.36亿美元，比上年增长3%。其中，出口0.11亿美元，比上年下降16.9%；进口1.25亿美元，比上年增长5.04%。主要出口可可、咖啡、椰干、棕榈仁。主要进口粮食、燃料、工业产品和日用消费品。圣多美和普林西比主要出口对象是比利时、西班牙、意大利、德国、荷兰，主要进口国是葡萄牙、安哥拉、中国、日本、西班牙。②

东帝汶2017年进出口总额为6.98亿美元，比上年增长20.6%。其中，出口0.17亿美元（不含油气），比上年减少16.5%；进口6.8亿美元，比上年增长21.95%。东帝汶主要出口咖啡、木材、橡胶、椰子，进口燃油、谷物、车辆、机电设备。主要进口国为印度尼西亚、新加坡、马来西亚、中国，主要出口国为美国、德国、日本。③

葡语国家出口总体上在其本国国内生产总值中所占比重大幅度降低，莫桑比克、葡萄牙、安哥拉、几内亚比绍的经济发展对出口依赖度较高，莫桑比克2017年出口占GDP的38.41%，葡萄牙为34.06%，几内亚比绍为24.3%，安哥拉为26.97%。佛得角、圣多美和普林西比国家资源有限，对进口依赖程度较高，两国进口占其GDP的比重分别为42.31%和28.4%。

---

① 世界贸易组织：《2018年世界贸易统计报告》，2018年7月30日。

② 世界贸易组织：《2018年世界贸易统计报告》，2018年7月30日。

③ 世界贸易组织：《2018年世界贸易统计报告》，2018年7月30日。

东帝汶虽然油气资源丰富，但是燃料、设备和日常用品也依靠进口，进口占其 GDP 的比重为 21.2%，并且出口有所下降。

3. 吸引外资冰火两重天，对外投资大幅度下降

2017 年，葡语国家吸引外资 698.69 亿美元，比上年 823.68 亿美元大幅度减少 124.99 亿美元，同比下降 15.17%。尤其是安哥拉，无论是流量还是存量都出现大幅度下降。同时，佛得角、几内亚比绍、莫桑比克三国的流量都不同程度地出现负增长，东帝汶外商投资存量开始下降，但是巴西、葡萄牙、圣多美和普林西比、东帝汶当年吸引外资增长喜人，四国平均增长 31.49%。除安哥拉和东帝汶之外，其他国家外资存量得益于前几年的增长，六国平均增长 14.84%，其中几内亚比绍、葡萄牙、佛得角和巴西的外商投资存量都比 2016 年有大幅度提高。2017 年葡语国家总体上出现外商投资增长下降的局面，与全球外国直接投资大幅度下降 23% 有直接关联。特别是主要投资方，如欧洲下降了 21%，发达国家跨国公司对外投资下降了 3%。葡语国家 2017 年对外投资形势不容乐观，只有几内亚比绍和佛得角分别增长 180.70% 和 48.97%。其余国家出现大幅度减少，五国平均下降了 81.5%，降幅最大的葡萄牙达到 188.68%。上述情况反映出大部分葡语国家遭遇了不同程度的经济发展困境，企业生存自顾不暇，已经无力发展对外投资。

世界银行发布的《2018 年全球营商环境报告》反映了各国 2017 年的营商环境状况。其中，葡萄牙居第 29 位，巴西第 125 位，佛得角第 127 位，莫桑比克第 138 位，圣多美和普林西比第 169 位，安哥拉第 175 位，几内亚比绍第 176 位，东帝汶第 178 位。从总体上看，葡萄牙的营商环境排名靠前，排名靠后的是东帝汶。世界银行建立的营商环境指标体系包括 10 个重要指标，主要有开办企业、申请建筑许可、获得电力供应、主持财产、获得信贷、投资者保护、缴纳税款、跨境贸易、合同执行和办理。

2017 年，葡萄牙尽管吸引外资比 2016 年有所下降，但是 2017 年通过黄金签证吸引外资金额 8.44 亿欧元（约 9.66 亿美元），其中约 7.7 亿欧元

（约 8.8 亿美元）来自房产投资。[①] 西班牙、法国、英国、卢森堡、荷兰、德国、瑞士、比利时、奥地利、爱尔兰等投资来源国主要投资在金融保险、加工、电力、天然气及自来水、批发零售贸易、信息通信、科技咨询、建筑、房地产等领域。但是，葡萄牙外国投资流量 24.08 亿美元，大幅度下降188.68%。[②]

2017 年，拉美地区十大跨境并购交易中，有九个跨境并购发生在巴西，其中七项并购交易的投资者来自中国。巴西的直接投资流入量增加了 4%，2017 年达到 660.1 亿美元。[③] 巴西吸引外资全球排名第六位，存量 778.28 亿美元，外商投资在巴西经济复苏过程中发挥了关键性作用。巴西现有 11400 家外资企业，雇员 170 万多人。外国在巴西的投资主要在汽车、能源、通信、金融、冶金、化工、交通运输和机械等领域。主要投资来源国包括美国、中国、卢森堡、荷兰、日本、西班牙、法国、澳大利亚、德国。莫桑比克 2017 年吸引外资 22.93 亿美元，同比大幅度减少25.87%，存量 380.19 亿美元，同比增长 6.45%。当年，对外投资流量 2600 万美元，下降 25.07%。政府重视并积极吸引外资，1984 年 8 月颁布《外国投资法》，1987 年 1 月颁布《私人投资法》，完善外商投资政策，鼓励国内外私人投资和兴办合资企业。1993 年莫桑比克公布了新法规，简化投资审批手续。2010～2014 年，莫桑比克共吸引外国投资 160 亿美元。2014 年，莫桑比克设立投资促进中心（CPI）提供咨询服务。

佛得角 2017 年外商投资净流入额 1.08 亿美元，同比下降 10.98%；存量 19.45 亿美元，同比增长 20.19%。政府为吸引国内外投资，设立了两个工业园区，位于普拉亚市的大阿莎达·特拉斯（Achada Grande Trás）工业园，面积约 2 平方千米，在此投资的企业享受外商投资优惠政策；还有位于圣文森特岛的 Lazareto 工业园。佛得角工业园区在政策上对国内外投资一视

① 陈肖楠：《“黄金签证”爆发　十年间开放国家数量翻了七倍》，搜狐网，2018 年 11 月 5 日，http：//www.sohu.com/a/273347067_100191005。

② 《2018 世界投资报告》（中文版），2018 年 9 月 7 日，联合国贸易和发展会议。

③ 《联合国贸发组织：2017 全球 FDI 降 16%、跨境并购降 23%，中国是第二大外资流入国》，“经济观察报”百家号，2018 年 1 月 23 日，https：//baijiahao.baidu.com/s? id = 1590361311301045363&wfr = spider&for = pc。

同仁，并按不同行业给予为期 5 ~ 10 年的税收减免优惠政策。2017 年，佛得角对外投资同比减少 1359 万美元。

圣多美和普林西比吸引外资流量 4103 万美元，同比增长 85.22%；存量 4.44 亿美元，同比增长 23.17%。近年来，政府采取降低关税、改善投资环境和建立自由贸易区等措施吸引外资，重点投资港口、电力等基础设施，积极发展旅游等新兴产业。圣多美和普林西比对外投资下降 71.68%，对外投资流量 29 万美元。

几内亚比绍外商直接投资流入 1655 万美元，同比下降30.97%；存量 1.91 亿美元，同比增长 25.31%。2016 年吸引外国直接投资 2000 万美元，主要投向资源开发领域。政府一直致力于吸引外资，包括制定电信基准法、公私合营法、新投资法、新劳工法，并加入世界银行下属的多边投资担保机构（MIGA）及非洲保障和经济合作基金会（FAGACE）。几内亚比绍对外投资大幅度增长 180.70%，流量 126 万美元。

安哥拉 2017 年吸引外资同比大幅度减少 22.54 亿美元，同比降低 154.93%。安哥拉本应是非洲主要直接投资目的地，出现这样的状况主要是由于其经济结构问题比较突出、严重依赖油气行业、基础设施仍然薄弱，以及营商环境中纳税管理效率低下、投资运营手续复杂并且成本较高、劳工纠纷解决不力等。已知外资主要集中在石油工业、钻石开采、液化天然气，以及建筑、电信、渔业、公共工程和加工工业等。安哥拉主要投资来自美国、法国、意大利、比利时、英国、葡萄牙、西班牙、日本、巴西、南非、韩国等。首都罗安达是外资集中的投向地，此外，北宽扎、南宽扎、万博、威拉、扎伊尔和卡宾达等省也吸引了较多外资。安哥拉对外投资下降 40.25%，投资流量 16.41 亿美元。

东帝汶 2017 年吸引外资 672 万美元，同比增长 22.56%；存量 3.38 亿美元，同比减少 2.05%。主要投资方来自新加坡、泰国、葡萄牙、澳大利亚、英国、韩国、美国等，集中在基础设施建设、咖啡种植、旅游等行业。东帝汶 2017 年无对外投资记录。

4. 亚非葡语国家接受外国援助，推动经济社会发展

葡语国家中，莫桑比克、几内亚比绍、圣多美和普林西比及东帝汶为联

合国确定的最不发达国家，均不同程度接受外国援助。东帝汶尽管属于中等收入国家，也一直接受外国援助。葡萄牙由于2018年以来遭遇债权债务，也接受国际援助。亚非葡语国家2017年接受援助流入总额约5600万美元，比2016年的20.94亿美元大幅度减少20.38亿美元，下降97.35%。①

2017年，亚洲和非洲接受援助的流量比2016年下降94.21%，非洲下降95.7%，南美洲下降95.36%。可见，葡语国家接受援助流量大幅度减少与全球国际发展援助大幅度减少有直接关系。2017～2018年流入发展中国家的外国援助比2016～2017年大幅度下降了30%。

2015年，几内亚比绍接受国际组织、银行机构和发达国家援助共计9510万美元，其中包括欧盟提供2947万美元，世界银行国际开发协会提供1425万美元，葡萄牙提供1251万美元，非洲开发银行提供845万美元，日本提供576万美元，国际货币基金组织提供468亿美元，美国提供307万美元。2015年，葡萄牙承诺在2015～2020年向几内亚比绍提供4000万欧元的各类援助。2016年几内亚比绍接受官方发展援助和官方援助1.99亿美元，来自经济合作与发展组织成员援助净流入额1.67亿美元。2017年，几内亚比绍接受援助流入额783万美元，比2016年下降96%。

圣多美和普林西比90%的发展资金来自外国援助，是世界上人均接受外援最多的国家之一。葡萄牙、法国、美国、德国、日本及非洲开发银行、欧盟、联合国开发计划署和国际货币基金组织是圣多美和普林西比的主要援助国和国际机构。2017年，联合国开发计划署承诺在2017～2021年向其提供1300万美元的援助。2017年，圣多美和普林西比接受外方援助流入额278万美元，比2016年大幅下降94%。

莫桑比克接受发达国家、国际组织和金融机构以无偿援助、信用贷款及减免债务等方式向其提供援助。德国、葡萄牙、意大利、瑞典、美国、英国、爱尔兰、日本主要提供双边援助；国际开发协会、欧盟、联合国开发计划署、联合国粮食署、联合国难民署、世界银行等国际组织提供大多数多边

① 《援助统计数据》，经济合作与发展组织（OECD），2018年12月11日。

援助。2016年，莫桑比克政府曾为商业贷款提供主权担保未向国际货币基金组织（IMF）通报。因此，多个西方援助国和国际组织暂停对其援助。2018年1月，世界银行表示恢复对其援助，允诺在2018～2021年每年向莫桑比克提供4.1亿美元贷款。莫桑比克2017年接受援助流入额2838万美元，比2016年大幅度下降98%。

安哥拉接受的双边援助来自葡萄牙、荷兰、日本、美国、挪威，接受的多边援助来自国际开发协会，联合国儿童基金会、难民署、开发计划署，欧盟，世界银行，国际货币基金组织等。安哥拉2017年接受援助流入额425万美元，比2016年大幅度下降97.94%。

佛得角2016年共接受外方援助超过1亿美元，主要有葡萄牙4310万美元，欧盟3178万美元，美国1535万美元，日本1416万美元，卢森堡1302万美元和国际开发协会967万美元。葡萄牙2017年承诺在未来四年中向佛得角提供1.2亿欧元资助和投资。欧盟于2017年5月宣布向佛得角实施的机构改革项目提供500万欧元的援助，用于审计法院等机构改革计划。同月，欧盟还通过了对佛得角渔产品进口免关税的提案。2017年6月，卢森堡承诺在2020年前向佛得角提供4800万欧元援助，用于促进其新能源等领域发展。欧盟、卢森堡分别宣布向佛得角提供700万欧元、50万欧元用于缓解其旱灾影响。2018年1月，欧盟宣布在提升西非竞争力区域项目下向佛得角提供500万欧元援助，用于支持政府推进的资产与服务市场化、增强工商业实力和改善营商环境。2018年2月，卢森堡宣布向佛得角政府提供350万欧元资金用于未来三年内对其100所中小学进行供水和卫生设施的修缮。匈牙利承诺向佛得角提供3000万欧元贷款，用于支持其文化和教育发展。比利时向佛得角提供700万欧元无息贷款，用于支持其政府采购医疗设备。卢森堡宣布向佛得角提供500万欧元资金，帮助佛得角加强证件管理和安全工作。欧盟宣布将向佛得角额外提供1000万欧元预算支持，用于发展经济，促进青年就业。佛得角2017年接受援助流入额1214万美元，比2016年大幅下降89.2%。

1999年以来，东帝汶的捐赠渠道来自联合国管理的统一信托基金

（CFET）和世界银行管理的东帝汶信托基金（TFET）。澳大利亚、葡萄牙、日本、美国，以及联合国有关机构、欧盟等37个国家和国际组织向东帝汶提供援助。东帝汶2017年无接受援助的数据。

圣多美和普林西比仍然是世界上人均接受外援最多的国家之一，90%的发展资金依赖外援。葡萄牙、法国、美国、德国、日本，以及非洲开发银行、欧盟、联合国开发计划署和国际货币基金组织等是圣多美和普林西比的主要援助国、银行机构和国际组织。2017年，联合国开发计划署承诺在2017～2021年向圣多美和普林西比提供1300万美元用于相关援助。圣多美和普林西比2017年接受援助流入额278万美元，比2016年大幅下降94%。

5. 葡萄牙、巴西根据国力向其他亚非葡语国家提供援助

葡萄牙官方发展援助（Official Development Assistance，ODA）分为双边援助和多边援助。双边援助通过无息贷款和专项贷款向亚、非葡语国家和少数发展中国家提供援助。多边援助通过联合国、欧盟、世界银行和地区发展银行等国际机构进行。葡萄牙援外领域主要包括工农业生产、教育、卫生、基础设施建设、减债和人道主义援助。葡萄牙通过提供经济及技术支持参与推进非洲葡语国家的千年发展计划，参与安哥拉与东帝汶的社会及经济发展，推动实施两国的千年发展计划。葡萄牙还通过参与欧盟有关经济社会会议援助其他国家。关于联合国千年发展目标，葡萄牙主张，一是发展中国家政府要与社会组织、国内私营部门和国际伙伴密切合作；二是国际捐助者要迅速扩大官方发展援助的规模；三是高收入国家要将官方发展援助占GDP的比例进一步提高；四是国际捐助者要动员各方支持全球科研的发展；五是联合国秘书长和联合国发展组织要加强联合国各机构、基金和方案在总部与国家一级的协调。

葡萄牙官方发展援助（ODA）曾在2008年达到顶峰，为6.2亿美元，约占其国民总收入的0.27%。《联合国千年宣言》通过以来，葡萄牙官方发展援助有了增长，但是葡萄牙主权债务危机发生后，其资金援助总量降低16%，仅约合5.07亿美元，约占国民总收入的0.23%。近年来，葡萄牙对

外援助已经力不从心，大幅度减少。

巴西是拉美地区最大的发展中国家，也是金砖国家。近年来，其提供对外援助的意愿明显增强。尽管巴西2016年以来经济出现衰退，从全球第七大经济体降至第九大经济体，但是其以三方合作为代表的援助方式引人关注。2003年，巴西与印度、南非开始三方合作。巴西作为最大的葡语国家，其开展三方合作重点在于亚非葡语国家东帝汶、几内亚比绍和莫桑比克。由于地缘关系，巴西在拉美地区开展三方合作项目最多。尽管巴西三方合作的规模与其双边合作比较相对较小，但是增长的趋势明显。近年来，巴西三方合作规模逐步扩大，已经占其技术合作项目的25%，成为新兴经济体中开展三方合作项目最多的国家。截至2010年，巴西共在27个国家开展了88个三方合作项目。巴西对外援助主要包括多边认捐和技术援助两大部分，还有少量物资援助。其中，巴西三方合作在农业、医疗和教育方面重点展开，有利于其他发展中国家。巴西开展三方合作主要有三个突出特点。一是合作伙伴主要为西方发达国家。尽管巴西与国际组织有所合作，但是其主要的合作伙伴包括日本、英国、德国、法国、意大利、西班牙，尤其是与日本的合作较为突出。二是受援方的地域较为明确，重点在发展中国家和南美地区。其中，非洲葡语国家，占52%；南美和加勒比国家占34%；其他地区占9.9%。三是合作内容大多是技术培训，涉及农业、教育、法律、医疗、卫生、环境等领域，其中部分培训演化成技术援助项目。但是巴西由于近几年的经济危机，有些自顾不暇，其通过三方合作的援助受到制约。

（二）葡语国家人口继续增长，安哥拉、东帝汶大选后社会稳定，巴西选出新总统

1. 葡语国家人口增至2.8145亿人，存在大量贫困人口

2017年葡语国家人口较2016年的2.7784亿人增加了361万人，增长率为1.30%。葡语国家人口占世界总人口（75亿）的3.75%，与上年基本持平。其中，巴西2.077亿人，同比增长0.78%；安哥拉2980万人，增长3.47%；莫桑比克2970万人，增长3.13%；葡萄牙1030万人，变化很小；

几内亚比绍190万人，增长5.56%；东帝汶130万人，较上年基本没有变化；佛得角54.60万人，增长1.1%；圣多美和普林西比20.4万人，增长2.0%。从上面一组数据看，2017年安哥拉人口年度增长率名列前茅，其生育率仍然很高，平均每名妇女生育5.9个孩子。安哥拉人口2018年或达到3000万人，人口增长高于经济增长。但是，每100名安哥拉人口与15～64岁人口比为100∶93.8。[①] 为此，政府把经济社会发展寄托在年轻人身上。葡萄牙人口年度增长率出现小幅下降。亚非葡语国家有众多贫困人口。2016年，葡语国家莫桑比克贫穷人口约有1365.8万人，占全国总人口的47.4%；[②] 几内亚比绍贫困人口约占50%，约80万人；安哥拉贫困人口约890.8万人，占总人口的30.9%；[③] 圣多美和普林西比贫困人口约3万人，占总人口的15%；佛得角贫困人口最少，约5.2万人，占总人口的9.6%。安哥拉的贫困人口生活在多维贫困中，即健康评估、教育程度、生活环境三个维度。东帝汶超过30%的贫困人口每日生活费不足2美元；巴西贫困人口2090万人，其中850万至940万人生活极端贫困，每天收入少于1.9美元。

近年来，葡语国家失业率居高，就业情况不容乐观。2017年12月莫桑比克失业率为25.04%，安哥拉失业率为20%，圣多美和普林西比失业率为13.5%，佛得角失业率为12.2%，巴西失业率为11.7%，葡萄牙失业率为6.7%，几内亚比绍失业率为6.1%，东帝汶失业率为3.4%。[④] 莫桑比克、安哥拉、圣多美和普林西比及几内亚比绍四国失业率

① 《2018年底安哥拉人口预计将达到3000万》，中国驻安哥拉使馆经商处网站，2018年2月24日，http：//ao. mofcom. gov. cn/article/sqfb/201802/20180202714319. shtml。

② 《最新统计数据表明，莫桑比克贫困人口数量下降，但收入不平等情况更加严重》，中国驻莫桑比克使馆经济商务参赞处网站，2016年10月28日，http：//www. mofcom. gov. cn/article/i/jyjl/k/201610/20161001498192. shtml。

③ 《安哥拉人口平均年龄26岁：抓住年轻人，抓住未来》，“安哥拉华人报”搜狐号，2018年8月17日，https：//www. sohu. com/a/254440729_ 271142。

④ 《国际劳工组织：2017年全球失业人数超过1.92亿，亚太地区失业率最低》，“前瞻网”百家号，2018年1月24日，https：//baijiahao. baidu. com/s? id＝1590464668195711395&wfr＝spider&for＝pc。

比上次统计均有所上升，葡萄牙有所下降，佛得角和东帝汶持平。2017年，全球经济依旧不能创造足够岗位，失业人口1.93亿人，同比增长5.6%，创历史新高。全球大宗商品价格持续大幅下跌，尤其是能源价格降幅突出，造成新兴经济体和发展中国家经济增长放缓，葡语国家失业情况严重。

除葡萄牙外，其他葡语国家属于发展中国家。葡语国家人类发展指数中，葡萄牙0.847，位居第41；巴西0.757，位居第79；佛得角0.654，位居第125；安哥拉0.581，位居第150；圣多美和普林西比0.589，位居第143；几内亚比绍0.455，位居第177；莫桑比克0.437，位居第180；东帝汶无数据。[①] 从上述一组数据来看，葡萄牙属于发达国家一组，其他国家均为发展中国家或最不发达国家一组，莫桑比克属于世界最穷十个国家之一，巴西情况略好于亚非葡语国家。绝大部分葡语国家的经济社会发展任重而道远。

2. 安哥拉和巴西大选，东帝汶连续举行总统和议会选举，三国社会选后稳定，进入深度调整时期

（1）安哥拉大选

进入2017年以来，葡语国家安哥拉和巴西经历了历史上重大变局。安哥拉于2017年8月23日举行总统选举，安哥拉人民解放运动（MPLA）副主席若昂·洛伦索（João Lourenço）当选安哥拉共和国第三任总统成为安哥拉38年未有之大变局。安哥拉经历战后重建15年，百废待兴，在多斯桑托斯总统的领导下，依托丰富的石油资源，恢复基础设施建设，初步改变安哥拉国家“一穷二白”的面貌。洛伦索总统就任一年后于2018年10月17日发表国情咨文指出，可以确定在过去9个月时间里，安哥拉国民经济取得令人鼓舞的成果。2018年政府预算赤字比2017年的5.6%降低1个百分点；2018年预计通货膨胀率下降至19%，比2017年有大幅度下降。他又指出，

① 《2017年世界各经济体人类发展指数》，新浪博客，2018年12月15日，http://blog.sina.com.cn/s/blog_4af0f4170102y948.html。

国家经济仍然处于负面影响之中，特别是财政来源匮乏，而且在石油价格没有明显回升的情况下，石油经济每况愈下。洛伦索总统就任以来打击腐败和追讨资金，有效地改善投资环境。同时，政府推进经济多元化，实行经济开放政策，减少对石油收入的依赖，降低进口成本，促进经济增长。但是罗安达省的一些城市治安状况不容乐观，政府部门表示坚决打击不法犯罪分子。虽然数据显示安哥拉2017年经济下滑，但是大选后的2018年，安哥拉进入经济社会稳定时期。

（2）东帝汶总统选举和议会选举

2017年3月20日，东帝汶举行总统选举。东帝汶独立革命阵线（以下简称"革阵"）候选人弗朗西斯科·古特雷斯·卢奥洛（Francisco Guterres Lu-Olo）在第一轮选举中胜出，获得57.08%的选票，当选东帝汶第四任总统。[①] 卢奥洛总统于2017年5月20日宣誓就职。东帝汶实行议会体制，总统为名义上的国家元首，任期五年，通过普选产生。卢奥洛于1975年加入东帝汶革阵，1998年当选为革阵武装斗争抵抗委员会总协调人，参与和领导了东帝汶反对印尼非法占领的武装斗争。2001年7月，卢奥洛当选革阵主席，9月当选制宪议会议长，主持东帝汶首部宪法起草工作。2002年5月20日，东帝汶正式独立，他出任国民议会议长。

2017年7月22日，东帝汶举行议会选举。在议会的65个席位中，无政党获得过半数席位。2018年1月26日，东帝汶总统卢奥洛宣布解散议会。2018年5月12日，东帝汶举行第二次议会选举投票，东帝汶独立运动领袖沙纳纳·古斯芒（José Alexandre Xanana Gusmão）领导的三党联盟"改变与进步联盟"（AMP）获得了议会65个席位中的34席，赢得了议会多数。联盟由东帝汶重建全国大会党、人民解放党、帝汶人民团结繁荣党组成，人民解放党领导人为前总统塔乌尔·马坦·鲁瓦克（Taur Matan Ruak）。2018年6月22日，东帝汶总统卢奥洛任命鲁瓦克为东帝汶新总理，

① 《东帝汶总统选举投票平静结束》，新华网，2017年3月20日，http://www.xinhuanet.com/world/2017-03/20/c_129513930.htm。

第八届政府宣誓就职。[1] 东帝汶经历2017年3月的总统选举和2018年5月的议会选举，整体上实现国家权力平稳过渡，社会基本稳定，但是国家未来发展仍任重而道远。

（3）巴西总统选举

2018年10月28日，由高等法院在大选第二轮投票后宣布巴西大选结果，军人出身的雅伊尔·博索纳罗（Jair Bolsonaro）以55.63%的选票击败对手劳工党候选人费尔南多·阿达（Fernando Haddad），当选巴西第44届总统。[2] 博索纳罗属社会自由党，1991年成为巴西国会议员，曾任陆军上尉，他以竞选口号“巴西优先”，主张打击腐败和推行私有化，提倡传统价值观赢得大选。2018年9月，巴西发生刺杀博索纳罗事件，博索纳罗从而赢得媒体和选民的极大关注，被认为是巴西20年未有之变局。此次巴西大选不仅对本国，而且对拉丁美洲来说意义重大。作为地区大国的巴西，新总统2019年1月1日宣誓就任当天，即成为金砖国家轮值主席国，并将承担相应的国际责任和义务。博索纳罗在竞选中承诺有三，一是全盘采用美国式的自由主义经济模式；二是强调政治伦理，减少腐败现象；三是推崇个人创新创业。博索纳罗总统是在竞选中唯一没有遭到腐败指控的候选人，从而反映出巴西选民对腐败的痛恶、对经济发展的渴望及对左翼领导人的抱怨。

二 中国与葡语国家关系进入新时代，经贸合作向深度和广度发展

2018年，中国与葡语国家好事连连，中国与葡语国家多双边关系深入发展。国家主席习近平于2018年12月4日访问葡萄牙，签署政府间共建“一带一路”合作谅解备忘录。2018年是中国改革开放40周年，中国与葡

---

① 《东帝汶举行议会选举投票》，新浪网财经频道，2018年5月13日，http：//finance.sina.com.cn/roll/2018-05-13/doc-ihamfahx2960573.shtml。

② 参见《巴西大选结果出炉 博索纳罗当选第44届总统》，人民网，2018年10月29日，http：//yn.people.com.cn/n2/2018/1029/c378441-32212675.html。

萄牙建交39周年，中国—葡语国家经贸合作论坛（澳门）（以下简称“中葡论坛”）成立15周年，中国“一带一路”倡议实施五周年。中葡论坛常设秘书处在澳门特别行政区举办系列活动，邀请中国内地和葡语国家政府部门负责人、专家、学者就中葡论坛15周年取得的成就和前景进行深入研讨。中国葡语国家研究中心举办葡语国家联合研究年会，吸引中国和葡语国家专家、学者及企业高管170余人与会。

（一）习近平主席对葡萄牙进行国事访问，巴西总统访华，以及圣多美和普林西比总理访华

2017年和2018年，中国与葡语国家领导人互访频繁，极大地促进了双边关系的发展。中国与葡语国家间部长级互访、学者交流已经常态化。中国与葡语国家间的人员既交流了经验，又有了贸易和投资机会，是双方共同发展的驱动力。

1. 中国国家主席习近平于2018年12月访问葡萄牙

中国国家主席习近平于2018年12月4～5日对葡萄牙进行国事访问。[①] 2018年是中葡建交39周年，习近平主席的访问成为双边关系发展新的历史起点。习近平主席指出，中葡友好交往源远流长，两国建交39年来，始终相互理解、相互尊重、彼此信任、互利合作，双边关系历经国际风云变幻考验，一直健康稳定发展。双方签署《共同推进“一带一路”建设的谅解备忘录》，中葡发表关于进一步加强全面战略合作伙伴关系的联合声明，双方将本着互利共赢的原则，不断深化海洋合作，发展中葡“蓝色伙伴关系”。葡萄牙于2016年正式成为欧盟第一个与中国建立“蓝色伙伴关系”的国家。中葡同为海洋大国，开展海洋合作的潜力巨大，包括海洋科研、港口物流建设两大领域。德索萨总统表示，葡中在许多国际问题上立场相近，都支持多边主义，反对单边主义，支持自由贸易，反对保护主义，要加强在多边

① 《习近平抵达里斯本　开始对葡萄牙共和国进行国事访问》，新华网，2018年12月4日，http：//www. xinhuanet. com//2018－12/04/c_ 1123807254. htm。

事务中的协调。葡萄牙支持加强欧中关系，愿继续深化葡语国家同中国的合作。他还表示，葡萄牙愿成为陆上丝绸之路和海上丝绸之路在欧洲的枢纽。中葡两国元首一致同意，推动中葡友好合作不断取得新成果，谱写中葡关系发展新篇章。

2. 巴西总统特梅尔于2017年8月访华并出席金砖国家领导人会晤

巴西总统米歇尔·特梅尔（Michel Temer）于2017年8月31日至9月5日对中国进行国事访问并出席金砖国家领导人厦门会晤。随同巴西总统访华人员包括外交部长、交通部长、农业部长、工贸部长、矿业和能源部长、计划部长、民事部长和社会和农业发展部长。中国国家主席习近平指出，中国和巴西分别是东、西半球最大的发展中国家，都是重要的新兴市场国家。中巴关系是成熟而稳健的发展中大国关系。中巴合作稳中有进，贸易、投资、金融“三驾马车”呈现并驾齐驱的良好局面。两国合作机制运转顺畅，双方就金砖国家合作以及重大全球性热点问题保持卓有成效的沟通和协调。特梅尔表示，巴中亲密友好，巴西高度重视发展两国全面战略伙伴关系，是中国的可靠伙伴。巴方愿在国家改革发展进程中加强同中方贸易、投资、金融、农业等全方位互利合作，扩大人文、旅游、体育交流，增进两国人民的相互了解和友谊。特梅尔总统访华期间，双方还签署了一系列经贸与投资合作协议，涉及电力、交通、能源等众多领域。双方在会谈中总结经验并展望未来，在投资方面，双方就港口、道路等建设项目达成协议。人文交流与合作为中巴关系注入了新鲜血液，并已经成为中巴关系的新亮点。两国还就足球合作达成协议，双方签署了影视制作合作协议，还要共同举办中巴艺术展。

3. 圣多美和普林西比总理特罗瓦达于2017年4月访华

圣多美和普林西比总理帕特里斯·特罗瓦达（Patrice Émery Trovoada）于2017年4月12～18日正式访问中国。[①] 中国国家主席习近平于2017年4

① 《李克强同圣多美和普林西比总理特罗瓦达举行会谈》，新华网，2017年4月12日，http://www.xinhuanet.com//politics/2017-04/12/c_1120798646.htm。

月14日会见圣多美和普林西比总理时指出，中圣普关系揭开了新的一页，圣普重回中非友好合作大家庭，顺应了当今时代潮流。中方高度赞赏特罗瓦达为实现中圣普关系正常化做出的重要贡献，愿同圣普方一道，共同推进两国各领域友好互利合作，推动构建平等互信、合作共赢的全面合作伙伴关系。[①] 国务院总理李克强于2017年4月12日在人民大会堂同特罗瓦达总理举行会谈。李克强指出，中方愿同圣普充分发挥各自比较优势，对接发展战略，落实好两国五年框架合作协议。希望双方在旅游服务业、农渔业、基础设施建设等领域开展互利合作。中方愿根据圣普的需求提供力所能及的帮助，包括提供更多来华留学培训名额和派遣医疗队。特罗瓦达总理在中国贸促会举办的圣普投资推介会上表示，圣普地理位置优越，渔业、旅游、石油等资源丰富。圣普政府致力于发展基础设施建设、改善税收政策吸引中国企业投资。他希望与中国企业开展互利合作，推动圣普的可持续发展。特罗瓦达总理访华期间访问福建，特罗瓦达总理表示，圣普陆地面积只有1000多平方千米，但是有合适的高铁发展模式，圣普希望与福建合作。

中国与葡语国家领导人互访频繁，包括莫桑比克议长维罗妮卡·马卡莫（Veronica Nataniel Macamo）于2017年2月13～17日访华；几内亚比绍人民革命武装部队总参谋长纳恩坦于2017年3月17日访华；中国国家主席习近平特使、全国人大常委会副委员长张平于2017年5月19～20日赴帝力出席东帝汶新总统卢奥洛就职仪式和东帝汶恢复独立15周年庆典并会见卢奥洛总统；全国人大常委会副委员长、中国人权研究会会长向巴平措率领中国人权研究会代表团于2017年5月21～31日访问巴西；巴西外交部长阿洛伊西奥·努内斯·费雷拉（Aloysio Nunes）对中国进行正式访问并出席金砖国家外长会晤；全国人大常委会委员长张德江于2017年7月10～12日对葡萄牙进行正式友好访问；中共中央书记处书记、全国政协副主席杜青林

① 《习近平会见圣多美和普林西比总理特罗瓦达》，新华网，2017年4月17日，http://www.xinhuanet.com//2017-04/14/c_1120813343.htm。

率领的中共代表团，在巴西利亚分别会见巴西参议院议长欧尼西奥·奥利维拉（Eunício Oliveira）、巴西民主运动党总书记毛罗·洛佩斯；国务委员兼国防部长常万全于2017年7月13日访问安哥拉；全国政协副主席陈元作为国家主席习近平特使，赴安哥拉首都罗安达出席于2017年9月26日举行的洛伦索总统就职仪式。

（二）中国与葡语国家在“一带一路”框架下，多边合作迅速推进

葡萄牙赞同中国“一带一路”倡议，并愿与中国扩大在交通设施、港口建设等多领域的紧密合作；莫桑比克在中莫联合声明中表示“决心加强‘21世纪海上丝绸之路’倡议与本国发展战略和政策的协同与对接”；佛得角驻中国大使在“一带一路”大使论坛上表示，“一带一路”是一项着眼未来、前景广阔的倡议，将通过经济合作、地区融合等方式加强各国之间的联系；巴西总统府战略事务特别代表表示，“一带一路”倡议有助于将巴中关系提升至新台阶；安哥拉驻华大使表示“一带一路”使人们的联系更加紧密，为此感谢中国政府提出这项倡议。葡语国家都制定了各自的发展战略，东帝汶是“一带一路”共建国家，其地理位置处于南太平洋和印度洋之间，具有连接亚洲、澳大利亚和南太平洋岛国的优势，同时正加大基础设施建设力度；佛得角拥有连接欧洲、非洲大陆的独特地理优势，计划打造成为商品集散地和服务中心；葡萄牙政府致力于能源领域的基础设施建设，希望将锡尼什港作为中国合作伙伴进入欧洲的“门户”。

亚非葡语国家对接“一带一路”成为本国与中国开展合作的重要契机。“一带一路”建设中，中国提供适合亚非葡语国家的技术、管理经验和融资服务，提高亚非葡语国家产业附加值，并提升其在产业链中的地位。亚非葡语国家一直存在基础设施薄弱的瓶颈，中国与葡语国家在基础设施建设上的合作成为共建“一带一路”的亮点。莫桑比克马普托大桥全长3000米、主跨680米，乘车通过海湾现在仅需10分钟。2014年大桥正式开工以来，当

地已有两万多人就业，培训建筑工人5000多人。[①] 安哥拉本格拉铁路全长1344千米，横贯其国土东西全境。安哥拉从此有了线路最长、速度最快、规模最大的现代化铁路。安哥拉本格拉铁路经过十年艰苦施工，2015年初建成通车，再现铁路国际贸易通道，30吨货物的运费从1.5万美元降到1500美元，极大促进了当地经济发展与民生改善。安哥拉有十万多当地员工参加了铁路建设，1万多名当地工人成为技术骨干。[②] 2018年3月，中国与葡语国家最高法院会议发表《广州声明》，提出随着"一带一路"愿景变为现实，中国与葡语国家间贸易和人员往来更加密切，中国与葡语国家最高法院愿意为共建"一带一路"提供法治保障。

中国与葡语国家地方省市合作关系日益密切，广东省作为"一带一路"的重要枢纽，积极参与中国与葡语国家的合作。2017年，广东省与巴西、安哥拉、几内亚比绍、莫桑比克、葡萄牙、圣多美和普林西比等葡语国家的进出口贸易实现776.9亿美元。广东省还分别与巴西、葡萄牙联合举办粤澳联合海外推介会，并组织省内企业与葡语国家进行经贸交流。另外，重庆处在"一带一路"和长江经济带联结点上，特别是江北区是重庆都市功能核心区和拓展区，由于这一区位优势，江北赢得了葡语国家企业的青睐。安哥拉、巴西、葡萄牙等葡语国家的30多家企业到重庆江北区，推介"一带一路"建设招商项目，并举办"首届葡语系国家嘉年华"活动。

（三）中国—葡语国家经贸合作论坛（澳门）成立15周年，总结评估取得的成就并展望前景

2018年，中国—葡语国家经贸合作论坛（澳门）进入第15个年头。中葡论坛自2003年10月在澳门特别行政区创立以来获得长足发展。中葡论坛

---

① 《莫桑比克马普托大桥正式贯通》，中国工程建设网，2018年5月10日，http://www.chinacem.com.cn/qydt/2018-05/225190.html。

② 《带你了解安哥拉最长的铁路》，"安哥拉华人报"搜狐号，2017年9月10日，https://www.sohu.com/a/191072914_271142。

常设秘书处于2018年3月21日举办座谈会，邀请往届部长级会议的各方政要，部分葡语国家驻华大使，中葡论坛常设秘书处前秘书长、前副秘书长与会，围绕中葡论坛成立15周年和中葡平台建设进行研讨、交流。与会人士认为15年来成效显著，各方积极参与，企业、民众普遍受益，中葡论坛的影响力不断提升。[①] 2018年6月4日，中葡论坛常设秘书处在北京举办中葡论坛成立15周年回顾与展望研讨会，商务部副部长高燕出席并做主旨演讲，指出中葡论坛正是伴随中国改革开放进程，顺应并契合了中国与葡语国家人民对发展、合作的共同历史要求，有效促进了中国与葡语国家各领域的合作。澳门依托中葡论坛，充分发挥自身优势推进中葡论坛平台建设，丰富了“一国两制”实践。中葡论坛成立以来，与会方积极落实会议成果，推动中国与葡语国家各领域合作，成效日益显著，影响不断扩大，得到葡语国家的高度认可，同时强化了澳门作为“中国与葡语国家商贸合作服务平台”的作用，提升了澳门的国际影响力，促进了澳门经济适度多元发展。与论坛成立之初相比，中国与葡语国家间贸易额增长了10倍，中国对葡语国家全行业直接投资增长了120倍。论坛框架下合作的领域由2003年的7个增加至2018年的近20个，从政府间合作、旅游、文化、公共卫生等传统领域向海洋、环保、产能合作等新兴领域不断延伸，交流合作亮点纷呈。[②]

中葡论坛常设秘书处委托中国社会科学院对中国—葡语国家经贸合作论坛（澳门）成立15周年成效与展望进行第三方评估，具体工作由世界经济与政治研究所组织实施。第三方评估报告撰写启动仪式于2018年6月4日在北京举行。中国社会科学院世界经济与政治研究所组织评估团队于2018年3～5月分赴澳门特别行政区、中国内地、八个葡语国家开展了

① 《中国—葡语国家经贸合作论坛（澳门）成立15周年暨中葡平台建设座谈会》，澳门特区新闻局网站，2018年3月21日，https：//www.gcs.gov.mo/showCNNews.php？PageLang=C&DataUcn=123240。

② 《中葡论坛成立十五周年回顾与展望研讨会在京召开》，商务部网站，2018年6月4日，http：//news.hexun.com/2018-06-04/193140956.html。

实地调研。澳门的调研单位包括特区政府相关部门，贸易、投资促进机构，学术机构，有关企业和设在澳门的中葡论坛常设秘书处。八个葡语国家调研的单位包括葡语国家中葡论坛的主管部门，贸易、投资促进机构，学术机构，中资企业、当地企业和中国驻在国使馆经济商务参赞处，以及典型的合作项目或案例。中国内地的调研单位包括中国商务部、国家开发银行、深圳前海和珠海横琴开发区等有关部门和机构。以上共有120多个单位。中国社会科学院副院长蔡昉认为，中葡论坛是以语言为纽带、以经贸合作为主题、以共同发展为目标、以澳门为平台的独具特色的政府间多边合作机制。经过15年的发展，中葡论坛对促进中国与葡语国家经贸合作往来、促进人文交流、巩固政治互信、促进中国澳门发挥好“一带一路”支点作用做出了重要贡献。

专家认为，中葡论坛在促进中国与葡语国家贸易、投资中发挥溢出效应。2002年，中国与葡语国家进出口商品总值只有60.56亿美元，到了2014年，中国与葡语国家进出口商品总值达到1326亿美元，比2002年增长超过20倍。2008年发生国际金融危机，全球经济下滑、贸易不景气，中葡经贸合作仍保持稳定的增长，显示了中葡论坛具有强大的生命力。受2015～2016年国际经济低迷的影响，双方贸易额下滑，但2017年又同比增长29.4%，达1175.88亿美元，显示出强劲的复苏势头。其中，2017年中国自葡语国家进口810.08亿美元，同比增长32.18%；对葡语国家出口365.80亿美元，同比增长23.62%。2017年，中国和巴西、安哥拉的双边贸易额分别为875亿美元和223亿美元，同比增长29.55%和43.42%，占中国和葡语国家双边贸易额的94%（见表1）。在投资领域，中国对葡语国家的投资额从2003年的5600万美元增加到2016年的超过500亿美元。2016年，中国对葡语国家直接投资（FDI）流量达到4亿美元，同比增长264%；投资存量达到57亿美元，同比增长26.5%。中国对葡语国家投资领域主要为农业、渔业、能源、电力、金融、基建、运输、汽车及机械制造。

表 1　2017 年中国与葡语国家进出口商品总值

单位：万美元，%

国家	2017 年						2016 年
	进出口	出口	进口	同比增长			进出口
				进出口	出口	进口	
安哥拉	2234530.02	229732.85	2004797.16	43.42	30.45	45.08	1557985.77
巴西	8753441.20	2923322.01	5830119.18	29.55	31.90	28.40	6756701.15
佛得角	6914.66	6914.18	0.48	39.91	40.13	-94.18	4942.35
几内亚比绍	3405.74	3365.52	40.22	58.70	58.01	149.78	2146.06
莫桑比克	185442.63	132612.64	52829.98	-0.28	-3.89	10.09	185972.40
葡萄牙	560850.23	348022.16	212828.07	-0.17	-13.81	34.69	561779.76
东帝汶	13483.57	13327.37	156.21	-21.69	-22.46	439.12	17217.27
圣多美和普林西比	687.79	687.75	0.04	3.44	3.71	-97.74	664.94
中国对葡语国家进出口合计	11758755.83	3657984.48	8100771.35	29.40	23.62	32.18	9087409.70

资料来源：中国海关总署统计数据，参见中国商务部台港澳司网站，www.tga.mofcom.gov.cn，2018 年 4 月 25 日。

中国与葡语国家领导人高层互访促进中国与葡语国家友好合作。中葡论坛成立以来，中国与葡语国家高层互访频繁。中方领导人和葡语国家总统、总理、副总理都曾率代表团参加历届部长级会议。2016 年第五届部长级会议期间，7 个论坛与会葡语国家共派出 4 位总理及 14 位部长出席。历届行动纲领制定和落实过程中，葡语国家驻华大使、驻中国澳门总领事做了大量工作。

（四）葡语国家联合研究形成机制，中国对葡语国家研究逐步升温

葡语国家联合研究年会于 2017 年和 2018 年连续两年在对外经济贸易大学举办。2017 年年会，来自外交部、中国社会科学院、中国现代国际关系研究院、上海外国语大学、中铁四局等机构的 100 多位中外学者及企业代表

齐聚一堂，就“21世纪中国—葡语国家对话与合作”这一议题展开讨论，为拓展和深入对葡语国家的研究，深化中国与葡语国家间贸易、投资以及多领域合作进行交流。中国国际交流中心副理事长、商务部前副部长魏建国表示，未来五年，中国与葡语国家经贸合作将处于快速发展时期。在未来一段时间，中国不仅要继续加强与葡语国家的贸易往来，满足当地市场消费需求，还应推动更多的中国企业“走出去”，加大在葡语国家能源、海洋、城市建设与安全等领域的投资。企业在“走出去”的同时，还要加强责任意识，提升中国企业的国际化实力，力求“走得稳”，推动实现经济大融合、发展大联动、成果大共享。时任外交部拉丁美洲和加勒比司参赞蓝虎介绍，随着中国与葡语国家相互交流的不断加深，中葡经贸合作也呈现巨大潜力。佛得角驻华大使塔尼娅·罗穆阿尔多认为，中国澳门在中国与葡语国家关系中发挥了重要的平台作用，“尤其是在澳门举行的中国—葡语国家经贸合作论坛，以战略性的多边视角，推动双方政治、经济、科技、学术等领域交流合作”。

2018年年会由对外经济贸易大学中国葡语国家研究中心、巴西中国亚太研究所和中国澳门国际研究所联合举办。来自商务部、对外友协、中国农业大学、中铁四局等政府部门、高校及企业机构的近200位政企代表和专家学者，就“中国‘一带一路’倡议：葡语国家历史机遇”“中国改革开放40周年：葡语国家发展新趋势”等议题展开交流与研讨。2018年不仅是中国改革开放40周年，也是“一带一路”倡议五周年。同时，中国—葡语国家经贸合作论坛（澳门）也迈入15周年。在此背景下，“葡语国家联合研究年会2018”的成功举办具有重要意义。中国商务部台港澳司副司长康文指出，“一带一路”倡议顺应经济全球化潮流，搭建了广泛的国际合作平台。中国愿与葡语国家携手，秉持“共商、共建、共享”的理念，不断加强政策沟通，推进战略对接，开展务实合作，把中葡论坛打造成为“一带一路”框架下国际合作的新典范。

安哥拉驻华大使若昂·萨尔瓦多·多斯桑托斯·内图（João Salvador dos Santos Neto）表示，中国始终是安哥拉重要的贸易经济合作伙伴，欢迎更多中国企业前往安哥拉投资。安哥拉政府将会进一步完善投资者保护的相关法律法规，为投资者提供更加友好、便利的投资环境，吸引更多企业参与当地市场的公平竞争。会议期间举行了《葡语国家蓝皮书：葡语国家发展报告（2016～2017）》的发布仪式。这是中国第一部从政治、经济、文化等方面全面研究葡语国家的学术著作，由社会科学文献出版社出版，该蓝皮书填补了中国从整体上对葡语国家进行系统研究的空白。此外，中国葡语国家研究中心还分别与京师北中横琴创新发展研究院、北京国发长城智能科技研究院和葡汉文化交流（北京）有限公司签署合作协议。

继中国葡语国家研究中心连续编辑出版《葡语国家蓝皮书：葡语国家发展报告》之后，湖北大学拉美研究院主编的《巴西黄皮书：巴西发展报告（2017～2018）》于2018年8月出版。此书由中巴两国26位学者共同编写而成，聚焦2017年巴西发展现状，分别从政治、外交、经济、社会、人文、科技、中巴关系等领域出发，对相关热点、难点问题进行跟踪分析或系统考察，既有利于拓展与深化国内巴西研究及中巴关系研究，也可为相关部门和决策机构提供参考。商务部国际贸易经济合作研究院、澳门科技大学和文化研究所主办的《中国与葡语国家经贸合作发展报告（2017～2018）》于2018年10月16日在澳门特区举办发布仪式，并签署协议成立中国与葡语国家经贸合作研究中心。澳门城市大学于2017年成立葡语国家研究院并设立了葡语国家研究专业硕士和博士点。2018年9月，葡萄牙科英布拉大学成立了中国和葡语国家研究院（ASL-UC），专注于研究中国、葡萄牙和葡语国家之间的关系，以法学研究为侧重点，兼具跨学科性质。

（五）中国地方政府参与，标志着中国与葡语国家的经贸关系向深入发展

近年来，中国内地省份通过中葡论坛逐步了解中国与葡语国家合作，有些省市、地区通过澳门特区政府发展与葡语国家的经贸合作。2016年10月21日，江苏省政府与澳门特区政府签署备忘录，决定在江苏省常州市共同开发建设苏澳合作园区，以充分发挥各自的独特优势，实现互补共赢、创新

发展。[①] 苏澳合作园区位于常州西太湖畔，占地32平方千米。江苏省一直与澳门特区保持紧密的经贸合作。2011年起，“江苏—澳门·葡语国家工商峰会”连续五届在澳门国际贸易投资展览会期间举行，至2017年已举办第六届。双方已建立起相关合作机制，促成江苏、澳门和葡语国家在经贸、文化、教育等领域形成常态合作机制。2015年江苏省与葡语国家贸易总额约为110亿美元。2018年7月19日，江苏苏澳合作园区建设办公室编制启动江苏苏澳合作园区总体规划工作。江苏省将合作园区建设列入江苏“十三五”经济社会发展规划纲要，澳门特区也将其列入首个五年发展计划。共建苏澳合作园区，是澳门加强与内地合作的重要部分，既有助于促进苏澳两地经济发展，也有助于澳门推动经济适度多元发展。

2017年5月15日，广西北海出口加工区与澳门“一带一路”研究会签署合作协议，在北海建设面向葡语系国家投资商的“葡语系国家产业园”。[②] 双方努力把产业园建成“面向全球，对接南美欧非，多边互动，区域合作，关检联运”的国际转口贸易综合枢纽以及CEPA项目下特色产业园区、西部沿海对外开放重要平台。北海—澳门葡语系国家产业园落户北海出口加工区B区，占地600亩，一期建设10万平方米，主要引进和发展高端智能家具制造、矿产资源加工、海产品等农副产品精深加工、保税仓储物流和酒类水果食品进出口等项目和产业，积极发挥优势，吸引一批葡语系国家和地区投资项目入驻园区，争取2017年建成一些标志性项目，争取2020年园区进出口产值达到200亿元人民币。2018年12月6日，广西壮族自治区商务厅、澳门广西总商会、澳门“一带一路”研究会在澳门联合举办“广西北海—澳门葡语系国家产业园”项目对接圆桌会。澳门鸿鑫利德有限公司与北海综合保税区签署了冰片糖加工项目，这是澳门首个进驻北海—澳门葡语系国家产业园的加工项目，标志着桂澳经贸合作已经进入产业合作和项目落地的

① 《江苏与中国澳门签署合作备忘录　联合筹建苏澳合作园区》，中国新闻网，2016年10月21日，http：//www.chinanews.com/ga/2016/10-21/8039899.shtml。

② 《葡语系国家产业园落户北海》，新华网，2017年5月23日，http：//www.xinhuanet.com//local/2017-05/23/c_129614480.htm。

新阶段。广西鼓励澳门及葡语系国家企业到“广西北海—澳门葡语系国家产业园”投资，参与“区中园、一区多园”等规划、建设和运营，共享国际产能合作新红利。北海市与葡萄牙港口城市锡尼什市于2017年11月签订缔结友好城市意向书，两地同为港口城市，北海市在旅游业有突出表现，锡尼什市则在科技孵化方面有丰富经验，两地渔业均扮演重要经济角色，两个城市支持互补，推动投资与合作。

2017年12月7日，青岛与中葡论坛常设秘书处共同举办“青岛/葡语国家产能合作对接会”。① 莫桑比克、东帝汶、佛得角、几内亚比绍、莫桑比克、葡萄牙、圣多美和普林西比等国家的企业，以及青岛企业出席会议。2016年，青岛与葡语国家贸易额达27.5亿美元。截至2017年6月末，葡语国家累计在青投资项目17个，总投资额为8110万美元。青岛累计核准对葡语国家投资项目15个，核准项目中方总投资额为6478万美元。青岛市政府领导先后率经贸代表团访问巴西、葡萄牙、莫桑比克、佛得角等葡语国家。青岛与中葡论坛秘书处、巴西圣保罗州、佛得角贸易投资促进局签署了《关于建立经济合作伙伴关系的备忘录》。2017年8月，青岛市与中葡论坛常设秘书处签署了《关于欧亚经贸合作产业园区“一带一路”国际产能合作的备忘录》，进一步拓展青岛与葡语国家及中国澳门开展国际产能合作的新平台，也为进一步深化青岛与葡语国家及中国澳门的经贸交流与合作打下坚实的基础。2017年8月10～13日，由澳门贸易投资促进局主办，四川省商务厅、四川省贸促会、四川省及成都市多个商协会，以及澳门多个商会协办的“葡语国家产品推介及商机对接会”及“葡语国家食品推广”系列活动。17家从事葡语国家食品贸易的澳门企业及葡语国家食品供应商展示了葡语国家特色食品、饮品，吸引百名企业高管对接洽谈。

2018年已经过去，但是目前还没有准确的全球经济宏观数据，部分葡语国家经济发展数据就更难以查询，我们姑且做一简要的评估。2018年是

① 《我市与中葡论坛秘书处共同在青举办“青岛/葡语国家产能合作对接会”》，青岛市商务局网站，2017年12月7日，http://www.qdbofcom.gov.cn/n32207979/n32207984/171207151145727148.html。

国际金融危机爆发的十年，也是世界经济格局发生大变革的十年，全年经济延续温和增长态势。国际货币基金组织预测 2018 年世界经济增速为 3.7%，与 2017 年持平。主要发达经济体增长强势，主要新兴经济体出现不同程度的复苏。但是美国的贸易保护主义、单边主义和构建新型经贸原则给世界经济发展带来很大的负面影响，世界经济动能出现放缓可能。预测葡语国家在石油价格增幅有限的情况下，以石油和大宗商品出口为导向的安哥拉继续艰难前行，葡萄牙和巴西在经济危机后维持恢复性增长，亚非其他葡语国家仍然未定，少数葡语国家经济增长有可能出现在世界增速较高的国家行列。无论如何，中国与葡语国家在各种合作机制的作用下前景十分广阔。“一带一路”持续为中国与葡语国家经贸合作带来机遇和利好，中葡论坛规划未来 15 年的发展目标，相信中国与葡语国家的多双边经贸合作可以抵御全球化带来的各种挑战。从历史的长河看，葡语国家的经济社会发展在曲折中勇敢前行，必将创造美好的未来。

特别报告

Special Reports

B.2
中葡论坛15年发展经验及对未来发展的启示

中葡论坛常设秘书处

摘　要： 2018年是中葡论坛成立15周年。15年来，中葡论坛积极促进中国与葡语国家间经贸发展、人力资源合作、文化交流等，取得了显著成绩，并在发展过程中形成了一系列创新、独特、有效的运行机制，积累了许多成功的经验。2018年，中葡论坛常设秘书处举办了多场论坛成立15周年座谈会，邀请曾经参与过论坛创立、在论坛工作过的领导和专家共同回顾论坛发展历程，为论坛未来的发展建言献策。本文认真梳理了论坛发展历史和专家建议，整理总结论坛15年的发展经验，以及据此得到的一些思考和启示。

关键词： 中葡论坛　文化交流　经贸合作

一 前言

2018 年是中葡论坛成立 15 周年。15 年来，中葡论坛与会各方围绕历届部长级会议签署的《经贸合作行动纲领》所提出的目标，共同推动各项举措的落实，扎实推进各领域务实合作，显著提升了中国与葡语国家之间的经贸合作水平。中葡论坛通过推动中国与葡语国家之间政府、企业和人员的交流，创造并开拓了经贸合作机遇；在与会各国的共同努力和中国澳门特区政府的大力支持下，共同应对复杂多变的国际经济环境，促进中葡间贸易和投资的持续增长。中葡论坛推动中国和葡语国家在农业、能源、基础设施建设、卫生、人力资源等传统领域的合作取得了显著成效，积极探索开拓海洋经济、旅游、文化和产能等新兴领域的合作。

过去的 15 年，是中葡论坛不断摸索、创新和富有成效发展的 15 年，为国际开展跨区域合作发挥了良好的示范作用。本文对中葡论坛发展的成功经验和获得的有益启示进行总结，积极探索创新，为与会各国应对新的发展挑战、共享全球经济发展成果建立更加有效的合作平台提供参考。

二 中葡论坛15年发展经验总结

中葡论坛是一个以特定语言为纽带建立的政府间多边经贸合作机制，作为一个全新的事物，其没有可资借鉴的成功经验，因此，中葡论坛的建立既是一种尝试，更是一种创新。论坛 15 年的发展是不断摸索创新的过程，通过“摸着石头过河”走出了一条富有特色的成功道路。在此过程中，不仅论坛自身机制得到完善，还带来了一系列溢出效应，成为促进中国与葡语国家友好合作的“无形的桥梁”。

（一）成熟和完善的运行机制

中葡论坛各参与方包含九国十方，跨越四大洲，与会各国经济发展条件差异较大，无论是地理位置还是发展程度，都不同于一般的区域性合作组织，要保证有效运行，机制建设显得尤为重要。经过参与各方的共同努力，中葡论坛机制建设不断完善、创新，形成了架构清晰、层次分明、沟通顺畅的运行机制。

部长级会议是论坛的最高决策机构，原则上每三年召开一次（可根据实际情况进行调整），每届部长级会议均根据与会各国的发展诉求，磋商制定未来三年的行动计划和发展目标，会上签署《经贸合作行动纲领》及其他有关文件作为各项举措落实的目标和依据。

论坛常设秘书处是论坛事务的常设执行机构，负责推动落实部长级会议的各项决定，以及处理论坛日常事务。常设秘书处设有秘书长（中央政府指派）和三名副秘书长（分别由中央政府、中国澳门特别行政区、葡语国家指派）。秘书处内部人员包括中央政府、中国澳门特区政府派出的工作人员和葡语国家政府驻论坛代表，随时就部长级会议有关举措的落实和日常事务开展交流和工作协调。常设秘书处每年召开一次例会，与会各国均派联络员和大使（或驻华使馆代表）参加，共同讨论部长级会议签署的《经贸合作行动纲领》落实情况，对秘书处上一年的工作情况和未来一年的工作计划进行审议。

除上述机制外，中国和葡语国家的论坛事务主管部门还指派了论坛联络员，就论坛有关事务保持沟通联系，以及提供必要的协助。此外，为促进中葡企业间合作，论坛还于第五届部长级会议期间成立了中葡企业家联合会，作为与会各国企业参与论坛的平台，通过中葡企业洽谈会等交流活动开展沟通与合作。

论坛运行机制的不断完善，使各方沟通更加便利、开放与透明，论坛已经成为中国与葡语国家间经贸合作、政策研讨、商机对接、资源共享、信息沟通、文化共融的重要平台。

（二）开放一致的发展目标和理念

中葡论坛与会各国经济社会发展水平差异较大，经济体量、发展道路和资源禀赋各不相同，各国均制定了本国的经济发展战略规划，侧重于不同的重点领域，从基础农业到新能源等高科技领域，涵盖了传统和现代的诸多发展内容。这非但没有成为与会各国开展合作的阻碍，反而促成了各国之间经济社会发展的互补与合作，这主要基于促进经济社会发展的共同目标和共商共建共享的发展理念。

从各国角度看，都希望不断促进社会经济发展，提高人民生活水平；从论坛整体角度看，都致力于构建中葡命运共同体，共同应对世界经济挑战，共创发展机遇。中葡论坛 15 年发展的实践证明，在共同目标和发展理念的指引下，中国与葡语国家之间开展了卓有成效的合作，为双方带来了实实在在的获得感。双方贸易和投资额持续迅速增长，中国和葡语国家已成为重要经贸合作伙伴，越来越多的中国企业到葡语国家开展投资经营，而庞大的中国市场也成为葡语国家企业投资兴业的热土。特别是 2008 年金融危机以来，与会各国通力合作，共同应对复杂的国际环境形势和金融危机带来的不确定性，中国与葡语国家贸易额在 2009 年出现略微下降后，在 2010 年迅速回升并连续保持正增长。

随着合作层次的不断深入和合作内容的更加广泛，中国与葡语国家经贸合作在更大的范围内实现共商共建共享，并以此不断推动与会各国经济社会发展向更高水平迈进。

（三）部长级会议成果的合理规划与认真落实

作为论坛最高决策机构的部长级会议，与会各国在会议上达成的成果协议《经贸合作行动纲领》及其他相关文件直接决定着未来三年中国与葡语国家开展合作的领域、规模和方向。因此，部长级会议签署的成果文件的会前规划和会后的贯彻落实是论坛取得各项成果的保证。

部长级会议的成果文件要反映各方的诉求和关切，要兼顾文件的高度、广度、深度，既要在宏观层面指导国与国之间的合作，也要在微观层面具有可操作性。因此，成果文件内容的起草和确定需要各方多轮深入的磋商和大量细致的谈判，最终达到适应各国的发展阶段和经济特点并令各方接受和满意的结果。

推动历届部长级会议举措成果的落实是中葡经贸发展的着力点。为推动会议成果文件的落实，中方专门成立了包括经贸、农业、文化、医药卫生、人力资源等多个领域的30多个部委组成的中方后续行动委员会，负责各自领域举措的推进落实。与会葡语国家也通过各自论坛事务主管部门，积极推动落实会议签署的成果文件。

正是历届部长级会议在成果举措规划上精雕细琢、在落实过程中深耕细作，才使中葡合作的领域、深度、范围、方式、途径不断扩大和深化，取得了15年的骄人成绩，推动了中国与葡语国家经贸关系不断发展。

（四）中国内地省市和企业的积极参与

作为双边合作机制的补充，中葡论坛积极发挥中国与葡语国家合作平台和桥梁作用，主动“走出去、请进来”，大力推动中国内地省市政府、机构和企业与葡语国家联系，为与会各方之间加强沟通和了解构建了良好的沟通渠道。

特别是第五届部长级会议以来，为认真落实行动纲领中提出的加强“省市间合作”的有关内容，以及《关于推进产能合作的谅解备忘录》中的有关举措，论坛常设秘书处组织各国驻论坛代表和研修班学员到浙江、江苏、广东、安徽、山东、湖南等中国内地多个省市参观考察，与当地政府部门联合举办产能合作对接会，向内地企业推介葡语国家投资营商环境，并邀请葡语国家驻论坛代表参观当地企业，了解当地产业发展优势。通过双向互动，找到双方合作的契合点，创造合作机遇。

内地许多省市此前对葡语国家不够了解，对中葡论坛不够熟悉，但是通过论坛秘书处的各项活动，越来越多的内地省市、企业与论坛秘书处加强了联系，互相支持对方举办的相关活动。论坛秘书处还与湖南、江苏、山东青岛、中国贸促会、粤澳中医药科技产业园等政府部门、机构和企业签署了合作协议，共同开展务实合作。目前，论坛的“朋友圈”不断扩大，合作更加紧密。如山东青岛多次随秘书处出访葡语国家，并与葡萄牙、佛得角等国达成一系列项目合作意向。中国内地省市和企业的积极参与，推动了部长会议有关举措的落实，使中葡合作更加务实。

（五）人文交流和人力资源合作

2017 年，习近平主席在“共商共筑人类命运共同体”高级别会议的演讲中引用中国古语“和羹之美，在于合异”，生动地诠释了人类文明应当坚持交流互鉴、开放包容。如果说经贸交流是人与人的交往，人文交流则是心与心的连接。中葡论坛成立以来，一直注重中葡人文交流和人力资源合作，通过文化互动和人员往来使经贸合作与人文交流相得益彰、相互促进。

自 2009 年起，论坛常设秘书处每年举办中国与葡语国家文化周活动，迄今已成功举办十年。文化周邀请与会各方的艺术团体和艺术家、手工艺人、厨师等来澳门展示交流。在各国民俗风情的展示过程中，潜移默化地促进不同国家、不同民族的文化融合，增进中国与葡语国家人民之间的相互了解和友谊。2018 年 7 月，澳门特区政府举办了“中国与葡语国家文化论坛”和第一届“相约澳门——中葡文化艺术节”，进一步丰富和提高了中葡文化交流的内容和层次，夯实了中葡互信、互利合作的基础。

中葡论坛还注重开展人力资源合作。2011 年，中葡论坛（澳门）培训中心成立，截至 2018 年底，累计邀请葡语国家 1000 余人次到澳门交流研修，涉及政府管理、贸易投资、基础设施建设、金融、法律、医药卫生、旅游管理等领域。在帮助葡语国家开展人力资源建设的同时，也加深了葡语国家学员对中葡经贸合作发展和澳门平台的认识。

（六）日益彰显的澳门平台作用

由于和葡语国家的历史渊源、中西合璧的文化特点、优越的地理位置，澳门天然地成为中国与葡语国家的联系纽带和合作平台，这也是论坛部长级会议永久设在澳门的原因。国家“十二五”规划和“十三五”规划提出支持澳门建设中国与葡语国家商贸合作服务平台，不仅对澳门经济社会发展具有重要意义，也是中葡论坛合作机制发展的重要机遇。

澳门已成为内地了解葡语国家的窗口。澳门特区政府每年在内地举办“活力澳门推广周”、葡语国家特色产品展览等经贸促进活动。特别是澳门开展“三个中心”建设以来，在内地近20个城市设立了葡语国家食品展示中心，促进葡语国家酒类、咖啡、食品在内地的推广，已带动葡萄牙出产的葡萄酒跻身中国内地进口葡萄酒前十位。中葡经贸合作会展中心的建设，促进了澳门会展业的蓬勃发展，越来越多的内地政府部门、企业纷纷到澳门办会参展，得以与葡语国家展开充分交流，探讨合作机遇。

目前，澳门中葡商贸合作服务平台内容更加丰富，涵盖金融、会展、企业服务、双语人才培养、文化交流、青年创业等内容，功能更加齐全，服务更加完善。同时，澳门是“一带一路”的海上桥头堡，作为古海上丝绸之路的起点，澳门在葡语国家参与共建“一带一路”中扮演着日益重要的角色。内地企业借助澳门在法律、语言等方面的优势，与葡语国家开展渔业、基础设施、旅游等领域的合作，或者与澳门企业联合赴葡语国家开展投资经营。粤港澳大湾区建设规划出台，将加快澳门与内地经济发展深度融合，从而更有效地发挥澳门在中葡经贸合作中的平台作用。

三　15年发展经验对论坛未来发展的启示

从初创发展至今，中葡论坛已到“束发之年”，站在了新的历史起点。同时，15 年来国际政治经济格局发生了深刻变化，当前新的世界政治经济环境风险和机遇并存。如何应对风险，把握新的发展机遇，在已有成绩和经验的基础上实现更有成效的发展，值得深入探讨。

（一）坚持创新引领，在新时代实现新突破

创新是一切事物发展的动力和进步的源泉。作为一个国际多边合作机

制，中葡论坛从诞生之日起就带着创新的基因。以语言为纽带这一创新，突破了地域、民族、资源禀赋等客观条件的限制，将九国十方无形地连接起来，共同顺应时代潮流，创造发展机遇，实现了15年的互利共赢、共同发展。

15年过去，世界经济格局发生了深刻变化，全球经济正在摆脱2008年以来金融危机的阴影，主要经济体同步实现正增长，但增长速度出现放缓迹象；一些新兴市场国家经济发展不确定性较大，前景存在隐忧；国际贸易争端不断升级、更加复杂，给世界经济增长带来消极影响。与此同时，全球经济增长新旧动能转换加快，制造业升级，数字经济方兴未艾，新技术、新业态不断涌现。总体看来，当前机遇与挑战并存，并呈现新的态势和特点。

在新的形势下，中葡论坛应当在合作机制、合作模式和合作领域等方面不断进行创新。包括建立更加高效的合作机制，使与会各国在政策沟通、投资贸易便利化、企业对接等方面的协调更加顺畅；探索新的合作模式，如开展三方合作、加快推进产能合作、优势互补产业协同发展等；多层次开拓合作领域，在传统合作领域的基础上，务实推进海洋经济、互联网等新兴领域合作，引入高新科技，升级传统合作领域，打造新的合作领域，实现新旧发展动能有序转换。

（二）融入“一带一路”倡议，构建中葡命运共同体

2013年至今，“一带一路”倡议得到了多个葡语国家的积极响应，多数亚非葡语国家曾明确表示希望通过“一带一路”加强经济合作及与各国之间的联系。2018年12月，习近平主席访问葡萄牙期间，中葡两国政府签署了关于共同推进“一带一路”建设的谅解备忘录。葡方领导人曾两次提道，葡方支持“一带一路”倡议，并希望葡可以成为“一带一路”在欧洲的枢纽。论坛与会各国高层的广泛共识，将推动中葡论坛融入“一带一路”，积极参与构建中葡命运共同体①。

---

① 参见《“一带一路”点亮中国和葡语国家合作》，国务院新闻办公室网站，2016年10月10日，http://www.scio.gov.cn/ztk/wh/slxy/31199/Document/1493308/1493308.htm。

2016年中葡论坛第五届部长级会议提出，秉持“一带一路”倡议共商共建共享的理念引领中国与葡语国家合作。在2017年中国政府发布的“一带一路”愿景文件中提出政策沟通、设施联通、贸易畅通、资金融通、民心相通的“五通”合作重点，与中葡间的合作内容十分契合。中国与葡语国家经贸合作在理念和合作内容上与“一带一路”倡议高度吻合，已经成为“一带一路”的重要组成部分。

论坛与会葡语国家地理位置分散，资源禀赋各异，发展条件不同，但各有产业优势和发展特色。中国是世界上工业门类最齐全的国家，有庞大的市场、强大的制造力、巨大的贸易额和一大批具有开拓精神的企业，因此，中国与葡语国家在贸易、产能合作等领域彼此有广泛的需求和广阔的合作前景，也有坚实的合作基础。“一带一路”作为一个全球性的开放合作平台，中葡论坛的融入将充分调动中葡各国的优势资源和企业的积极性，突破地理的限制，打通贸易、投资的连接通道，进一步拓展合作领域，促进中葡间市场的融合、人员的流通和资源要素的整合，最终实现共商共建共享。

（三）依托粤港澳大湾区，发挥澳门平台优势

党的十九大报告提出，支持港澳融入国家发展大局，以粤港澳大湾区建设、粤港澳合作、泛珠三角区域合作等为重点，全面推进内地同香港、澳门互利合作，将粤港澳大湾区建设提升到国家发展战略层面。粤港澳大湾区建设将全面推进内地同香港、澳门互利合作，促进三地融合发展，从而辐射和带动更广阔的中外合作与发展。这也将使澳门与内地经济发展联系更加紧密，在中国与葡语国家发展合作中发挥更大作用。

近年来，澳门打造中葡商贸合作服务平台取得了积极进展。在原有“三个中心”发展日益成熟的基础上，中葡青年创新创业交流中心、中葡双语人才培养基地、中葡文化交流中心、中葡金融服务平台、中葡企业家联合会等已成立或正在积极推进中。澳门平台已经成为涵盖贸易、会展、金融、企业服务、人才培养、创新创业、文化交流的重要载体。与粤港澳大湾区城

市的充分对接和融合发展，为澳门平台各项功能最大限度地发挥提供了更加广阔的空间和新的机遇。

应重点考虑澳门与大湾区城市产业优势互补、突出特色，在贸易领域，利用中国澳门与葡语国家开展贸易的优势和珠三角作为货物通关重要口岸的优势，在双方之间建立高效的货物通关通道，提高葡语国家产品的检疫、通关效率，提高产品通过澳门进入内地的比例；在会展业等有竞争关系的产业领域加强发展协调和资源共享；在青年创新创业和文化创意产业等可以互相借鉴的产业领域加强合作，形成良好的沟通交流机制，形成产业融合；继续加强双方中葡双语人才培养的合作，加快澳门中葡双语人才培养基地的建设，与粤港澳大湾区城市高校和企业开展合作，开展双语人才培训、贸易投资咨询、海外市场开拓等业务。

（四）调动企业积极性，推动合作更加务实

随着中葡间贸易投资的持续增长，一大批中国国企、民企赴葡语国家开展投资经营活动，涉及电力、金融、基础设施、汽车、机械等行业，成为推动中葡经贸合作的重要支撑。但目前来看，中国企业的投资多集中于安哥拉、巴西、葡萄牙等经济发展条件较好的国家，“走出去”的企业多为大型企业集团，合作项目多集中于传统领域。中葡双方未来仍有广阔的合作空间可以开拓，这需要充分调动更多企业的积极性，创造条件发掘市场潜力，让更多的企业参与广泛的合作领域。

在推动部长级会议成果落实方面，中方已成立了由30多个部门组成的后续行动委员会，推动各项举措的落实。但后续的落实工作需要与会各国协同推进，葡语国家可以在后续落实工作中发挥更大作用，如成立类似后续行动委员会的机构，协调本国各部门之间的分工，增强政策的协调性和连续性，保障企业权益，保护企业投资经营的积极性。

另外，还要提高对接活动的有效性。在以往的对接活动中，中国内地省市和企业对葡语国家的投资营商环境有了一定了解，但了解的深度和层次还难以满足企业投资经营的实际需要。在当前市场竞争更加激烈的情况下，企

业海外投资对投资方向、政策、合作伙伴都有更加具体和明确的要求，即效益投入比最大化。因此，葡语国家相关部门需要制定更加明确、可行的发展规划和项目建议，以及具有潜在合作机会的产业领域和企业名录，以便更加高效地促成双方企业的对接合作。

总之，论坛与会各国之间的合作，最终要由各方企业通过市场活动来实现。各方应当在政策优惠、法律保护、项目信息、企业配对等方面为企业提供完善的保障和服务，调动企业参与的积极性，使双方的合作更加务实高效。

结 语

经过 15 年的发展，中葡论坛在取得了巨大的成绩和积累了诸多成功经验的同时，不断创造越来越多的合作机会，为以后的中葡合作展现了广阔的前景——合作领域不断扩大，内容更加丰富；更多中国内地省市积极参与中葡经贸合作，加强了与中国澳门、葡语国家的联系；中国和葡语国家的企业始终保持高度的热情，开展洽谈对接互动，积极发展贸易、投资合作；各方智库或研究机构紧密关注中葡论坛的发展，建立经常性的交流，为中葡论坛的发展出谋献策。

潮涌催人进，风正好扬帆。历史为未来的发展奠定了坚实的基础，在当今时代，依托“一带一路”倡议和粤港澳大湾区建设等重大举措，中葡论坛的发展正面临新的重大发展机遇，与会九国十方应当与时俱进、不断创新，充分调动政府、企业和民间等多层面的参与积极性，共同促进中葡论坛的持续发展，共创各方合作的美好前景。

B.3

中国澳门特别行政区在粤港澳大湾区中的定位和作用

叶桂林*

摘　要： “一带一路”倡议及粤港澳大湾区战略为中葡平台注入新的活力、赋予新的内涵，澳门应紧抓这一机遇，为大湾区形成全面开放新格局提供服务。本文回顾粤港澳大湾区概念从区域合作上升到国家战略的演变，整理粤港澳大湾区发展情况，并总结粤港澳大湾区合作的关键。同时，分析澳门在粤港澳大湾区“一中心、一平台、一基地”的定位，介绍当前澳门在中葡平台建设中加入大湾区元素的方式。最后，本文提出澳门在配合粤港澳大湾区发展时要理顺顶层设计和加强调研。

关键词： “一带一路”　粤港澳大湾区　澳门　中葡平台

一　前言

粤港澳大湾区建设是新时代推动形成全面开放新格局的新举措，透过包括港澳在内的珠三角城市融合发展，推动“一国两制”事业发展，实现全方位对外开放。该战略提出以来，得到粤港澳大湾区内各个城市的拥护支持，也受到了海内外的广泛关注。

* 叶桂林，中国社会科学院研究生院经济学博士，澳门科学技术发展基金科技发展研究部高级经理，研究方向为澳门经济。

粤港澳大湾区的关键是融合与开放。大湾区各城市围绕国家总体战略，发挥各自优势，突出自身特色，从各城市的产业、功能、定位、资源出发，通过统筹规划、临近融合、鼓励合作等方式，实现融合发展。随着融合的不断深入，大湾区将具备更充足的条件加快构建与国际接轨的开放型经济新体制，搭建高水平参与国际经济合作新平台，深化与“一带一路”沿线国家在基础设施互联互通、经贸、金融、生态环保及人文交流等领域的合作，携手打造推进“一带一路”建设的重要支撑区。

澳门是一个开放程度很高的国际化城市，中国政府恢复对其行使主权以来一直致力于推动中国与葡语国家商贸合作服务平台（以下简称“中葡平台”）。进入新时代，“一带一路”倡议及粤港澳大湾区战略为中葡平台注入新的活力、赋予新的内涵，澳门应紧抓这一机遇，中葡平台的建设应聚焦与粤港澳大湾区兄弟城市共同拓展海外市场，助力粤港澳大湾区“走出去、引进来”，为粤港澳大湾区形成全面开放新格局提供服务。

二　粤港澳大湾区的发展情况

（一）粤港澳大湾区概念的由来与演变

粤港澳大湾区是在原珠江三角洲九市（广州、深圳、珠海、佛山、惠州、东莞、中山、江门、肇庆）基础上，加上香港、澳门两个特别行政区。粤港澳大湾区的概念经历了从民间学者倡议到地方政府规划，再上升到国家战略的过程。

20 世纪 90 年代初，时任香港科技大学校长吴家玮教授就曾对标美国旧金山湾区，提出“港深湾区”的概念。随后，陆续有学者提出“环珠江口湾区”“伶仃洋湾区”等概念。

随着区域经济一体化不断的发展和深入，“湾区”概念逐步受到地方政府的重视。2008 年，《珠江三角洲地区改革发展规划纲要（2008—2020 年）》发布，粤港澳三地围绕打造“世界级城市群”展开探索。三地政府于2009年联合发布《大珠江三角洲城镇群协调发展规划研究》的报告，把“湾区发展计划”列为空间总体布局协调计划的一环。作为“湾区发展计划”的后续工作，三地政府在2010年联合制定了《环珠江口宜居湾区建设重点行动计划》，并于2011年和2014年在香港和澳门进行两阶段的公开咨询。2014年，深圳市政府工作报告首次提出了“湾区经济”的理念，从粤港澳城市群组成的湾区这一角度，提出深圳的发展方向。

2015年3月，在国家发展和改革委员会、外交部、商务部联合发布的《推动共建丝绸之路经济带和21世纪海上丝绸之路的愿景与行动》中，首次提出“深化与港澳台合作，打造粤港澳大湾区”，“粤港澳大湾区”这一名词首次出现在公开的官方文件中。2016年，国家“十三五”规划中提出“支持港澳在泛珠三角区域合作中发挥重要作用，推动粤港澳大湾区和跨省区重大合作平台建设”。2017年，“粤港澳大湾区”首次被纳入政府工作报告，“研究制定粤港澳大湾区城市群发展规划”被提上中央政府的工作日程。2017年7月1日，在国家主席习近平见证下，国家发展和改革委员会、香港特别行政区、广东省和澳门特别行政区的负责人在香港签署《深化粤港澳合作　推进大湾区建设框架协议》（以下简称《框架协议》）。十九大报告进一步深化粤港澳大湾区的内涵，提出以粤港澳大湾区建设、粤港澳合作、泛珠三角区域合作等为重点，全面推进内地同香港、澳门互利合作，制定完善便利香港、澳门居民在内地发展的政策措施。目前，粤港澳大湾区城市群发展规划的制定已经进入尾声。

（二）粤港澳大湾区发展概况

2017年，粤港澳大湾区总面积5.6万平方千米，常住人口约7000万人，地区生产总值合计超过10万亿元人民币，人均地区生产总值约为16万元人民币，就业人口合计超过4400万人，各城市的失业率维持在1.9%～3.4%（见表1）。

表1　2017年粤港澳大湾区各城市主要数据

指标 城市	面积 （平方千米）	常住人口 （万人）	地区生产总值 （亿元）	人均地区生产 总值（亿元）	失业率 （%）
广州	7249.2	1450	21503	150678	2.4
深圳	1997.3	1253	22438	183127	2.3
珠海	1732.3	177	2565	149082	2.3
佛山	3797.7	766	9550	126322	2.4
惠州	11347.2	478	3831	80205	2.4
东莞	2460.1	834	7582	91329	2.3
中山	1783.7	326	3450	106327	2.3
江门	9505.4	456	2690	59089	2.4
肇庆	14891.2	412	2201	53674	2.4
香港	1106.4	741	23035	311631	3.4
澳门	30.8	65	3046	525865	1.9

资料来源：澳门特别行政区政府统计暨普查局有关粤港澳大湾区的专题网站，https://www.dsec.gov.mo/BayArea/Data.aspx。

广州是广东省的省会，是全省政治、经济、科技、教育和文化中心，也是全省的交通运输枢纽。设有南沙自由贸易试验区，为粤港澳合作平台之一。重点发展智能装备及机器人、新一代信息技术、生物医药与健康医疗、智能与新能源汽车、新材料、新能源、都市消费工业和生产性服务业八大产业。拥有国家双一流的高校中山大学与华南理工大学。①

深圳拥有全球第三大集装箱港、亚洲最大陆路口岸，设有证券交易所。全国重要的高新技术研发和制造基地，拥有华为、腾讯、比亚迪与华大基因等一批知名高科技企业，在研发方面有大量投入。重点发展生物、新能源、互联网、文化创意、新材料、新一代信息技术、节能环保

① 《广州概况》，广州市人民政府网站，http://www.gz.gov.cn/gzgov/s2289/sq.shtml。

七大新兴产业。[①]

珠海设有珠海横琴自由贸易试验区及国家高新技术产业开发区。近年来致力于发展先进制造业、新一代信息技术、生物医药、海洋、航空航天、轨道交通、新能源汽车等产业。推动旅游业发展，发展横琴国际休闲旅游岛，建设以生态、观光、休闲为特色的旅游产业体系。[②]

佛山定位于建设全球现代制造基地，具备深厚的制造业基础，产品包括家用电器、电子、陶瓷、铸造与机械等。近年来通过发展先进制造提升传统制造业的优势，并重点发展电子信息、新能源、新材料、节能环保及生物医药等高新技术产业。[③]

惠州的两大产业支柱是石油化工及电子信息产业，设有国家级的仲恺高新技术产业开发区。近年来提出“海绵行动”，全面对接深圳产业发展，采取“深圳研发、惠州孵化”“深圳孵化、惠州产业化”等方式，重点发展电子信息、高端化学品、先进装备、新能源和新能源汽车等领域的产业。[④]

东莞五大支柱产业为电子信息、装备制造、纺织服装、食品饮料、家具制造，近年来重点发展新一代电子信息、机器人、智能终端、新能源汽车等新兴产业。[⑤] 位于东莞的中国散裂中子源大科学装置正式投入使用将提升东莞的科技地位。

中山的传统优势产业包括家电、电子、灯饰、家具、五金制品等，近年

① 《深圳概况》，深圳市人民政府网站，http：//www. sz. gov. cn/cn/zjsz/gl/201808/t20180808_13854610. htm。

② 《珠海市现代产业体系规划》，珠海市人民政府网站，http：//www. zhuhai. gov. cn/zw/ghjh_44502/201803/P020180314602268641639. doc。

③ 《佛山市产业布局规划 2010—2020》，佛山市经济和信息化局网站，http：//www. fset. gov. cn/ksyd/zh/qy/201503/P020150325551167610044. doc。

④ 《惠州市海绵行动产业提升发展规划（2017—2020 年）》，惠州市经济和信息化局网站，http：//zwgk. huizhou. gov. cn/0002/0204/201708/bc055dc542c34364966e26331cebc412/files/f118edc0259b421cab399d8c3ba2631e. doc。

⑤ 《东莞市重点新兴产业发展规划（2018—2025 年）》，东莞市发展和改革局网站，http：//zwgk. dg. gov. cn/007330029/0201/201807/7ceceec0b1914aeb87ba9fa260cfcbcd/files/117148d9692943a6880e0579fda35998. pdf。

来通过智能设计、智能产品、智能装备、智能服务和新模式推动传统优势产业的转型升级及提升产业竞争力，同时发展以高端装备制造、生物医药、新一代信息技术等为重点的战略性新兴产业。①

江门传统优势产业包括纺织服装、食品饮料、家具制造、建筑材料、金属制品等。近年来逐渐形成以交通产业、卫星导航产业及大健康产业等为内核的先进制造业。② 拥有世界文化遗产开平碉楼，旅游业发展空间广阔。

肇庆为珠三角连接大西南地区的枢纽门户，面积占珠三角地区的1/4，可供发展的空间最大。六大传统产业包括纺织服装、食品饮料、家具、建材、金属制品、家电，目前正致力于打造新能源汽车、先进装备制造、节能环保三个产业集群。③

香港是全球最自由的经济体、全球服务业主导程度最高的经济体、亚太区重要的银行和金融中心。四大传统支柱产业为金融服务、旅游、贸易和物流及工商业支援服务，近年来着力发展文化及创意、医疗、教育、创新科技、检测和认证及环保六大新兴产业。拥有世界级的研究型大学，基础研究实力雄厚。④

澳门为全球最开放的贸易和投资体系之一，享有自由港、单独关税区地位。定位为世界旅游休闲中心和中国与葡语国家商贸合作服务平台。以博彩业与旅游业为主，拥有世界文化遗产，旅游资源丰富。近年来重点发展文化创意、会议展览、特色金融、中医药、高端服务和旅游培训等产业。

---

① 《中山市智能制造2025规划》，中山市人民政府网站，http：//www. zs. gov. cn/upfile/315/20170728140657881. doc。

② 《锻现代产业新内核　造创新驱动强引擎》，江门统计局网站，http：//tjj. jiangmen. gov. cn/tjfx/201606/P020171205636401959910. pdf。

③ 《肇庆将成为粤港澳大湾区最大的发展腹地》，人民网，2018年4月11日，http：//sz. people. com. cn/n2/2018/0411/c202846－31449760. html。

④ 《香港经贸概况》，香港贸易发展局，http：//hong－kong－economy－research. hktdc. com/business－news/freepdfdownloadservlet？articleID＝1X09OVUL&LANGUAGE＝tc。

（三）粤港澳大湾区合作的关键

围绕充分发挥粤港澳综合优势、建设富有活力和国际竞争力的一流湾区，国家将积极推动以下六方面工作：打造国际科技创新中心、推进基础设施互联互通、促进要素流动便捷高效、培育国际合作新优势、加快推进重大平台建设、共建优质生活圈。①

由于粤港澳大湾区存在“一个国家、两种制度、三个关税区、四大特区”的独特性，这种状态为大湾区的紧密合作带来了困难和障碍，限制了大湾区内人才、资金、设备及信息等要素的流动，大湾区各城市要实现经济高度融合面临很大的挑战。

中央充分认识到这些挑战，并一直研究将这种独特性转化为发展优势。2018 年 11 月 12 日，国家主席习近平在会见香港、澳门各界庆祝国家改革开放 40 周年访问团时特别强调，建设好大湾区，关键在创新。要在“一国两制”方针和基本法框架内，发挥粤港澳综合优势，创新体制机制，促进要素流通。② 国务院副总理韩正于 2018 年 5 月 20 ~22 日在广东调研自贸试验区建设和深化粤港澳合作等工作并做出具体指示。要使大湾区的独特性变成发展优势，制度创新正是关键。制度创新做不好，独特性就会成为发展的障碍；制度创新做好了，独特性就会显示出巨大互补性。这是对自贸区、大湾区规划建设提出的重大课题。③

三　澳门在粤港澳大湾区的定位

《深化粤港澳合作　推进大湾区建设框架协议》确定了粤港澳大湾区的

---

① 《粤港澳大湾区建设将重点推动六方面工作》，中国政府网，2018 年 11 月 15 日，http：//www. gov. cn/xinwen/2018 -11/15/content_ 5340795. htm? _ zbs_ baidu_ bk。

② 《习近平会见香港澳门各界庆祝国家改革开放 40 周年访问团》，中国政府网，2018 年 11 月 12 日，http：//big5. www. gov. cn/gate/big5/www. gov. cn/xinwen/2018 -11/12/content_ 5339622. htm。

③ 《韩正提出大湾区建设方向　制度创新是高质量发展关键》，香港文汇报网站，2018 年 5 月 24 日，http：//paper. wenweipo. com/2018/05/24/WW1805240001. htm。

合作目标，其中有关澳门的部分提出推进澳门建设世界旅游休闲中心，打造中葡平台，建设以中华文化为主流、多元文化共存的交流合作基地，促进澳门经济适度多元可持续发展。

国家主席习近平最近就香港、澳门在新时代国家改革开放中的定位提出了四点希望，对澳门的定位有了更多的论述。他强调把港澳国际联系广泛、专业服务发达等优势同内地市场广阔、产业体系完整、科技实力较强等优势结合起来，加强澳门世界旅游休闲中心、中葡商贸合作服务平台建设，努力打造成国家双向开放的重要桥头堡。同时要保持国际性城市的特色，利用香港、澳门对外联系广泛的有利条件，传播中华优秀文化，讲好当代中国故事，讲好“一国两制”成功实践的香港故事、澳门故事，发挥香港、澳门在促进东西方文化交流、文明互鉴、民心相通等方面的特殊作用。

澳门特区行政长官崔世安多次表示，特区政府将全力配合中央统一部署，抓住大湾区发展机遇，着力将大湾区建设和“一带一路”建设有机衔接，发挥澳门优势，实现互补合作，促进澳门建设旅游休闲大业态，推动澳门可持续发展；进一步利用好作为“中国与葡语国家商贸合作服务平台”的功能，发挥澳门所长、服务国家所需，更好地推动澳门经济适度多元发展，促进民生持续改善。为配合《粤港澳大湾区发展规划纲要》的出台和落实，将对《澳门特别行政区五年发展规划（2016—2020 年）》进行相应调整，增列配合大湾区发展的内容。①

在粤港澳大湾区的合作，甚至是在新时代国家改革开放的进程中，澳门的定位可归纳为“一中心”（世界旅游休闲中心）、“一平台”（中国与葡语国家商贸合作服务平台）、“一基地”（以中华文化为主流、多元文化共存的交流合作基地）。

“一中心”方面，澳门将为打造大湾区优质生活圈提供东西方文化荟萃

① 《澳门配合国家发展战略作出贡献》，澳门新闻局网站，2018 年 10 月 1 日，https：//www. gcs. gov. mo/showNews. php? DataUcn = 130820&PageLang = C。

的独特休闲去处，为粤港澳大湾区、泛珠三角合作提供旅游业方面的培训。旅游业是澳门的强项，拥有世界文化遗产，全球著名品牌酒店云集，旅游资源相当丰富，在粤港澳大湾区中设置旅游的“一程多站”，将澳门与周边地区的旅游资源串联起来，可达到优势互补的作用。另外，澳门旅游学院于国际知名的 QS 2017 年世界大学排名榜全球提供款待及休闲管理学科的顶尖大学中列为亚洲第 2 位和全球第 18 位。[①] 澳门旅游界管理技术相当先进，在旅游培训和旅游管理等方面已积累了一定经验，这些经验可以与其他大湾区城市分享。过去特区政府便一直为葡语系国家的旅游部门人员提供旅游业的培训，2012 ~ 2017 年已培训 130 位葡语系国家的旅游部门人员，成效显著。[②] 因此，澳门与大湾区各城市可以互设推动酒店管理的实验及培训基地，通过交换生计划让澳门青年到各市培训学习，大湾区青年也可到澳门进行专业培训，借此培养他们成为旅游业的专才，强化澳门旅游业在各市中的领先地位，吸引高端旅客，带动澳门经济发展。同时，作为“一带一路”的组成部分，中国澳门与其他“一带一路”沿线国家有很好的旅游合作基础，可以作为“一带一路”沿线国家与大湾区其他城市间的旅游合作交流平台。

“一平台”方面，澳门将为国家实现“双向”开放，为澳门和内地经济发展创造更多机遇，推动大湾区兄弟城市共同拓展海外市场，助力大湾区“走出去、引进来”，为大湾区形成全面开放新格局提供服务，为“一带一路”建设提供助力。[③]

“一基地”方面，澳门文化传统特色鲜明，400 多年来与西方文化和

---

① 《旅游学院于 QS 2017 年世界大学排名榜中列为提供款待及休闲管理学科亚洲第 2 位及全球第 18 位》，澳门新闻局网站，2017 年 3 月 14 日，https：//www. gcs. gov. mo/showNews. php? DataUcn = 109645&PageLang = C。

② 《旅游局为葡语国家旅游部门人员展开本年度培训》，中国—葡语国家经贸合作论坛常设秘书处网站，2018 年 3 月 14 日，http：//www. forumchinaplp. org. mo/mgto – launches – this – years – internship – program – for – government – tourism – personnel – of – portuguese – speaking – countries – 2/? lang = tw。

③ 《澳门如何融入粤港澳大湾区》，人民网，2018 年 9 月 27 日，http：//hm. people. com. cn/n1/2018/0927/c42272 – 30315388. html。

平相处，曾是海上丝绸之路的重镇，拥有世界文化遗产，同时有不少传统民俗文化、民间宗教信仰、西方宗教文化等非物质文化遗产。澳门作为与西方文化长期交流交往的前沿，拥有数百年的中西文化交流历史，积累了极其丰富的交往、对话经验。因此，澳门可发挥“一国两制”优势，借助自身在世界文化交往中的经验、地位，通过影视作品、文化产品等的对外传播，让世界上更多人了解中国的生活、思想、社会制度和文化传统。另外，澳门可以依托中葡交会的文化传统，结合澳门自身的文化优势，围绕文化旅游、文化创意产业、文化推广，与其他湾区城市开展合作，从而促进湾区居民的相互交往，增强大湾区的凝聚力、向心力及国际影响力。

四　中葡平台与粤港澳大湾区的结合

在中央政府全力支持下，澳门从 2003 年起连续举办了五届中国—葡语国家经贸合作论坛，并成为中葡论坛常设秘书处的所在地。经过十多年的发展，中葡论坛在促进中葡经贸合作方面发挥了积极的作用，极大地推动了中国与葡语国家在经贸方面的交流与合作。澳门作为中葡平台，推动了中国与葡语国家的多元合作，其作用越来越得到论坛各方的认同和肯定。[①]

为配合国家的战略需求，中葡平台的概念自提出以来，其对外及对内服务重点均在不断调整。在对外服务方面，中葡平台早期集中面向八个葡语系国家；近年来，随着国家提出“一带一路”倡议，中葡平台在原有基础上进一步延伸至“一带一路”沿线国家，期望形成叠加效应。[②] 在对内服务方面，在中葡平台概念提出的初期，广东省（尤其是珠三角地区）是中葡平

① 叶桂林：《中国与葡语国家多元化合作的趋势及澳门特区的平台作用》，载王成安等主编《葡语国家发展报告（2015～2016）》，社会科学文献出版社，2017，第 182～183 页。

② 叶桂林：《“一带一路”倡议下澳门特区中葡平台的新发展》，载王成安等主编《葡语国家发展报告（2016～2017）》，社会科学文献出版社，2018，第 177～178 页。

台对内的重点；后来随着“泛珠三角”概念的出现，这个重点一度扩展至“泛珠三角”九个省份；当前，由于粤港澳大湾区上升为国家战略，中葡平台对内重点将重新回归到以珠三角地区九个城市为重点。目标清晰、重点突出，将有助于中国澳门中葡平台推出更多有针对性的服务模式、合作模式，葡语国家及大湾区城市都可以充分利用中葡平台相互对接，中葡平台将更容易取得成果。

2018 年，特区政府的相关部门努力探索，围绕中葡平台建设的三大支柱（中葡中小企业商贸服务中心、葡语国家食品集散中心、中葡经贸合作会展中心），融合粤港澳大湾区、葡语系国家及“一带一路”等概念，举办了一系列的活动。

从 2017 年起，澳门贸易投资促进局连续在大湾区城市举办“葡语国家产品推介及商机对接会”，借以扩大葡语国家产品在大湾区城市群的知名度及影响力，同时更有助于澳门发挥中葡平台的独特优势，促进粤港澳大湾区与葡语国家的经贸合作与交流。贸促局携手从事葡语国家食品的供应商，于对接会展示咖啡、酒类、矿泉水、休闲小食、盐、果汁、饮料、牛奶、植物油等食品及用品，为产品供应商提供面向采购商做产品展示、商贸洽谈、面向顾客直接销售产品的机会。与此同时，对接会还与“中国—葡语国家经贸合作及人才信息网”叠加宣传，发挥线上线下联动作用，让供应商和买家现场洽谈业务，缔结商机。①

2018 年 6 月举行“中国—葡语国家服务贸易研讨会”，深入研究中国与葡语国家服务贸易的发展趋势、探讨服务贸易领域的最新进展，加强服务贸易业界的经验交流、促进中国与葡语国家经贸合作，推动葡语国家企业拓展粤港澳大湾区广阔市场。来自中国和葡语国家的政府官员

① 《“葡语国家产品推介及商机对接会”系列活动圆满结束　展商总结大湾区各站成果丰硕》，澳门新闻局网站，2018 年 4 月 29 日，https：//www. gcs. gov. mo/showNews. php？PageLang = C&DataUcn = 124530。

及企业家联合会、服务业、金融界以及企业代表等百余人参加此次研讨会。①

2018 年 7 月，澳门贸易投资促进局在东莞举办“莞澳两地经贸合作论坛”和“葡语国家产品推广活动——东莞”。邀请了约 150 位东莞、澳门两地工商界代表、专家学者以及中葡论坛（澳门）常设秘书处圣多美和普林西比派驻代表等参与，就粤港澳大湾区经济共融大趋势下，两地应如何加强合作以求开拓更大商机以及开拓葡语国际市场展开交流。②

2018 年 7 月举办“2018 粤澳名优商品展”，展会除继续发挥“走出去、引进来”平台作用外，还进一步增加“一带一路”及“粤港澳大湾区”元素，形成叠加效应，增强展会成效。2018 年广东省共组织了 132 家企业，于“广东省名优商品展示区”展出食品、日用品、家电家品及礼品等省内各地名优产品。借着澳门平台作用，将品牌拓展至“一带一路”、葡语国家以及粤港澳大湾区市场。③

2018 年 8 ~9 月，广州、江门、珠海及中山连续举办四场“认识澳门营商优势：中国与葡语国家商机及特色金融推介会”。通过向大湾区其他城市介绍澳门投资环境、构建中葡平台、中葡金融服务平台与特色金融、澳门税务政策、中葡合作发展基金概况、葡语国家人民币清算业务等优势及商机，推动澳门打造“中葡金融服务平台”相关推广工作。④

2018 年 10 月，举办“第二十三届中国澳门国际贸易投资展览会”，在过往基础上传承创新，助力企业接轨“一带一路”建设与“粤港澳大湾区”发展机遇，首次增设“粤港澳大湾区商务区”。在展会结束后，大会还组织

① 《中国—葡语国家服务贸易研讨会在澳门举办》，澳门新闻局网站，2018 年 6 月 1 日，https://www.gcs.gov.mo/showNews.php?PageLang=C&DataUcn=125761。

② 《贸促局于东莞举办论坛及葡语国家产品推广活动》，澳门新闻局网站，2018 年 7 月 12 日，https://www.gcs.gov.mo/showCNNews.php?PageLang=C&DataUcn=127324。

③ 《“2018 粤澳名优商品展”次日人流畅旺》，澳门新闻局网站，2018 年 7 月 28 日，https://www.gcs.gov.mo/showCNNews.php?DataUcn=127923。

④ 《中葡平台特色金融商机推介会在珠中圆满举办　未来研续主动走入大湾区城市推介》，澳门新闻局网站，2018 年 9 月 12 日，https://www.gcs.gov.mo/showNews.php?DataUcn=129606。

葡语国家企业及中国澳门企业家代表团考察粤港澳大湾区城市，包括深圳市及中山市，并拜访当地商协会和企业，参观当地重点项目，让葡语国家企业加深了解粤港澳大湾区的政策及发展机遇。①

五　对粤港澳大湾区战略下澳门特区中葡平台的建议

（一）整合工作委员会，理顺顶层设计

国家“一带一路”倡议及粤港澳大湾区战略与中国澳门“一中心、一平台”建设具有紧密的逻辑联系，澳门在推动这四项工作时需要统一规划及协调。“粤港澳大湾区”作为一个名词首次于官方文件中出现是在《推动共建丝绸之路经济带和21世纪海上丝绸之路的愿景与行动》中，这也就意味着在国家的顶层设计中，粤港澳大湾区是“一带一路”倡议的重要支撑，需要配合“一带一路”倡议的发展；与此同时，粤港澳大湾区的成功发展经验，可以为“一带一路”相关国家输出经验，树立发展模式。在“一带一路”倡议及粤港澳大湾区战略的相关文件中，都提到了澳门作为“一中心、一平台”在其中可发挥的作用，由此可见，“一中心、一平台”是澳门成为国家双向开放的重要桥头堡的关键抓手。

为推动这四项工作，澳门分别于2015年、2016年、2017年及2018年设立建设世界旅游休闲中心委员会、中国与葡语国家商贸合作服务平台发展委员会、“一带一路”建设工作委员会、建设粤港澳大湾区工作委员会。这四个委员会都由行政长官任主席，行政法务司司长、经济财政司司长、保安司司长、社会文化司司长及运输工务司司长等分别参加其中一个或若干个委员会，另外，还有一些相关的局级部门参与不同的

① 《23rd MIF与2018 PLPEX十月举行　借澳平台优势探海内外商机》，澳门新闻局网站，2018年10月16日，https://www.gcs.gov.mo/showCNNews.php?DataUcn=131421&PageLang=C。

委员会。

通过前述分析可以看出这四项工作具有紧密的逻辑联系。然而，从目前顶层设计的机构来看，特区政府通过成立四个委员会来分别推动这些工作，足见特区政府仍未充分认识到它们之间的内在联系。目前这种方式将产生两种结果，一是在四次会议中都会重复提到同一件事，造成效率低下；二是对一些属于不同委员会的事项，还要等在相关委员会会议讨论和协调后才能执行，费时费力。

对于这四项工作，特区政府亟须优化目前顶层设计的模式，尽快将四个委员会整合成一个委员会，委员会从一个整体来构思如何通过“一中心、一平台”实现国家提出的“一带一路”倡议及粤港澳大湾区战略；同时，构思如何通过支撑“一带一路”倡议及粤港澳大湾区战略的实现，来进一步丰富“一中心、一平台”的内涵及提升竞争力。此外，委员会可根据实际发展的需要设立专责委员会，由专责委员会具体推进协调各个部门执行和配合，当协调上出现问题，再由委员会处理。

（二）加强调研，强化中葡平台作用

2018 年，行政长官、经济财政司司长、经济局、贸易投资促进局、金融管理局等官员及部门都访问了大湾区相关城市，并通过举办推介会及商机对接会、邀请大湾区的业界人士到澳门参加相关会展对接等活动，逐步发挥中葡平台连接大湾区及葡语国家的作用。这对中葡平台而言也是一大机遇，有利于中葡平台更容易找到切入点，有可能在较短时间内形成更多、更有成效的成果。

中葡平台要在连接大湾区及葡语国家中发挥更大的作用，除现有的交流、互访、推介及对接外，特区政府还需要加强调研。平台的核心在于通过撮合双方的交易与合作，从而创造价值。只有调研后充分了解供需双方的情况，才能更好地找到合作点，确立适合的合作模式。因此，特区政府的相关部门需深入了解大湾区各省市的优势产业、企业及产品，对外出口及投资的需求及困难；与此同时，也要深入调研葡语国家在上述方面的情况与需求，

从而通过平台进行有针对性的配对。例如，广东省内聚集着大量的专业镇，这些专业镇供应的商品种类繁多。特区政府的相关部门可深入调研这些专业镇商品类型，以及它们对引进技术和材料、出口产品及对外投资的需求，从而借助广东省专业镇的力量，创造澳门与专业镇合作的新商业模式。在当前阶段，这些调研可以集中围绕中葡平台建设的三大支柱（中葡中小企业商贸服务中心、葡语国家食品集散中心、中葡经贸合作会展中心）所涉及的内容。

在中葡论坛的框架下，已经有了多种“＋澳门”模式，如中国—葡语国家省（市）长圆桌会、江苏—澳门·葡语国家工商峰会以及内地省市—澳门—葡语国家企业合作座谈会等多种促进地方层面的合作模式。① 其中，江苏—澳门·葡语国家工商峰会这一运作模式值得向内地一些发达省份进行推广，相关省份可以在峰会的基础上因应自身优势领域及具体合作的需要设立不同领域的工作推进小组，在小组中可以比较准确地邀请本省及葡语国家有关企业共同参与，介绍各自的需求，商讨合作的细节方案，这样非常有利于促进企业层面产生实质性的合作。

① 叶桂林：《中国与葡语国家多元化合作的趋势及澳门特区的平台作用》，载王成安等主编《葡语国家发展报告（2015～2016）》，社会科学文献出版社，2017，第194页。

B.4

深化区域合作，促进澳门特区经济适度多元发展

章海源　齐冠钧*

摘　要： 澳门既是一个人均产出和收入名列世界前茅的繁华都市，又是一个微型经济体。自1999年回归以来，由于贯彻了“一国两制”方针和中央政府的坚强支持，澳门经济快速发展，社会和谐稳定，民生明显改善，但在发展中也受到土地紧缺、人力资源短缺、产业结构单一的制约。国家明确提出“促进澳门推动经济适度多元化”，特区政府近几年努力推进澳门经济向适度多元化调整，并取得了积极成效。习近平主席在会见港澳各界庆祝国家改革开放40周年访问团时强调，对香港、澳门来说，“一国两制”是最大的优势，国家改革开放是最大的舞台，共建“一带一路”、粤港澳大湾区等是新的重大机遇。新形势下，澳门须紧跟国际国内经济格局的变化，抓住国家全面深化改革、加快推进“一带一路”建设的机遇，深度融入粤港澳大湾区建设，通过深化与中国内地及其他区域的经济合作，以更高水平相互开放和务实合作破解发展难题，促进澳门经济适度多元和可持续发展。

关键词： 澳门　区域合作　适度多元发展　粤港澳大湾区

* 章海源，商务部研究院外贸所副主任，副研究员；齐冠钧，商务部研究院外贸所助理研究员。

一 澳门多元化经济发展现状

（一）澳门经济总体发展情况

2017 年澳门经济实质增长 9.1%，终止了过去三年的经济收缩（见表 1）。其中，上半年增长 11.2%，下半年增长 7.2%。经核算，2017 年澳门地区生产总值为 4042 亿澳门元，人均地区生产总值为 62.28 万澳门元（约合 7.76 万美元）。整体经济虽然恢复正增长，但内部需求依然疲软，同比下降 2.7%，其中私人消费及政府最终消费分别增长 1.6% 和 1.7%；而固定资本投资则下跌 10%。内需占澳门地区生产总值的比重减少 5.8 个百分点至 52.6%，主要是投资及私人消费支出减少所致。外部需求止跌回升，货物出口增长 12.3%；服务出口增长 15.4%，其中博彩服务出口及其他旅游服务出口分别增长 16.4% 和 15.4%。2017 年货物及服务净出口占澳门地区生产总值的比重上升至 47.4%，较 2016 年的 41.6% 增加了 5.8 个百分点。2017 年澳门综合消费物价指数为 109.56，较 2016 年增加了 1.2，其中烟酒及教育两项指数居高位，分别为 147.93 和 119.08。通信及衣物类消费指数相对较低，分别为 94.0 和 99.13。

表 1 澳门近五年经济增长

单位：%

年份	2013	2014	2015	2016	2017
名义增长	19.8	7.3	-18.1	0	11.6
实质增长	11.2	-1.2	-21.6	-0.9	9.1

资料来源：澳门特别行政区政府统计暨普查局。

随着澳门进一步融入国家发展大局、参与“一带一路”和粤港澳大湾区建设，以及澳门经济适度多元持续推进，“一中心、一平台”建设不断深化，预计未来澳门经济将保持平稳增长。

（二）澳门经济多元化取得积极进展

1. 会展业稳步提质发展

2017 年，特区政府共举办 1381 场会展活动，参与及入场人数 190.1 万人次，同比增长 10.4%；其中会议 1285 项，较上年增加 90 项，与会者 24.5 万人次，同比增长 39.3%。2017 年增加值总额为 35.48 亿澳门元，约占所有行业增加值总额的 0.9%，与 2015 年相比，增加值总额增长近 147%，占比则增加了 0.5 个百分点。在特区政府“以会议为先”的政策支持下，澳门举办的国际会议和专业展览数量与日俱增，行业规模不断扩大，影响力不断增强，成为打造城市特色品牌的重要内容。特别是逐步打造了一批具有国际影响力的品牌活动，比如“世界旅游经济论坛”“央企支持澳门中葡平台建设高峰会”“国际基础设施投资与建设高峰论坛”等，对澳门整体城市形象和知名度的提升起到了很好的拉动作用。

2. 金融业运行总体稳健

截至 2017 年底，澳门狭义货币（M1）723.8 亿澳门元、广义货币（M2）5914.9 亿澳门元，同比分别增长 13.7% 和 11.1%，投资和消费市场活跃程度增强。居民总存款 10226 亿澳门元，增长 7.9%；总贷款 8960 亿澳门元，增长 14.2%；不良贷款率 0.2%，微跌 0.01%；资本充足率 15.7%，总体水平远超国际监管要求。银行业税前利润 148.1 亿元，增长 4%。澳门银行业对系统性风险具有较强抵御能力，特别是特区政府持续强化金融监管，比如通过加装“认识你的客户”（KYC）系统对取款人身份进行辨识。特色金融业领域发展获得多方支持，2016 年 12 月银监会与澳门金融管理局在北京签署《关于发展澳门特色金融的合作备忘录》；中葡合作发展基金总部正式落户澳门并开展运营；中国银行澳门分行与葡语国家 30 多家银行建立代理行关系，实现了对葡语国家资金清算网络全覆盖。

3. 中医药产业规模逐步壮大

2011 年 3 月，粤澳两地政府签署《粤澳合作框架协议》，其中粤澳合作中医药科技产业园作为第一个落地项目于同年 4 月正式落地横琴。产业园占地50万平方米，目前已建成30万平米，科研总部大楼、GMP中试生产大楼及研发检测大楼等已投入试运行。截至2018年7月底，产业园已累计注册88家企业，涉及中医药、保健品、医疗器械、医疗服务等领域，其中澳门企业24家，包括澳门传统中医药企业投资新设8家，新培育的澳门中医药企业10家。除了研发生产，产业园还发挥澳门作为内地与葡语国家商贸合作服务平台的优势，通过建立与莫桑比克卫生部、葡萄牙食畜总局、西班牙欧洲中医基金会等以政府、行业机构为主的合作网络，结合"以医带药"的推广方式，促进中医药产品在葡语国家和欧盟国家的普及应用。粤澳合作中医药科技产业园作为专业化的中医药科技创新平台，将加强与大湾区在中医药科技创新、人才培养、成果转化、大健康产业等方面的紧密合作，发挥澳门独特的国际贸易窗口作用，协助内地优质中医药企业和产品开拓葡语国家、欧盟及"一带一路"沿线国家的市场，吸引境外优质企业和产品走进内地市场。

4. 旅游产业逐步升温

近年来，内地游客赴境外旅游人数呈逐年增加的趋势，港澳成为广大游客的重要目的地。随着港珠澳大桥的顺利开通，赴澳门旅游也越发便利化。2017年澳门入境游客共3261万人次，同比增长5.4%。留宿游客增长9.9%至1725.4万人次，其占比由2016年的50.7%增至2017年的52.9%。过夜游客微增0.7%至1535.5万人次。游客平均逗留1.2日，与2016年持平；留宿及不过夜游客的平均逗留时间分别维持在2.1日和0.2日。参团游客增长14.2%至862.2万人次。全年游客总消费达613.2亿澳门元，同比增长16.4%；其中内地游客消费达到22.03亿澳门元，同比增长11.5%。留宿游客（497.5亿澳门元）及不过夜游客（115.7亿澳门元）分别增长18.2%和9.5%。游客人均消费1880澳门元，同比增长10.5%；留宿游客增长7.6%，不过夜游客增长8.7%。按消费类别分析，游客消费主要用于购物，占45.4%，其次为住宿及餐饮，分别占25.8%和20.9%。留宿游客的购物及住宿消费分别占39.0%和31.8%，而不过夜游客用于购物的消费占比更高，达73.0%。使用旅行社服务出游的游客共139.1万人次，同比增长11.2%，其中随团旅行的游客有56.1万人次，增长13.1%。

5. 文创产业发展氛围浓厚

文化创意产业是澳门特区政府重点扶持的新兴产业之一，2017年澳门文化产业服务收益较2016年增长4.8%，达到70.8亿澳门元；反映其对经济贡献的增加额为23.8亿澳门元，增长6.9%，占澳门2017年整体行业增加值总额的0.6%，与2016年相同；增加值总额占服务收益比例为33.6%，较2016年增加0.7个百分点。近年来，澳门特区政府大力扶持文创产业，2014年至今已累计批准资助超过100个项目，创造1500余个就业岗位，文创产业发展氛围浓厚。由于澳门文创产业发展起步较晚，需要通过加强与珠海横琴、广州南沙、中山翠亨等地区的合作。横琴将预留120万平方米土地来发展创意、动漫产业，此举为未来推动澳门文化创业的进一步发展提供了有力保障。

二　澳门经济多元化发展的制约因素

1. 土地、水域等空间限制

作为一个微型经济体，土地紧缺已成为澳门发展的主要瓶颈。截至2017年，澳门常住人口为65.3万人，全区陆地总面积为30.8平方千米。人口密度为每平方千米21201人。另据特区政府旅游局公布的数据，2017年到访澳门的游客总数为3261万人次。综合上述两项数据，澳门已成为全球人口密度最高的城市之一。按照国家规划，澳门的城市定位为打造“世界旅游休闲中心”，特区政府在2015年施政方针中，提出要制定涵盖宜居、宜业、宜行、宜游、宜乐的建设世界旅游休闲中心五年规划。澳门回归19年来，经济快速增长、人口增加以及大量游客到访，导致交通堵塞、楼价和商铺租金高涨。面对这样的困局，全社会都在思考：“宜居尚未解决，休闲从何做起？”除土地紧缺外，澳门原来划定的空域和习惯性海域也十分有限和狭小。这些都制约了澳门可选择的产业领域和发展空间。由于空间的局限，澳门旅游基础设施和综合配套服务体系都不够完善，如没有能停泊大型邮轮的深水港，澳门机场缺少远距离跨洋国际航班；城市公共交通体系不健全，旅游巴士和出租车服务质量不高；只有赌场建筑豪华，缺乏大型综合旅游休闲娱乐设施。这些都影响了澳门旅游业品质和竞争力的提高。

2. 人力资源短缺及内部需求疲软

澳门失业率近年来持续下降，大体实现了充分就业，但其背后却隐藏着较大的人力资源缺口。2017 年澳门总体失业率为 2.0%，同比增加 0.1 个百分点（见图 1）；劳动人口 38.74 万人，同比下降 2.4%。澳门人力资源呈现劳动人口总量不足、结构不合理、就业领域过于集中及对高层次人才缺乏吸引力等特征，难以满足澳门经济社会发展的需要，也不利于推动澳门产业多元化发展。造成澳门人力资源短缺的原因是多方面的，其中人口老龄化及人才培养、就业、引进、外劳等政策的不完善是重要原因。

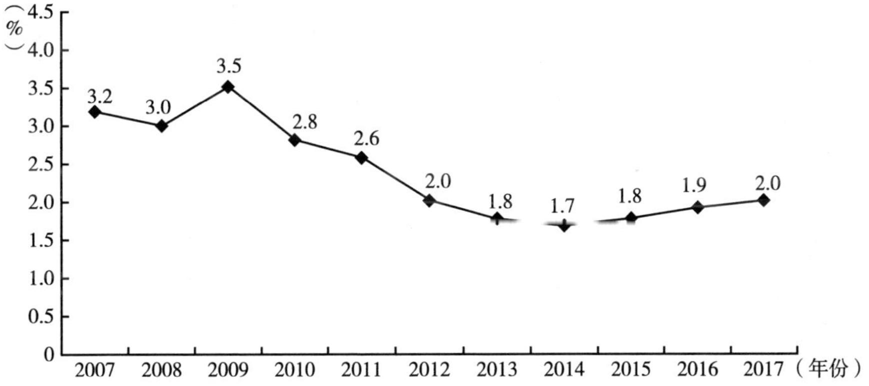

图 1　2007～2017 年澳门失业率情况

资料来源；澳门特别行政区政府统计暨普查局。

3. 博彩业止跌回稳，仍一业独大

2017 年，澳门博彩毛收入达到 2657.43 亿澳门元，增长 19.1%，也是自 2014 年来首次实现正增长。澳门博彩收入实现增长，首先得益于旅游业的稳步发展，每年超过 3000 万名游客到澳门旅游，特别是过夜游客的增加，是澳门博彩业的原动力；其次是博彩业中场业务引领复苏。博彩业收入占澳门地区生产总值的80%左右，就业占澳门就业人口的15%，税收占特区政府财政收入的80%以上。博彩业一业独大挤压了其他产业发展所需的资源和空间，同时，博彩业自身发展也面临一些问题，我国周边一些国家和地区纷纷开赌给澳门博彩业造成了巨大的竞争压力。随着2020年旧的博彩牌照到期，如何完善制度法规，平稳渡过这段调整和改革期是澳门面临的一个巨大挑战。

4. 区域合作中仍存制度和法律障碍

澳门与珠三角其他城市实行的是两种不同的制度，又是各自独立的行政区，处于不同层级。两地制度差异及思维方式的差异，导致对落实两地合作，包括合作的目标、形式、推进方式等，存在不同的认识，从而影响合作的顺利推进。此外，澳门现行的一些制度、惯例、法律和规章是回归以前形成或制定的，已经不适合当前澳门经济社会发展的需求。而澳门社会是一个街坊社会，社团组织强大，所代表的利益错综复杂，任何改革和调整都存在一定难度。

5. 贸易赤字仍然较高

澳门是高度开放的微型经济体，对外贸易无疑对其高增长做出了重大贡献，但是相对于显著的服务贸易顺差，澳门的货物贸易却常年处于逆差状态。澳门特别行政区政府统计暨普查局公布的数据显示，2017年澳门对外货物贸易总额为871.3亿澳门元，贸易逆差达645.7亿澳门元。进口货值经历连续两年下跌后，在2017年回升，进口总值达758.5亿澳门元，同比增长6.3%。服务贸易方面，由于博彩业旅游服务出口增加，令整体服务出口增长15.4%，其中博彩服务出口及其他旅游服务出口分别增长16.4%和15.4%，而服务进口也增长9.6%。

三　新时期澳门经济适度多元发展相关建议

澳门属于典型的微型经济体，其经济发展受土地、人才和市场的约束很大，因此政策导向一直是澳门经济增长的主要动力，而区域合作是澳门产业结构适度多元化的客观选择。新形势下，澳门必须以更加务实开放的姿态，通过发展与内地，尤其是粤港澳之间的区域合作，积极参与“一带一路”建设，拓展新的更广阔的发展空间。

综合考虑历史、地理、社会、自然条件以及当前的困难，推进澳门经济由博彩业一业独大向适度多元化调整，不适宜搞横向多元化，澳门不具备大规模发展其他产业的条件，而应当搞纵向多元化，向非博彩旅游产业延伸，建立旅游休闲产业链和产业集群。许多瓶颈性问题，如土地、水域、人力资源、市场需求、企业结构以及制度和法律等方面都需要通过澳门与内地的合作来破解。进一步深化区域经济合作，促进澳门与内地，尤其是与珠三角地区其他城市旅游休闲产业的分工与合作更紧密，是推动澳门经济适度多元和可持续发展的较为现实的选择。

1. 积极参与“一带一路”建设，开拓周边及葡语国家市场

澳门对参与“一带一路”建设非常积极，媒体纷纷发表评论支持澳门在“一带一路”建设中发挥重要作用，有学者建议发挥自身优势，扩大旅游产业合作，开发旅游资源潜力，牵头沿线国家联合打造具有丝绸之路特色的国际精品旅游线路和旅游产品等，也有社团认为澳门在国家“十三五”规划及“一带一路”倡议带动下，可以将会展、文创、博彩娱乐、加工食品等产业推向东南亚市场，并把握与东南亚国家相应产业对接的先机，扩展创业及海外贸易的新空间，特区政府高层也认为要努力提供澳门特色金融产品，参与“一带一路”建设。目前，澳门初步明确将开拓东盟市场和葡语国家市场，作为参与海上丝绸之路建设的重点区域，并通过特色金融业参与“一带一路”建设。在研究制定澳门参与“一带一路”建设，促进内地与东盟市场、葡语市场合作的规划中，要形成差异化定位，量力而行、分步施策。鼓励澳门企业参与内地特别是广东、福建等省份及“一带一路”沿线国家间的城市、园区、文化等领域的多层次合作，特区政府可为此搭建平台，或联手上述省份共建“一带一路”建设专项投资基金，促进三方企业合作；支持澳门中资企业特别是骨干企业加强国际化战略的制定实施，带领

与之合作的当地中小企业赴沿线部分国家开展投资合作；扩大对文化、教育、艺术类社团赴沿线国家参演交流资助规模，积极争取国家将海上丝绸之路研究中心或相关国际论坛会议放在澳门举办；在澳门每年一度的国际贸易投资博览会中增设“一带一路”特别是海上丝绸之路专场推介活动或高峰论坛。“一带一路”建设持续时间长，覆盖范围广，澳门企业参与其中既不能急于求成，也不能四处出击，而是要找准定位、聚焦重点、循序渐进。

2. “不求所有，但求所用”，拓展澳门发展空间

“不求所有，但求所用”应作为澳门拓展发展空间的一条重要原则。作为微型经济体，澳门在土地和水域等发展空间上的劣势，恰恰是珠海等珠江口西岸城市的优势所在。新形势下，应摒弃传统观念，不能把合作仅理解为向周边地区要土地、要资源，而应当通过发挥自身优势，加强与珠海等地更紧密务实合作，共同拓展发展空间。澳门方面应加快与珠三角区域经济一体化进程，把一些不具有优势的旅游休闲项目和环节向外延伸，带动周边区域共同发展。具体措施可包括增加水上活动、水上观光，建设沿岸设施，发展游艇等以丰富旅游产品及提升旅游承载力，利用横琴土地空间和优良的自然生态环境开拓休闲元素，使横琴成为澳门旅游休闲产业的连接区。引进某些葡语国家产品在澳门从事加工活动，再通过内地与港、澳《关于建立更紧密经贸关系的安排》（CEPA）进入内地市场。

3. 加强与内地合作，破解人力资源限制

澳门经济当前和今后的发展，主要存在两类人力资源（中高层次科技与管理人才和普通劳工）供不应求的问题。澳门与内地在合作解决此类问题上也有很大空间。

第一，合作解决中高层次科技与管理人才短缺问题。一是引导鼓励澳门适度扩大内地人力资源准入。开放内地的海外留学人员或在澳门就读的本科生和研究生毕业后到澳门或留澳门工作，适当降低内地技术移民门槛。二是推动澳门教育体系与内地加强本科生和研究生培养的交流合作，设立奖学金，鼓励一部分澳门学生毕业后到内地就学和工作。三是通过粤澳、珠澳间合作，推动双方政府部门相互接受一部分年轻公务员挂职锻炼。四是逐步实

现澳门与内地社会保障制度的衔接，解决两地间学生和专业人士在公共保障方面的后顾之忧。五是推进签注和跨境（出入澳门）方面的便利化，使两地科技与管理高层次人才通勤往来更为方便快捷。

第二，合作解决普通专业技术人员和劳工不足问题。一是逐步实现澳门与内地权威机构职业资格考试、技能考核发证等的互认，同时根据市场需求适度增加专业技术员工，如出租车和巴士司机、展会装修装潢搭建工人、建筑业技术工人的准入指标。二是认真解决内地劳工在澳门工作期间社保等问题，衔接澳门与内地社会保障待遇，使澳门养老金和失业救济能够结转至内地社保体系。三是鼓励澳门与珠海合作，在珠海临近澳门适当区域建立居住区及配套设施，解决普通技术人员和劳工在澳门工作回到珠海住宿的问题，并为他们的通勤提供方便。

第三，共建可持续的人力资源合作与利用机制。人力资源的合作和利用，将是澳门与发展合作中一个长期问题。一是制定和完善两地相互衔接的人力资源培训、管理、流动、薪酬和社会保障方面的法律法规。二是建立和完善两地人力资源合作的中介管理和服务体系。三是建立能准确及时反映实际情况的人力资源市场监测、调控体系。四是建立贴近服务对象的既方便又透明的人力资源综合服务平台。要支持特区政府与内地合作建立内地劳务人员招聘基地与储备基地。完善正规合法流动渠道，加大执法力度，打击“黑中介”等不法分子。

4. 大力推广移动支付以带动金融产业多元发展

近年来，澳门特区政府积极推动经济适度多元化发展，通过政策创造适合金融产业发展的土壤，而支付机构牌照的核发奠定了澳门金融产业多元发展的基础。澳门支付产业发展，除贯穿跨境支付渠道于本地零售企业的普及应用外，还应该根据本地产业发展需要创建各种支付场景的应用，然而单纯支付扫码的技术、清算等支持，中长期是无法满足本地产业的发展所需。因此，应通过支付服务作为本地产业中长期发展的关键触点，立足澳门中小企业的发展难点，建立适合澳门支付产业发展的特有服务内涵与流程制度，以支付为起点建立综合性商业服务体系。

澳门支付产业应遵循“粤港澳大湾区”的发展进行产业定位思考，澳门具有湾区的对外桥梁功能，湾区内居民对外商品和服务的需求，及湾区内各产业的对外贸易拓展需求，将是推动澳门成为湾区对外联络及金融平台的重要发展契机，在贸易流、数据流的带动下，资金流动的支付平台基础布局将更凸显其重要性。“一带一路”及“粤港澳大湾区城市群发展规划”等政策发展，将是澳门经济适度多元发展的契机，也是建立澳门经济发展的新动能。澳门可以发挥其独特的金融创新土壤作用，成为面向全球贸易往来的金融服务平台，而澳门支付服务机构将成为其中重要的发展推手。

5. 助力澳门中小企业提升企业竞争力

建议制定实施旨在提升企业国际竞争力的中长期行动方案，方案应重点突出以下基础性工作。一是提出“十三五”期间提升澳门企业竞争力的综合评估体系，包括企业的品牌塑造、市场宣介、产品创新、内部管理、研发投入等多个指标的横向、纵向比较，客观审视澳门企业特别是小微企业的竞争优势和发展潜能，用以指引企业发展政策的制定与实施。二是制定出台扶持澳门文化、会展、医药企业集团发展的政策，可考虑引进内地及周边著名文化创意团体、会展机构、医药企业集团赴澳投资，在横琴及澳门路凼地区建设跨境文化旅游综合园区，借助路凼已有的系列品牌酒店及配套设施，构筑新的文化旅游、商务旅游新热点，吸引国内外企业进驻。三是推进博彩公司、中资企业和澳门小微企业组建合作联盟的具体方案，由澳门中华总商会联合中资企业协会、博彩业商会等共同制定实施澳门企业参与“一带一路”、中葡合作的专项工作指引，政府提供基金支持。澳门中资企业可根据有关方案需要，及时调整定位与主营业务结构，加强与澳门博彩公司、中小企业的多层次合作，共同组建“海上丝路”企业发展战略联盟，积极参与“一带一路”部分项目建设。四是特区政府、主要社团与内地智库、高校、研究机构开展广泛合作，制定提升澳门企业家综合素质和领导力的全方位培训交流计划。经过 5 ~ 10 年努力，力争在澳门形成一批具有较强国际竞争力和品牌知名度的特色中小企业集群以及多元企业战略协作机制，成为澳门经济适度多元的主导力量。

6. 大力推进以澳门车展为代表的会展业发展

澳门会展业经过多年发展，已取得不错的成绩，获得国际会展组织的肯定。2011 年以来，澳门车展成为会展业一张亮丽的名片，得到了澳门特区政府、中央驻澳联络办、工信部、商务部、国务院国资委、港澳办等单位的大力支持。现已经成为港澳地区规模最大、中国内地制造汽车境外参展品牌最全的国际知名展会。2018 年澳门车展是港珠澳大桥通车后，粤港澳三地首个国际车展。未来，澳门可以国际车展为切入点，举办国际电影、旅游、服装、珠宝等多主题、多元化的展会。港珠澳大桥开通后，粤港澳大湾区发展规划开启了粤港澳大湾区在“国家所需、澳门所长”的结合点上主动作为，通过大型展览的强大辐射和带动作用，积极助力澳门“中国与葡语系国家商贸合作服务平台”、世界旅游休闲中心和创意城市建设，促进当地经济多元化发展。

7. 打造世界旅游休闲中心，力推远洋文化游轮旅游

“东方摩纳哥”“亚洲拉斯维加斯”，这些称号都是世界各国对澳门博彩业蓬勃发展的充分肯定，但如今澳门博彩业发展遭遇瓶颈，而亚洲周边国家和地区（新加坡、马来西亚、韩国等）博彩行业逐渐起步，虽然短时间内不能撼动澳门亚洲赌业第一把交椅的位置，但实质上已经形成合围之势，以往赴澳门旅游的游客遭遇分流，长此下去，澳门未来的博彩业生存空间将不断遭受挤压。向海洋要空间，向海洋要发展，是澳门未来发展的必由之路。未来可将海洋与旅游相结合，将澳门博彩业与远洋游轮相结合，打造集博彩、娱乐、休闲于一体的移动式综合观光游览模式，促进澳门旅游业利益双重化发展。旅游线路规划方面，近期可探索远洋游轮东南亚沿线游、印度洋国家沿线游等周边区域，远期规划世界一周航行线路，推出麦哲伦环球航线游之类的历史文化特色的旅游线路。可以参考新加坡滨海湾模式，共同开发珠海横琴和澳门路环至凼仔十字门水道“一河两岸”综合旅游区，范围包括横琴富祥湾至湾仔，澳门路环竹湾、荔枝湾至旧城

区的内港码头。在此区域沿岸可以设立大型标志式建筑，具有特色的城市雕塑、船舶博物馆、游艇码头、沿岸慢行绿道、餐饮、酒吧和娱乐休闲设施等；定期在十字门至前山水道共同举办龙舟赛、烟花汇演、音乐灯光汇演和水上巡游等活动，以及合作发展高质量旅游休闲度假项目，促进珠澳旅游合作发展和横琴综合开发。

热点报告

Key Issues

B.5

中国与葡语国家多双边合作机制建设与成效

刘金兰　文卓君*

摘　要： 中国与葡语国家关系源远流长。自 1974 年中国与几内亚比绍建交起，中国陆续与葡语国家建立合作发展关系，建立了长期稳定的双边合作机制。2003 年成立的中国—葡语国家经贸合作论坛（澳门）开启了中国与葡语国家多边合作机制。15 年来，中国与葡语国家合作机制日趋成熟，政府间的合作更为密切，高层互访密集频繁，贸易投资增长显著，合作领域不断拓宽，合作成效逐步彰显。展望未来，中国与葡语国家多双边合作的发展在“一带一路”倡议引领下将迎来更多机遇，澳门特区作为连接中

* 刘金兰，对外经济贸易大学英语学院研究员，中国葡语国家研究中心副主任兼秘书长；文卓君，对外经济贸易大学外语学院葡萄牙语系主任，中国葡语国家研究中心副秘书长。

国与葡语国家之间的纽带，其平台作用将愈发凸显。

关键词： 中国与葡语国家　合作机制　中葡论坛

世界上以葡萄牙语为官方语言的国家有安哥拉、巴西、佛得角、几内亚比绍、莫桑比克、葡萄牙、圣多美和普林西比以及东帝汶，共拥有约1100万平方公里的土地，2.8亿人口，分布于亚洲、非洲、欧洲和拉丁美洲四大洲。自1974年中国与几内亚比绍建交起，中国陆续与葡语国家建立合作发展关系，截至2018年，中国与葡语国家多双边合作机制并行已经15年。本报告主要阐述中国与葡语国家合作机制的形成、发展和建设成效，包括双边合作机制和自2003年成立中国—葡语国家经贸合作论坛（澳门）（以下简称“中葡论坛”）开启的多边合作机制。

一　中国与葡语国家合作的历史

所谓葡语国家即指以葡萄牙语作为官方语言或官方语言之一，并留有久远的文化印记。伴随着航海大发现的扩张，葡萄牙自15世纪初起逐步占领安哥拉、莫桑比克、佛得角、巴西等国。1822年，巴西宣告独立，脱离了葡萄牙的殖民统治。20世纪70年代，在反殖民浪潮冲击下，非洲葡语国家纷纷独立，结束了葡萄牙对其长达500多年的殖民历史。葡语国家独立后即与葡萄牙建立国与国之间的平等关系，同时开展多双边的合作。八个葡语国家继承了一份共同遗产——葡萄牙语。

中国与葡语国家关系源远流长。早在14世纪，中国元代旅游家、航海家汪大渊就踏足“吉里地闷”，即今帝汶岛和莫桑比克。15世纪，明代郑和下西洋也到达“吉里地闷”和莫桑比克的索法拉。19世纪初，一批中国内地茶农跨越千山万水被葡萄牙殖民者招募经澳门前往巴西里约热内卢。19世纪20年代，中国移民在巴西定居。中葡交往历史悠久，1502年葡萄牙就向明朝政府派遣了使节。

葡语国家自1974年先后独立，并与中国建立外交关系，随即开展双边贸易、投资和经济合作。2003年，中国与葡语国家在澳门特别行政区成立中国—葡语国家经贸合作论坛（澳门），开启了中国与葡语国家多边合作。此后15年来，多双边合作平行发展，形成了双边合作机制与多边合作机制并行的局面，多双边相互补充、相互促进。①

二 中国—葡语国家双边合作机制的形成与发展

1949年，中华人民共和国成立开创了中国与葡语国家友好合作的新纪元。中国与葡语国家几内亚比绍自1974年3月建交后，相继与巴西（1974年8月）、莫桑比克（1975年6月）、圣多美和普林西比（1975年7月）、佛得角（1976年4月）、葡萄牙（1979年2月）、安哥拉（1983年1月）和东帝汶（2002年5月）建立外交关系。其中，中国与圣普一度断绝外交关系，直到2016年12月恢复邦交。② 自中国与各葡语国家建立外交关系起，中国就向亚非葡语国家提供了力所能及的援助，与巴西、葡萄牙发展了经贸关系，与葡语国家开展了各种形式的经贸合作。

（一）中国与葡语国家双边高层互访频繁

高层互访是推动双边关系发展的动力，中国与葡语国家领导人近年来加强互访，极大地促进了双边关系的发展，尤其是推进了双边经贸关系的发展。仅2018年就有几内亚比绍总统瓦斯、莫桑比克总统纽西、圣多美和普林西比总理特罗瓦达、佛得角总理席尔瓦、安哥拉总统洛伦索等葡语国家领导人访华。2018年12月4日习近平主席访问葡萄牙期间，两国领导人高度评价中葡传统友好关系不断发展，并就双边关系、中欧关系以及共同关心的

---

① 《回望！中葡共同发展、互利共赢的15年》，商务部网站，2018年6月20日，http://www.mofcom.gov.cn/article/i/jyjl/j/201806/20180602757018.shtml。

② 《王毅谈中国同圣普恢复外交关系》，外交部网站，2016年12月26日，https://www.fmprc.gov.cn/web/zyxw/t1426808.shtml。

国际和地区问题交换意见，达成广泛共识，葡萄牙总统德索萨表示，如果用一个词来形容两国关系，他会选择“特别好”。

中国与巴西高层交往频繁，2014 年，习近平主席出席在巴西举行的金砖国家领导人第六次会晤、中国—拉美和加勒比国家领导人会晤，并对巴西进行国事访问。2015 年，李克强总理对巴西进行正式访问。多年来，巴西总统菲格雷多、萨尔内、卡多佐、卢拉、罗塞芙和特梅尔等先后访华。中巴高层互访成果丰硕，大大促进了中巴两国经贸关系的发展，中国已经成为巴西最大贸易伙伴、最大出口目的地、最大进口来源国和主要投资国，巴西是中国在拉美和金砖国家中的第一大贸易伙伴。

中国领导人访问安哥拉的主要有：时任国务院副总理朱镕基，时任国务院总理温家宝，时任中央军委委员、总参谋长陈炳德上将，时任国家副主席习近平，时任国务院副总理王岐山，全国人大常委会委员长吴邦国等。中安高层互访促成中安两国一揽子合作获双赢，2017 年中安双边贸易额为 223.45 亿美元，在葡语国家中仅次于巴西。

中国领导人访问莫桑比克的主要有：时任国务院副总理朱镕基，时任国务院总理李鹏，时任外交部部长唐家璇，时任国家主席胡锦涛，时任中国政府特使、商务部长陈德铭，外交部部长王毅等。莫桑比克领导人访华主要有：时任总统萨莫拉、时任总统希萨诺、时任总理马顺戈、时任总统格布扎、时任总理阿里、总统纽西、总理多罗萨里奥等。中莫高层互访频度空前，政治互信进一步巩固。中国已成为莫桑比克最大外资来源国、主要贸易伙伴以及最重要的基建融资提供方和建设者，经贸合作进一步深化。中莫双边人文联系与交往延伸至教育、卫生、青年、妇女、智库、媒体等各个领域，人文交流进一步密切。中国驻莫桑比克大使苏健在接受新华社记者专访时表示，以中非合作论坛北京峰会为契机，中国与莫桑比克友好互利合作面临前所未有的历史性机遇。

中国与佛得角、几内亚比绍、圣多美和普林西比、东帝汶的互访也很频繁。

（二）中国分别与葡语国家建立战略伙伴关系

自 1993 年开始，中国陆续与葡语国家建立战略伙伴关系，为此建立了长期稳定的双边合作机制，开展了全方位、多领域的合作，相互之间加强了在具有战略性的重大国际和地区问题上的磋商和协调。2005 年，中国与葡萄牙宣布建立全面战略伙伴关系，近年来葡萄牙大力推进企业私有化进程，中国企业积极参与，如中国长江三峡集团收购葡电力公司 23.3% 的股权项目，国家电网公司收购葡电网公司 25% 的股权项目等。此外，两国在文化、科技和教育方面交流往来逐渐增加。2017 年双边贸易额为 56.09 亿美元。自 1993 年，中国与巴西建立战略伙伴关系以来，2012 年中巴关系提升为全面战略伙伴关系，双边经贸关系取得了长足发展，合作领域涉及双边科技、文化、教育及军事合作等。2010 年，中国与安哥拉建立战略伙伴关系，中国向安哥拉陆续提供经济技术援助，完成了经济住房、罗安达省医院、农村小学校等成套项目以及中国葛洲坝集团承建的安哥拉卡库洛卡巴萨水电站项目等。2014 年，中国与东帝汶建立睦邻友好、互信互利的全面合作伙伴关系，2017 年双边贸易额达 1.35 亿美元。2016 年，中国与莫桑比克建立全面战略合作伙伴关系，中莫两国签有贸易协定和投资保护协定，开展了旨在援莫的中莫农业技术示范中心项目、国家体育场等项目。此外在文教、科技和卫生等方面都有交往。2017 年双边贸易额达 18.544 亿美元。

（三）中国分别与葡语国家签署双边合作协议

中国与巴西主要合作协议 75 个，包括两国政府贸易协定、中巴海运协定、两国政府科学技术合作协定、两国政府贸易协定补充议定书、两国政府文化教育合作协定、两国政府技术合作议定书、两国政府关于在传统医药医学领域合作的协定、两国政府工业合作议定书、两国政府经济技术合作协定、两国政府关于对所得避免双重征税和防止偷漏税的协定、两国政府关于植物检疫的协定、两国政府关于科技合作协定和经济技术合作协定的补充协议、两国政府关于动物检疫和动物卫生合作的协议、中巴双方《十年合作规划》。中国与葡萄牙签署了中葡贸易协定，中葡文化科技合作协定，中葡经济、工业和技术合作协定，中葡投资保护协定，中葡科技合作协定，中葡关于避免双重征税和防止偷漏税协定，经济合作协定，中国对外文化交流协会与葡萄牙东方基金会交流合作协议，中国和葡萄牙共和国鼓励和相互保护投资协定，中国卫生部和葡萄牙共和国卫生部关于卫生合作的协定书，中国商务部和葡萄牙共和国经济和创新部建立双边投资促进工作组的谅解备忘录等。中国与安哥拉签署双边贸易协定、关于两国经贸合作特殊安排的框架协议（中安石油、信贷和经贸一揽子合作）、关于中国向安哥拉派遣医疗队的议定书等。中国还分别与佛得角、莫桑比克、几内亚比绍、圣多美和普林西比和东帝汶签署了若干经济合作协议。

（四）建立和发展双边合作机制

中国分别与葡语国家建立了高委会、混委会等合作机制。双边经贸混合委员会定期举办或双方约定举办，讨论双边经贸合作协议的执行情况，确定下一阶段经贸合作的具体项目，为促进双边经贸合作发挥了至关重要的作用。2006 年，中国与巴西建立中国—巴西高层协调与合作委员会，双方共举行四次高委会，推动和加强双方在政治、经济、科技和文化等领域的合作。中国与葡萄牙于 2008 年建立中葡经贸混委会，至 2016 年已召开九次会议。中国与安哥拉于 1988 年 10 月建立了经贸混委会机制，2003 年中国与安哥拉财政部建立中安一揽子合作联合工作组机制。2001 年，中国与莫桑比克成立中国与莫桑比克经济、技术和贸易合作联合委员会（以下简称“经贸联委会”），已经举办六次会议。2009 年，中国与佛得角建立经济、贸易和技术合作联合委员会。中国与圣多美和普林西比于 2017 年建立经贸联委会机制，9 月举行首次经贸联委会会议。

三　中国与葡语国家多边合作机制的建设与成效

中国与安哥拉、巴西、佛得角、几内亚比绍、莫桑比克、葡萄牙和东帝汶等葡语国家代表经过多次协商达成一致，决定于 2003 年 10 月 12～14 日在澳门特别行政区举行首届部长级会议。会议由中国中央政府主办、中国澳门特区政府承办，中国与葡语国家负责经贸事务的部长们出席，会议一致通过了 2003 年部长级会议《经贸合作行动纲领》，中国—葡语国家经贸合作论坛（澳门）（以下简称“中葡论坛”）宣告成立。截至2018年，中葡论坛已经走过15年历程。

（一）中国—葡语国家经贸合作论坛（澳门）成立的背景

1978年实施改革开放以来，中国在各个方面都发生了巨大的变化，市场经济体制日益健全、经济持续快速增长、民生问题不断得到改善，从2010年起跃升为世界第二大经济体，自2013年开始成为全球最大贸易国。与此同时，中国一直按照“走出去”及“引进来”的发展战略，积极融入世界，坚持和平发展。其中，由于中国与葡语国家在资源禀赋、比较优势等方面存在很强的经济互补性，因此葡语国家日渐成为中国“走出去”及“引进来”的重点对象。

近年来，随着经济全球化和区域经济一体化深入发展，世界各国、各地区的经济进入相互依赖、协同共生的时代，一个国家或地区只有融入全球或区域经济体系中，其经济才能持续发展。随着中国与葡语国家了解的深入，双方及多方合作的深度和广度都有了很大的进步。建立一种充满活力的新型战略伙伴关系，在平等、互信、互利、优势互补和利益分享的基础上，建立起互利共赢、务实合作的商贸平台，实现21世纪可持续发展，成为中国与葡语国家共同的愿望。

澳门是近代中西文化交流的窗口，与葡语国家有较紧密的历史渊源和关系，在语言、文化、法律等多方面有许多共通之处，历史上无论是在中国与葡语国家的双边合作中，还是在双方多边合作中都发挥了不可或缺的作用，因此澳门可以凭借其独特的优势在中国与葡语国家经贸合作与交流中起到沟通桥梁和纽带的作用，帮助双方的企业突破各种交流障碍，从服务中创造价值，推动中国与葡语国家间的经贸合作。

1999年12月20日中国政府恢复对澳门行使主权以后，澳门实行“一国两制”，经济社会稳定，以崭新的姿态在国际舞台上打造中国与葡语国家商贸平台。2003年10月，中国与葡语国家共同在澳门创立了中国—葡语国家经贸合作论坛（澳门），论坛形成了以葡萄牙语为纽带、以澳门为商贸平台的多边合作机制，旨在加强中国与葡语国家之间的经贸交流，发挥澳门联系中国与葡语国家的经贸平台作用，促进中国内地、葡语国家和中国澳门的共同发展。安哥拉、巴西、佛得角、几内亚比绍、莫桑比克、葡萄牙和东帝汶 7 个国家共同参与，圣多美和普林西比在 2016 年 12 月与中国恢复外交关系之后也于 2017 年 3 月加入中葡论坛。

（二）多边合作机制成效显著

2018 年是中葡论坛成立 15 周年，论坛成立 15 年来，从无到有、从小到大，进展基本顺利，取得积极成果，并开创了以语言文化为载体的经贸合作新模式，得到我国和与会葡语国家的大力支持，对中国与葡语国家的经贸合作及文化交流起了很大的促进作用。经过 15 年的不断完善与发展，已经形成有效的多边对话与合作机制，这是中国与葡语国家双边关系发展的有益补充，推动中国与葡语国家的全面合作取得良好的成效。2011 年 3 月，国家“十二五”规划更明确提出，支持澳门加快建设中国与葡语国家商贸合作服务平台等发展重点的战略部署。[①] 国家各相关部门高度重视论坛和澳门平台作用，希望继续通过长效的合作机制，充分发挥各自优势，加强信息沟通和合作，配合落实经贸合作行动纲领，促进中国内地、中国澳门与葡语国家在贸易、投资、农业与渔业、会展业、金融、食品、工程和文化等领域的多元化和深层次合作。

15 年来的实践证明，中葡论坛既是合作的桥梁，也是友谊的桥梁，不仅给中国内地、中国澳门与葡语国家带来了实实在在的经济利益，而且拉近了中国与葡语国家之间的距离，加深了双方人民的友谊，密切了国家间的友好关系。中葡论坛的建设性意义也正在逐步显现，中葡论坛已经成为中国和葡语国家参与经济全球化的重要工作平台，成为中国和葡语国家全面合作的“助推器”。

1. 政府间合作更加密切

15 年来，中国与葡语国家政府高度重视中葡论坛，一致同意在论坛框

① 《中共中央关于制定国民经济和社会发展第十二个五年规划的建议》。

架下建立各类机制作为现有双边磋商机制的补充，并同意不断加强政府间联系，通过推动政府高层互访和交流、高官磋商等方式，促进与会国在现有经贸混委会框架内的多双边经贸关系的发展。各与会国政府更成为论坛的强大推动力，葡语国家负责经贸事务的部长均出席过历届部长级会议，为中葡论坛的成立和发展做出卓越贡献，特别是各葡语国家驻华大使，作为与会国的特命全权代表自论坛筹备至今 15 年来倾注了大量心血。与此同时，澳门特区政府亦不断给予论坛巨大的关注和支持。在论坛常设秘书处的推动下，中国与葡语国家领导人和高官互访频繁。

中葡论坛机制渐趋成熟又为各国政府合作提供了有力支撑。自 2006 年第二届部长级会议以来，中国与葡语国家政府间的合作领域已开始不再局限于经贸领域，迅速扩大到文化、卫生、科技和广播电视等领域。政府间的合作不再局限于中央政府之间，与会国地方政府之间也建立了友好合作关系。在此期间，中国与葡语国家外交关系日益紧密，相互支持、相互信任、共同努力，多双边关系得到全面提升。继中国与巴西于 1993 年建立长期、稳定、互利的战略伙伴关系之后，于 2012 年提升为全面战略伙伴关系；中国与葡萄牙于 2005 年建立全面战略伙伴关系；中国与安哥拉于 2010 年建立战略伙伴关系；中国与东帝汶于 2014 年建立全面合作伙伴关系；中国与莫桑比克于 2016 年建立全面战略伙伴关系。同时，中国与佛得角两国关系发展顺利，2016 年 12 月圣多美和普林西比与中国恢复外交关系，并于 2017 年 3 月加入中葡论坛。

2. 贸易投资快速增长

15 年来，在巩固已取得的经济合作成果的基础上，中国与葡语国家采取有力措施，充分挖掘各自经济发展潜力，发挥双边经济互补性，积极探讨合作新方式、新领域，扩大双边经贸合作。

2003 年中葡论坛成立时，中国和葡语国家的贸易额刚过 100 亿美元。随后，中国与葡语国家的贸易合作实现了较大的增长，2008 年提前一年实现贸易额突破 500 亿美元的目标。2009 年金融危机给国际市场带来巨大冲击，中国与葡语国家双边贸易额虽呈现滑坡，但 2009 年全年双边贸易额 624.68 亿美元还是超过了 2006 年第二届部长级会议所确定的到 2009 年底实现双边贸易额达到450亿~500亿美元的目标。金融危机后，中国与葡语国家的双边贸易额显著上升，更在2011年超过1000亿美元，提前实现了《中国—葡语国家经贸合作论坛（澳门）第三届部长经贸合作行动纲领(2010—2013年)》所定的“力争到2013年贸易额达到1000亿美元”的目标。2012年贸易额已达1284.97亿美元，大大高于同期世界贸易增速。在贸易基数逐年扩大之时，2013年和2014年中国与葡语国家进出口商品总值均超过1300亿美元，仍呈现持续增长态势，贸易额经过2015年和2016年的回落后，2017年再度回升至1175.88亿美元，同比增长29.4%（见表1)。

表1　2003~2017年中国和葡语国家贸易额

单位：亿美元，%

年份	贸易额	同比增长
2003	123.1	
2004	187.7	52.48
2005	231.9	23.55
2006	340.8	46.96
2007	463.5	36
2008	770.22	66.17
2009	624.68	-18.9
2010	618.5	-0.99
2011	1073.11	73.5
2012	1284.97	19.74
2013	1314.6	2.31
2014	1325.8	0.85
2015	984.7	-28.44
2016	908.74	-4.21
2017	1175.88	29.4

资料来源：参见中国商务部网站。

目前，巴西仍是中国在葡语国家中的最大贸易伙伴，中国与安哥拉、葡萄牙和莫桑比克的贸易额亦连年增加。中国已成为葡语国家第一大贸易国和第一大出口国。目前，葡语国家的咖啡、腰果、葡萄酒等知名产品，已经摆上了越来越多中国百姓的餐桌；中国物美价廉的日用消费品也丰富了葡语国家的市场，广受消费者的欢迎。

3. 合作领域不断拓宽

中葡论坛框架下的合作领域，已从2003年的7个增加至2017年的20多个。从合作领域的不断扩增也可看出中国与葡语国家的合作正日益多元化。

第一届行动纲领提出了包括贸易、投资与企业合作、农业与渔业、工程与基础设施建设、自然资源、人力资源开发等领域的合作。

第二届行动纲领明确提出了“一致同意扩大合作领域”“注意到政府间合作不仅局限于经贸领域，还可以扩大到各方共同感兴趣的其他领域……”因此，本届行动纲领特别在第一届的基础上增加了一条“新领域合作”，提出为了有利于实施相关的经贸活动，中国与葡语国家同意在金融、旅游、物流、公共卫生、科技、广播电视及文化方面开展工作。

第三届行动纲领将第二届行动纲领里有关新领域合作内的旅游、金融、文化及广播影视单独列出成为独立的一条，提出了比较具体的合作方向。这届行动纲领中还新增了运输与通信领域、体育领域、教育领域合作；此外，在新领域合作内增加了土地规划领域的合作。

第四届行动纲领在以前行动纲领的基础上新增了畜牧业领域、环境保护领域，将原来新领域合作中的卫生领域合作单独列出，并在新领域合作中增加青年领域的合作。

第五届行动纲领继续强调产能、金融、农业、教育、科技、海洋、环保、卫生医疗、人力资源等新兴领域的合作。在这些新兴领域当中，中国与葡语国家将着重推动基础设施的互联互通，海洋资源的开发与保护，共同应对国际金融风险、全球气候变化等问题。此外，与会国代表共同签订了《中葡论坛关于推进产能合作的谅解备忘录》，中国将以自身能力作为基础，同与会各方共同推动各国的工业化进程，在制造业、基础设施建设等相关领域积极推动务实合作，促进与会各方的优势互补，实现共同的繁荣发展。

4. 合作成效逐步彰显

15年来，中国同与会各国保持着积极的贸易伙伴关系（见表2）。尤其是“一带一路”倡议的提出，有效促进了中国与葡语国家的贸易往来。正如《中国—葡语国家经贸合作论坛（澳门）第五届部长级会议经贸合作行动纲领（2017—2019 年）》指出：“注意到中国‘一带一路’合作倡议对推动中国与论坛葡语国家经贸合作具有积极意义，同意继续就经贸政策，特别是在投资及产能合作领域加强合作，以促进共同发展和繁荣。”①

表 2　中国与葡语国家双边合作一览

单位：亿美元

国家	建交时间	主要合作形式	2017 年贸易额
东帝汶	2002 年 5 月 20 日	中国政府向东帝汶派医疗队，派农业技术人员传授杂交水稻技术，援建总统府办公楼、外交部办公楼、住宅、农村学校，提供农机具，抗疟药品和粮食等物资	1.35
安哥拉	1983 年 1 月 12 日	中安两国政府 2004 年一揽子合作第一期 34 个项目全部竣工并投入使用；中安两国政府于 2007 年签订第二个一揽子合作协议。中安一揽子合作方式获得双赢的效果	223.45
佛得角	1976 年 4 月 25 日	中国政府向佛得角援建人民议会堂、政府办公楼、经济住房和水坝等项目	0.6915
几内亚比绍	1974 年 3 月 15 日	中国政府援建医院、体育场，派遣医疗队，派农业技术人员推广水稻种植，派竹编技术人员传授技术	0.34
莫桑比克	1975 年 6 月 25 日	中国政府援建鞋厂、纺织厂、议会办公楼、外交部办公楼和打井，以及国家体育场、农业示范中心和农村学校	18.544
圣多美和普林西比	1975 年 7 月 12 日建交，于 1997 年 7 月 11 日中止，于 2016 年 12 月 26 日恢复	两国保持外交关系期间，中国援建了人民宫等项目，还派遣了 12 批医疗队	0.0688

① 《中国—葡语国家经贸合作论坛（澳门）第五届部长级会议经贸合作行动纲领（2017—2019 年）》，商务部网站，2016 年 10 月 13 日，http://tga.mofcom.gov.cn/article/zt_zp5/lanmutwo/201610/20161001409264.shtml。

续表

国家	建交时间	主要合作形式	2017 年贸易额
巴西	1974 年 8 月 15 日	中国成为巴西最大贸易伙伴、最大出口目的地、最大进口来源国和主要投资国，巴西是中国在拉美和金砖国家中的第一大贸易伙伴，两国是全面战略伙伴关系	875.34
葡萄牙	1979 年 2 月 8 日	葡在华投资 1.28 亿美元，包括辽宁易发式电气设备等二十几家公司，中国企业在葡设立南方（葡萄牙）公司等	56.09

资料来源：《2017 年中国与葡语国家经贸合作情况综述》，商务部网站，2018 年 2 月 12 日，http：//www.mofcom.gov.cn/article/i/dxfw/gzzd/201808/20180802780752.shtml。

（三）多边合作机制日趋完善

15 年来，与会各国政府在论坛框架下共同努力，推动并形成了部长级会议、高官会等决策机制，制定并有效落实了五个经贸合作行动纲领，举办了十届企业经贸合作洽谈会。

1. 部长级会议是决策机构

每三年一届负责经贸事务的中国和葡语国家部长在澳门特区召开部长级会议，通过签署经贸合作行动纲领决定中国与葡语国家未来三年的发展目标、合作的领域。经贸合作行动纲领是与会国确定三年内的合作目标、合作领域、合作方式、合作措施的指导性文件。迄今中葡论坛部长级会议已经制定五个经贸合作行动纲领。其中《经贸合作行动纲领》（2003～2006 年）是中葡论坛的一份基础性文件，它确立了中国澳门在中国与葡语国家经贸合作中发挥商贸平台作用。

部长级会议作为中葡论坛的决策机构，受到中国与葡语国家政府的高度重视。中国国务院领导和葡语国家总统、总理、副总理都曾率代表团参加历届部长级会议。2016 年第五届部长级会议期间，中国国务院总理李克强出席开幕仪式并发表主旨演讲，葡语国家共有 4 位总理及 14 位部长出席。中国澳门特别行政区长官出席每届部长级会议开幕式并致辞，体现出与会国对中葡论坛的高度重视。

2. 常设秘书处是执行机构

常设秘书处于2004年在澳门正式设立。部长级会议闭会期间负责联系论坛参与国家和澳门特区政府有关中葡论坛事务、跟踪落实部长会议确定的行动计划。常设秘书处例会每年召开一次，负责制订经贸合作行动纲领年度计划，并总结上一年的计划执行情况。中方成立后续行动委员会和投资工作小组等推动落实有关举措，负责筹备并协助中国与葡语国家的企业家进行洽谈，为各国企业家提供商机。中国澳门特区每年在内地主要城市巡回举办的“活力澳门推广周”设有“葡语国家馆”，为中国内地企业和葡语国家企业洽谈提供平台。促进内地企业家与葡语国家企业增进了解，常设秘书处组织活动向内地省份企业推介葡语国家和澳门特区打造的商贸平台。

论坛常设秘书处已开设网站，出版季刊和《葡语国家投资指南》，举办研讨会，并积极重视打造智库致力于理论研究。例如，成立于2012年1月的对外经济贸易大学中国葡语国家研究中心（以下简称“中心”），作为中国首家研究葡语国家的民间非营利学术性和智库型研究机构，与论坛始终相辅相成，侧重研究葡语国家政治、经济、文化、法律等领域，通过学术研讨会、讲座、培训和出版学术著作等形式，努力实现其建立对葡语国家的机制性研究，为中国和葡语国家间的交流建言献策的宗旨。中心编撰的《葡语国家发展报告》入选“十三五”国家重点图书出版规划项目，已经由社会科学文献出版社连续三年正式出版，填补了中国从整体上对葡语国家进行系统研究的空白。

3. 澳门特区的商贸平台作用

澳门特区在中国与葡萄牙语国家经贸合作中发挥了不可替代的作用。2003年中葡论坛成立以来，澳门特区成功发挥了自身在语言、经济、社会、文化上的优势，努力打造澳门商贸平台，促进中国与葡语国家间贸易、投资和企业交流。

澳门特区政府将建设中葡平台建设写入首份五年发展规划中，为中国与葡语国家合作提供金融、法律、会计服务。培养中葡双语人才、企业合作与交流互动的信息共享平台、中葡中小企业商贸服务中心、葡语国家食品集散中心、中葡经贸合作会展中心。

2016年2月，澳门特区政府成立中国与葡语国家商贸合作服务平台发展委员会统筹中葡论坛平台建设。① 委员会跟进落实中方各项举措，包括建设中葡国家金融服务平台、成立中国—葡语国家企业家联合会、建设中葡双语人才培育基地、设立中葡文化交流中心、中葡青年创新创业交流中心、中葡发展基金、中葡商贸合作平台综合体等工作。

4. 中葡论坛已建立较为成熟的多边机制

这些机制主要包括三年一届的部长级会议，在此期间制定经贸合作行动纲领；常设秘书处例会，制订年度行动计划；澳门特区打造的中葡论坛商贸平台，为中葡论坛提供很大支持；举办系列经贸促进活动，接受合作伙伴和提供商机；开设常设秘书处中、葡、英三语网站，出版论坛季刊。

中葡论坛的合作机制顶层设计合理，特别是前期制度设计科学，为可持续发展奠定基础；中葡论坛建立联络员制度，由与会国主管部门司局级官员担任联络员，建立起论坛的联系网络；中葡论坛将澳门确定为永久举办地，确保论坛长期稳定运行；中葡论坛坚持三年一届部长级会议，确定未来三年合作目标，不断提升发展水平。中葡论坛常设秘书处例会，分解经贸合作行动纲领各项任务，重在落实。中葡论坛发挥葡语国家驻会代表作用，便于与各国联络员和主管部门沟通。

回顾中国与葡语国家合作发展的历史，尤其是2003年中葡论坛成立15年来的历程，中国与葡语国家合作机制日趋成熟完善，中国与葡语国家各政府间的合作更为密切，高层互访更为密集频繁；贸易、投资增长显著；合作领域不断拓宽，合作成效逐步彰显。15年来，中葡论坛已经形成了比较成熟的运行和协调机制，多边合作机制日趋完善，成为中国与葡语国家合作机制中举足轻重的一环。展望未来，中国与葡语国家多双边合作的发展在"一带一路"倡议引领下迎来了更多机遇，中国与葡语国家的合作前景广阔，澳门特区作为连接中国与葡语国家之间的纽带，其平台作用将越发凸显。

① 《澳门成立中国与葡语国家商贸合作服务平台发展委员会》，商务部网站，2016年2月24日，http：//www.mofcom.gov.cn/article/i/jyjl/k/201602/20160201261098.shtml。

B.6

葡语国家共同体：梦想与理念

魏　丹*

摘　要： 相比1931年成立的英联邦和1970年成立的法语国家及地区国际组织等尤其是以某一种语言为纽带的国际组织，葡语国家共同体体现出鲜明的独特性。本报告回顾了葡语国家共同体的成立背景和过程，梳理了其法律性质、主要机构、宗旨和成就，剖析了其价值与独特之处。除了对葡语国家共同体理念深入分析之外，本报告还对中国—葡语国家经贸合作论坛（澳门）的作用进行了点评。

关键词： 葡语国家共同体　葡萄牙语　国际治理　多边主义　“一带一路”

一　葡语国家共同体的诞生

葡萄牙是欧洲海外扩张最早、殖民持续最持久的国家。从15世纪地理大发现时期开始，葡萄牙经历了向北非、印度洋、巴西和非洲扩张的不同殖民阶段，逐步建立了世界历史上第一个世界性的殖民帝国，其全盛时期的面积逾1000万平方公里。自19世纪之后，葡萄牙海上殖民帝国又经历了1822年的巴西独立、19世纪中期部分非洲殖民地的丧失和第二次世界大战后的

* 魏丹，澳门大学法学院教授、副院长、环球法律系代系主任，巴西司法部项目合作专家，国际比较法科学院副主席。

回收和独立三个解体的过程。① 1961 年，印度收复了葡属印度。1974 年以后，葡属非洲相继独立。1975 年，印尼吞并了东帝汶（东帝汶于 2002 年获得独立）。1999 年 12 月 20 日，澳门回归中国。

继第二次世界大战之后，在世界各地，包括葡萄牙在内的其他殖民宗主国，例如西班牙、英国、法国、德国、比利时、荷兰、意大利等，都经历了殖民地民族国家的独立和解放运动风起云涌的浪潮。然而，在二战结束后，美国和苏联展开了几十年的争霸，从 1947 年杜鲁门主义出台到 1991 年苏联解体这段时间内，整个世界基本呈现以美苏为核心（以及西方阵营和东欧集团）的两极格局。冷战正式结束后，世界格局也从两极走向多极，国际社会各国之间的关系从而迎来了更加灵活协调、多元发展的新机遇。也正是在这一大背景下，葡语国家因为共同的语言、相近的文化传统强化了彼此间的平等交往与合作。

1983 年，葡萄牙原外长雅伊梅·伽马（Jaime Gama）首次倡议葡语国家可以建立为期两年一次的政府首脑峰会以及每年一次的外长会晤机制，以加强国内政策和外交事务的沟通与协调。1989 年，巴西时任总统佛朗哥明确提议成立葡语国家共同体（Comunidade dos Países de Língua Portuguesa-CPLP）。同年 11 月，在巴西召开的首届葡语国家领导人峰会上，国际葡萄牙语学院（Instituto Internacional da Língua Portuguesa-IILP）在巴西马拉尼昂州首府圣路易斯市成立，以推广和传播葡语为使命，这标志着葡语国家共同体的组建工作正式启动。1993 年，巴西提出了一系列推进共同体制度化建设的具体方案，在巴西驻葡萄牙里斯本大使若泽·阿佩莱西多·奥利维拉（José Aparecido de Oliveira）的不懈努力下，这些方案得到了其他葡语国家的支持。1994 年，七个葡语国家的外长共同决定向各自政府提议创立葡语国家共同体。1996 年 7 月 17 日，葡语国家共同体在葡萄牙首都里斯本正式成立。首批成员国包括安哥拉、巴西、佛得角、几内亚比绍、莫桑比克、葡萄牙和圣多美和普林西比。2002 年，东帝汶独立后成为第八个成员国。2014 年，赤道几内亚成为第九名成员国。②

---

① 金国平：《葡语世界的历史与现状》，《行政》2003 年第 3 期，第 851 ~ 852 页。

② 参见葡语国家共同体官方网站，https：//www. cplp. org/id – 2752. aspx。

二　葡语国家共同体的法律性质和机构

作为一个国际组织的葡语国家共同体，其成立的法律依据文件包括1996年7月17日由七个创始成员国采纳并签署的《成立宣言》和最近一次经2007年11月2日修改的《葡语国家共同体章程》（以下简称《章程》）。[①]

根据《章程》第2条，葡语国家共同体拥有行政独立和财政独立的法律人格。从国际组织的组成机构来看，葡语国家共同体的主要机构有四个，分别是国家元首和政府首脑会议、部长理事会、常设协调委员会和执行秘书处。此外，所有成员国家议会还共同组成葡语国家共同体议会。共同体的其他机关还包括为解决特殊问题而召开的合作会议和部长会议。

葡语国家共同体的最高机构是国家元首和政府首脑会议，每两年召开一次，负责订立及指导共同体的一般政策和战略、制定或授权部长理事会制定必要的法律文件来执行《章程》、采用必要的机制确保共同体的良好运作、选择轮值主席（任期为两年）和选举共同体执行秘书长。国家元首和政府首脑会议决议采用协商一致的方式达成并对所有成员国有约束力。[②] 可见，从法律角度来分析，《章程》规定的国家元首和政府首脑会议职权中既包含制宪性权力，也包含立法权和行政权。[③]

部长理事会是共同体的执行机构，由所有成员国的外交部部长组成。通常情况下，部长理事会每一年召开一次会议，向国家元首和政府首脑会议负责，以协调共同体的活动、监督共同体的运作与发展、制定采纳

① 参见葡语国家共同体官方网站，https://www.cplp.org/id-3869.aspx；参见葡语国家共同体官方网站，http://www.cplp.org/Files/Filer/Documentos%20Essenciais/Estatutos_CPLP_REVLIS07.pdf。

② 参见《葡语国家共同体章程》第10条。

③ Paulo Canelas de Castro, "A Comunidade dos Países de Língua Portuguesa-Para um Discurso Jurídico sobre a sua Identidade e um seu Programa de Ação," *Colóquio de Direito Internacional Comunidade dos Países de Língua Portuguesa*, Almedina, Coimbra, 2003, p. 37.

并实施共同体的政策与行动纲领、批准共同体和国际葡萄牙语学院的预算、为最高机构拟定一般政策以及共同体有效和谐运作及发展的建议、向最高机构推荐执行秘书长的竞选人选、选举国际葡萄牙语学院的执行主任、召集旨在促进共同体目标和纲领的会议及完成国家元首和政府首脑会议委托的其他任务。部长理事会主席同样采用轮值制，理事会的决议由协商一致得出。①

常设协调委员会由共同体成员各派出一位代表组成（通常是外交人员），通常每月召开一次平常会议，由部长理事会轮值的主席国家的代表负责协调，来跟踪执行秘书处履行共同体的决议和建议、跟踪国际葡萄牙语学院的活动并且确保该类活动与共同体的政策导向相一致。常设协调委员会的所有决议都根据协商一致原则做出。常设协调委员会可成立相关工作组，也可就部长理事会关于共同体日常工作内容做出决定。②

执行秘书处是共同体的主要执行机构，负责实施部长理事会和常设协调委员会的决议、规划和保证执行共同体的项目、组织参与共同体不同机关的会议、跟踪共同体其他倡议以及执行部长理事会的决定等工作。③ 执行秘书处由执行秘书长领导。执行秘书长的人选根据成员国字母升位顺序安排轮流任职，任期两年。执行秘书长对外代表葡语国家共同体，经常设协调委员会批准后可与其他国际组织和机构签署协议。④

葡语国家共同体建立在民主、平等和合作的理念上，共同体及其机构的所有决议均由所有成员国协商一致得出。⑤ 在《章程》的第5条，成员国一致纳入了以下基本原则：成员国主权平等，不干涉他国内政，尊重民族认同，对等处理事务，遵守和平、民主、法治、人权和社会公正，尊重领土完整，促进发展以及促进互利合作。通过上文对主要机构职权和人员任期的简

---

① 参见《葡语国家共同体章程》第12条。

② 参见《葡语国家共同体章程》第14条。

③ 参见《葡语国家共同体章程》第17条。

④ 参见《葡语国家共同体章程》第18条。

⑤ 参见《葡语国家共同体章程》第23条。

述可见，所有共同体成员国根据轮值的机制，都可均等、公平地参与葡语国家共同体的建设和领导。

三 葡语国家共同体的宗旨与独特性

葡语国家共同体有三大宗旨或支柱。① 第一是在国际舞台上协调成员国在国际关系领域的外交政策，以强化葡语国家共同体的参与度。这一共同目标有助于成员国捍卫和促进共同利益。例如，在联合国等国际组织中特定的事务或议题上，葡语国家共同体可以协调彼此的立场和政策。又如，共同体还可以在其影响较大的区域推动和平、民主等国际社会关心的事务。在东帝汶的独立问题上，葡语国家共同体支持了东帝汶人民自决的决议。② 第二是开展成员国全方位的合作，以促进共同发展。成员国可在教育、卫生、科技、国防、农业、公共行政、通信、司法、公共安全、文化、体育等众多领域加强交流，促进经济社会发展。合作方式包括国际交流、能力建设、资金支持以及三方或多边合作等。第三是通过国际葡萄牙语学院落实促进葡语的推广和传播的项目。

葡语国家共同体这一多边国际组织在地域上囊括了欧洲、南美洲、非洲、亚洲共四大洲，总人口有2.7亿人。③ 以葡语为官方语言的成员之间彼此相距遥远，但是海洋、共同的语言和历史传统将它们联系在一起。除了9个成员之外，葡语国家共同体还有19个观察员成员（observadores associados），分别为格鲁吉亚、卢森堡、匈牙利、日本、安道尔、英国、阿根廷、捷克、智利、斯洛伐克、法国、意大利、毛里求斯、纳米比亚、塞内

① 参见《葡语国家共同体章程》第3条。

② Fernando Henrique Cardoso, *Discurso por Ocasião da Sessão Solene de Abertura da Reunião de Cúpula da Comunidade dos Países de Língua Portuguesa*, Biblioteca da Presidência da República 1996, pp. 93–94.

③ Hewitt, W. E., Sean Burges and Inês Gomes, "The Comunidade dos Países de Língua Portuguesa at 20 Years: An Impact Assessment," *South African Journal of International Affairs* 2017, Vol. 24, No. 3, p. 291.

加尔、塞尔维亚、土耳其、乌拉圭和伊比利亚美洲国家组织。[①] 此外，公民社会的民间机构和团体也可申请成为葡语国家共同体的咨询性观察员（observadores consultivos）。[②]

相比1931年成立的英联邦和1970年成立的法语国家及地区国际组织等尤其以某一种语言为纽带的国际组织，葡语国家共同体体现出鲜明的独特性。在我们看来，葡语国家共同体的独特之处尤其体现在其理念与使命上。

第一，葡语国家共同体的成立不再以南北或东西等地域划分，而是以成员国的共同利益和追求目标为出发点。而英联邦和法语国家及地区国际组织成立于非殖民化进程和两极格局的背景之下，旨在通过语言及历史纽带维系前殖民宗主国和新独立国家的关系。[③]

第二，葡语国家共同体这个想法诞生时，葡萄牙已经成为民主国家、后殖民国家以及欧共体的一员，而巴西也已经完成了再民主化，两国都需要在国际舞台拓展新的外交空间。葡语国家共同体的成立倡议来自包括葡萄牙和巴西在内的多个国家，作为葡萄牙前殖民地的巴西首先提出这一提议。成立英联邦的倡议由英国提出，成立法语国家及地区国际组织的倡议由法国提出；同样以语言为纽带，但是英联邦和法语国家及地区国际组织却仍旧分别以英国和法国为单一轴心。[④] 在葡语国家共同体中，并没有所谓的轴心或中心，其组成机构、职权任期和运作完全体现了所有成员国的平等。

第三，葡语国家共同体成员国处在不同的经济发展阶段，各国的国情表现出很大的差异。但是，彼此间的差异并不妨碍它们使用相同的语言媒介、拥有相似的文化背景、追求相同的发展理念。在当今世界霸权主义依旧存在、国际治理越发趋向碎片化的背景下，葡语国家共同体的建立体现了成员国谋求多边主义和跨区域南南合作的努力。葡萄牙是欧盟成员。巴西是南方

---

① 参见葡语国家共同体官方网站，https：//www. cplp. org/id – 2765. aspx。

② 详细名单参见葡语国家共同体官方网站，https：//www. cplp. org/id – 2766. aspx。

③ 〔巴西〕塞尔索·拉费尔：《葡语国家共同体、澳门地区和中国：论中国与葡语国家经贸合作论坛》，载魏丹主编《全球化世界中的葡语国家与中国》，社会科学文献出版社，2014，第15～16页。

④ Celso Lafer，“Reflexões sobre a CPLP：Lusofonia-Sonhos e Realidade，” *Política Externa* 2013，Vol. 21，No. 4，Abr/MaiJun，pp. 226 – 228.

共同市场的成员。安哥拉和莫桑比克是南部非洲发展共同体的成员，两国都加入了东部和南部非洲共同市场。几内亚比绍和佛得角加入了西非国家经济共同体。圣多美和普林西比是中部非洲国家经济共同体的成员。由于葡语国家各自都参与了区域一体化进程，与自身所处的区域组织联系紧密，因此，葡语国家共同体拥有巨大的潜力可广泛联系四大洲，有利于其成员与世界其他国家和区域集团开展交流与合作，有利于不同区域组织的对话和联系。

第四，葡萄牙语是共同体成员相互沟通理解、传承共同的历史文化价值、采取共同行动的基础。葡语国家共同体的对内关系表现为其成员国之间的关系。葡语国家共同体的内部关系通过葡语这一共同的交流工具得以加强，变得越来越紧密。葡萄牙语凸显了其独特的文化特质元素，为世界文明的多样性和多元化做出了贡献。尤其是当今21世纪，当国际社会的交流语言越发展现单一化的趋势时，葡萄牙语的价值显得尤为珍贵。葡语国家共同体的对外关系泛指共同体作为一个整体对其他国际组织或国家，或者其任何成员国与其他第三国或国际组织等所发生的关系。葡语国家共同体通过紧密沟通协调各自的外交政策，在对外的国际舞台的立场和表态等方面表现出高度的协调一致。

四　葡语国家共同体的现状

葡语国家共同体成立20多年以来，一直致力于实现其三大宗旨。在国际舞台上外交政策协调方面，葡语国家共同体获得了联合国及联合国的附属机构、国际组织和地区性组织的承认，并以自身名义参与国际治理及外交事务。葡语国家共同体以自身名义与其他国际组织签署了近30项合作协议、公约、谅解备忘录、决议或议定书，表明在相关领域葡语国家用同一个声音参与国际治理和国际合作。[①] 近年来，葡语国家共同体调解了几内亚比绍的

① 参见葡语国家共同体官方网站，https：//www. cplp. org/id－3878. aspx。

争端、支持巴西申请联合国安理会席位、支持了巴西罗伯特·阿泽维多竞选世界贸易组织总干事、支持了巴西若泽·格拉齐亚诺·达席尔瓦竞选联合国粮食及农业组织总干事、支持了葡萄牙安东尼奥·古特雷斯竞选联合国秘书长职位。①根据联合国秘书长古特雷斯的评价，葡语国家共同体是对联合国工作最为坚定的支持者之一。②目前，针对葡语国家共同体的外交政策协调的理论研究还不算多，我们参考了一份对葡语国家5个选取年份在联合国大会表决统计的研究发现，葡语国家有81次表决并没有一致，其中因为葡萄牙57次支持了与其他葡语国家相反的立场（多集中在巴勒斯坦问题）。③对每个葡语国家而言，葡语国家共同体是拓展国际外交、发展和其他国家和地区关系的一个重要途径。④其意义无疑是正面和积极的。我们认为，考虑到葡萄牙作为欧盟成员国以及巴西作为区域性的大国地位，期待各葡语国家在所有国际问题上立场达成完全一致的想法并不现实。随着巴西2019年后外交政策的新转型，葡语国家在外交政策协调方面仍需继续努力。可以预见的是，葡语国家共同体未来的挑战是如何继续消弭组织成员的分歧并提高组织和各成员国的国际话语权。

在推进葡语国家之间全方位的合作方面，在20多年时间里，葡语国家共同体取得了十分显著的成效。除了《成立宣言》和《章程》之外，葡语国家之间签订了超过30个协议、公约和议定书，涉及教育、卫生、科技、

① José Flávio Sombra Saraiva, "O Lugar da Comunidade dos Países de Língua Portuguesa (CPLP) na Inserção Internacional do Brasil," 2001, pp. 4 –6, https://www.anpocs.com/index.php/encontros/papers/25 – encontro – anual – da – anpocs/st – 4/st09 – 4/4606 – jsaraiva – o – lugar/file. 还可参考 https://sicnoticias.sapo.pt/mundo/2016 – 04 – 07 – CPLP – apoia – candidatura – de – Antonio – Guterres – a – secretario – geral – da – ONU。

② https://www.publico.pt/2018/11/05/politica/noticia/cplp fortes – pilares – apoio – nacoes – unidas – 1849934。

③ Hewitt, W. E., Sean Burges and Inês Gomes, "The Comunidade dos Países de Língua Portuguesa at 20 Years: An Impact Assessment," *South African Journal of International Affairs* 2017, Vol. 24, No. 3, p. 297 –299.

④ 关于葡语国家共同体推动巴西外交的分析，参见 Caio Augusto Oliveira, "A CPLP Como instrumento de Política Externa Brasileira e de Desenvolvimento para os PALOP," *Revista Perspectiva* 2015, Vol. 8, No. 15, pp. 30 –53。

国防、农业、公共行政、通信、司法、公共安全、文化等多个领域,[①] 还不包括葡语国家之间的各类双边协议和条约。在贸易和投资领域，鉴于国际经济环境和各个葡语国家经济周期的背景因素复杂多变，目前还没有足够证据显示葡语国家共同体的成立直接促进了葡语国家经贸关系的大幅增加，但是，可以肯定的是，葡语国家共同体有助于有关意识的形成和强化。近年来，有越来越多的外国投资者在葡语国家的投资项目因为葡语国家之间存在纽带关系，也会透过三方合作来开展或拓展（中国与葡萄牙在能源领域的合作就延伸到巴西，例如中石化巴西公司与葡萄牙高浦能源公司成立了中石化—高浦巴西合资公司等）。

在促进葡萄牙语推广和宣传方面，葡萄牙语是世界最广泛使用的第四大语言。葡萄牙语在全球经济、政治和文化的排名名列前茅，其经济价值和影响力在不久的将来还会不断增加。除了国际葡萄牙语学院外，葡萄牙语大学协会、欧洲科英布拉大学集团、巴西科英布拉大学集团、葡萄牙大学校长理事会等团体都积极地推动葡语国家共同体的文化教育交流项目。自 2008 年葡萄牙经历了金融危机之后，葡语国家的留学生从原来主要单一选择葡萄牙转而同时考虑巴西，2009 年之后，巴西继葡萄牙之后成为葡语国家留学生的另一主要目的地。为了加强同非洲国家的文化教育交流，巴西于 2011 年成立了非洲—巴西—葡语系国际一体化大学。葡语国家共同体不仅仅是语言的共同体，更是文化传统和价值认同的共同体。

五 葡语国家共同体与中国

由于历史上葡萄牙海上帝国开辟的国际贸易航线，葡语国家早在几百年前就与中国展开了交流。明成祖朱棣时期郑和下西洋时，曾到达东非莫桑比

① 参见葡语国家共同体官方网站，https：//www. cplp. org/id - 3872. aspx。还可参见 Maria Regina Marchueta e José Fontes, eds. *Comunidade dos Países de Língua Portuguesa*：*Fundamentos Político - Diplomático*, Instituto Português da Conjunta Estratégica e Centro de Estudos Orientais da Fundação Oriente，2001。

克海岸索法拉地区。1553 年，葡萄牙获得明政府批准在澳门“借地晾晒”，开始了华洋共治澳门的模式。1812 年，中国人在里约热内卢的茶园开始了种茶的经历，也开启了中巴两国源远流长的记忆。步入 21 世纪后，随着 2003 年 10 月中国—葡语国家经贸合作论坛（澳门）成立，中国与安哥拉、巴西、佛得角、几内亚比绍、莫桑比克、葡萄牙、圣多美和普林西比和东帝汶这八个葡语国家的机制化合作也从梦想变成了现实。圣多美和普林西比在 2017 年 3 月正式加入了中葡论坛。

中葡论坛“是以经贸促进与发展为主题的非政治性政府间多边经贸合作机制，旨在加强中国与葡语国家之间的经贸交流，发挥澳门联系中国与葡语国家的经贸平台作用，促进中国内地、葡语国家和澳门的共同发展”。[①] 自中国中央政府倡议设立中葡论坛以来，论坛在五次部长级会议之后共签订了五个经贸合作行动纲领，确定了在政府间合作、贸易、投资与企业、产能、农林牧、基建、能源、自然资源、教育与人力资源、金融、发展合作、旅游、运输与通信、文化、广播影视与体育、卫生、海洋、省份间合作及澳门平台作用等诸多领域的合作内容和目标。中葡论坛第五届部长级会议还签署了《中葡论坛关于推进产能合作的谅解备忘录》，开启了中国和葡语国家经贸合作新模式。[②]

葡语国家共同体的八个成员（除了赤道几内亚以葡语为第三官方语言之外）与中国共同创立的中葡论坛在促进国际治理、推动各国平等互利、共同发展有着重要的意义。

中葡论坛在中国澳门特别行政区创立。葡语是葡语国家共同体沟通的语言，葡语也是澳门特别行政区使用的官方语言之一。澳门是东西文化交汇的一颗灿烂的明珠。澳门同葡萄牙、巴西的交流源远流长，为中国和葡语国家的交流天然搭起一座友谊之桥。由于语言相同、文化和法律制度相似，澳门

---

① 参见中葡论坛官网，http：//www. forumchinaplp. org. mo/about - us/mission - and - objectives/? lang = zh。

② 参见中葡论坛官网，http：//www. forumchinaplp. org. mo/about - us/mission - and - objectives/? lang = zh。

凭借“一国两制”的巨大政治优势，可以继续发挥中国与葡语国家商贸合作服务平台的作用。

葡语国家共同体的理念同中国文化具有一定的共性。葡语国家共同体建立在倡导平等、合作、共建的理念之上，近年来，中国的“一带一路”倡议也得到了葡语国家共同体的积极参与和响应。中国与葡语国家在“一带一路”的深入合作就是各方坚持多边主义的重要标志。葡语国家在历史上就是中国“海上丝绸之路”的重要节点，也将是未来“一带一路”的重要参与伙伴。中国与葡语国家的经贸合作有助于各方实现更好的优势互补，有助于加快互联互通，有助于共同开拓新的合作空间。

在当前单边主义和贸易保护主义抬头的背景下，葡语国家共同体和中国的友好合作、共同发展对改革完善全球治理、推进贸易投资自由化和便利化做出了示范性的努力和探索。

B.7
中国与葡语国家的发展合作（2017~2018年）

刘 玮*

摘　要： 2017年，在“一带一路”建设深入推进的背景下，中国与葡语国家发展合作在变革中稳步发展。在发展合作领域方面，中国继续重点支持亚非葡语国家的农业发展、教育水平提升、人力资源开发和医疗服务改善，帮助其减少贫困和改善民生，强化经济基础设施建设、技术合作。在发展合作方式上，中国继续强化双边层面各个领域的发展合作，推动受援国民生改善和经济与社会的可持续发展。展望未来，中国与葡语国家发展合作将会在“一带一路”框架下不断升级，创新援助方式和融资渠道，提升援助效率，推动各国共同探索符合本国国情和可持续发展目标的发展道路。

关键词： “一带一路”　发展合作　中国—葡语国家经贸合作论坛（澳门）　三方合作

随着“一带一路”建设的持续推进，中国与葡语国家的发展合作不断深化。葡语国家不同的发展阶段、多样的社会制度和发展经验，为彼此之间通过相互学习、合作协调，共同探索符合各自国情的发展道路提供了条件。

* 刘玮，中国社会科学院世界经济与政治研究所助理研究员。

2017年，中国坚持以共同发展为目标，积极与安哥拉、佛得角、几内亚比绍、莫桑比克、东帝汶、圣多美和普林西比等葡语国家在文教卫生、能力建设、农业等领域开展合作，推动葡语国家经济和社会的可持续发展，打造中国与葡语国家命运共同体。

一　中国与葡语国家的双边发展合作

2017年，中国与葡语国家双边发展合作继续稳步推进，将亚非葡语国家减少贫困和改善民生作为对外援助的重要内容，重点支持这些国家发展农业、提升教育水平、改善医疗服务、建设社会公益设施并及时提供人道主义援助，促进了当地经济社会的可持续发展。

（一）中国与东帝汶发展合作

中国与东帝汶政府于2017年5月签署了中东“一带一路”合作备忘录。东帝汶政府表示将积极响应“一带一路”倡议，努力提升合作项目配套能力，继续深化双方各领域务实友好合作，推动两国关系不断向前发展。2017年7月13日，中国与东帝汶两国政府签署经济技术合作协定，以支持中东双方在医疗和教育领域开展合作。中东双方积极推动了医疗卫生、农业、人力资源、基础设施等领域的项目落实，各领域交流合作不断深入。

在医疗卫生领域，中国继续加强中东医疗友好合作，派遣援东医疗队为东帝汶人民提供优质的医疗服务。2017年1月23日，中国政府与东帝汶政府签署《中华人民共和国和东帝汶民主共和国关于中国派遣医疗队赴东帝汶工作的议定书》，派遣第7批中国援东医疗队上岗。此外，中国援东医疗队还继续向东帝汶捐赠药械，特别增设了ICU等科室，为东帝汶国立医院带来了新的设备和技术，也更好地展示了中国的医疗技术和服务水平。东帝汶政府高度重视对外开展医疗卫生领域合作，并将其列入2011～2030国家卫生领域战略规划。自2004年以来，中国政府已连续向东帝汶派遣了7批医疗队，约80名医疗专家赴东帝汶工作，累计为20多万人次东帝汶病患提供优质的医疗服务，向东帝汶捐赠药品器械14批，总价值约100万美元，为推动中东卫生领域友好合作，提升东帝汶医疗服务水平，增进两国传统友谊做出了突出贡献，得到东帝汶政府和人民的高度评价。①

农业在东帝汶经济社会发展中占据重要地位，也是中国与东帝汶发展合作的重点领域。在结束了为时三期、八年的“援东帝汶杂交水稻农业技术合作项目”后，中东将农业发展合作延伸至农业技术合作领域。2017年5月26日，东帝汶农业与渔业部科教司和国家农园艺及推广司与隆平高科（袁隆平农业高科技股份有限公司）签署东帝汶玉米全程机械化高产示范栽培技术合作项目实施方案协议。袁隆平农业高科技股份有限公司在东开展渔业合作取得初步成果，其投资经营的对虾养殖项目进展顺利。② 2018年2月1日，中国向东帝汶农业与渔业部交接了援助东帝汶农机设备。之后，中方还派专家赴东帝汶提供机械操作与维修技术培训服务。这些机械设备和技术培训服务对改善东帝汶农业生产条件、提升东帝汶农业机械化水平发挥了积极作用（见表1）。

表1　中国与东帝汶的发展合作（2017～2018年）

领域	成果
签署协议	中东“一带一路”合作备忘录 经济技术合作协定 《中华人民共和国和东帝汶民主共和国关于中国派遣医疗队赴东帝汶工作的议定书》 中国援东粮仓与粮食加工厂和援东数字电视地面传输系统两个项目的换文交换仪式
医疗卫生	派遣第7批中国援东医疗队 捐赠医用药品器械 增设ICU等科室

① 《刘振华经商参赞出席2017年度中国援东帝汶药械捐赠仪式》，商务部网站，2017年8月28日，http：//www.mofcom.gov.cn/article/i/jyjl/j/201708/20170802634508.shtml。

② 《中国企业在东帝汶首个对虾养殖项目举行收获庆典活动》，中国驻东帝汶经商参处网站，2017年1月15日，http：//easttimor.mofcom.gov.cn/article/jmxw/201701/20170102501581.shtml。

续表

领域	成果
农渔业	隆平高科公司对虾养殖项目 援助农机设备 机械操作与维修技术培训 东帝汶玉米全程机械化高产示范栽培技术合作项目
基础设施	中海外—中铁一局联营体承建的东帝汶南部地区苏埃高速公路第一标段项目 援东粮仓与粮食加工厂 援东数字电视地面传输系统 重庆外建道路升级改造项目 中核 22 公司道路升级改造项目
人力资源	2017 年东帝汶饲料加工技术培训班 第三期大型工程机械操作手职业技能培训双边班 2017 年东帝汶咖啡品种改良与产后加工技术海外培训班 2017 年东帝汶机械电气维修职业教育培训班 2017 年东帝汶旅游行业服务职业教育培训班

资料来源：本文笔者根据中华人民共和国驻东帝汶民主共和国大使馆经济商务参赞处网站整理所得。

基础设施建设也是中国与东帝汶合作的重要领域。由中海外—中铁一局联营体承建的东帝汶南部地区苏埃高速公路第一标段项目进展顺利。2017 年 6 月 3 日，东帝汶总理阿劳若考察了项目桥梁施工现场，对整个项目建设的进展情况和施工质量非常满意，认为中国公司在项目建设施工、带动当地工人就业和提升技能等方面为东帝汶的发展做出了重要贡献。[①] 此外，重庆外建和中核 22 公司分别负责的道路升级改造项目也顺利开展。2017 年 5 月 3 日，中国与东帝汶政府举行了援东粮仓与粮食加工厂和援东数字电视地面传输系统两个项目的换文交换仪式。其中，粮仓项目将惠及东帝汶广大农民，大幅提高其种粮、卖粮、加工粮食的积极性，推动东帝汶农业的市场化；数字电视将成为东帝汶人民传递知识信息的重要载体。

① 《东帝汶总理考察中海外—中铁一局联营体承包工程项目》，商务部网站，2017 年 6 月 5 日，http：//www. mofcom. gov. cn/article/i/jyjl/j/201706/20170602586557. shtml。

在人力资源开发合作领域，中东不断拓展技术培训、学位教育等领域的合作项目。中东在人力资源合作领域取得丰硕成果，迄今已有近2000名东帝汶政府官员和技术人员参加中国政府的多双边培训项目和学历学位教育项目。2017年6月，袁隆平农业高科技股份有限公司承办“2017年东帝汶饲料加工技术培训班”，为20名东帝汶学员开设为期60天的职业技术培训。2017年7月，湖南外贸职业学院承办了第三期大型工程机械操作手职业技能培训双边班，为20名培训学员举行为期60天的职业技术培训。2017年9月，袁隆平农业高科技股份有限公司承办了为期30天的“2017年东帝汶咖啡品种改良与产后加工技术海外培训班”，向东帝汶30名学员传授了咖啡栽培种植、品种改良及产后加工技术，对提高东帝汶咖啡种植管理水平、咖啡产量和深加工水平以及提高咖啡附加值具有重要意义。① 2017年12月，商务部主办了“2017年东帝汶机械电气维修职业教育培训班”和“2017年东帝汶旅游行业服务职业教育培训班”，50名东帝汶青年学员赴中国参与培训。

（二）中国与莫桑比克发展合作

2016年5月，中国与莫桑比克两国领导人共同发布关于建立全面战略伙伴关系的联合声明，并见证签署了开展产能合作框架协议和推进经贸合作区建设谅解备忘录等重要双边合作文件，此后中莫合作进入质的提升阶段。2017年，中莫就重点合作领域加强双边统筹协调，积极落实两国领导人达成的合作共识，共同推动相关项目建设。中国积极推动基础设施建设、产能合作、农业产业园等领域推动BOT、PPP等多种投融资方式创新，中莫发展合作也进入新阶段。

在农业领域，中莫加强在粮食和经济作物种植、畜牧养殖、农产品仓储和加工等领域的投资合作，并积极发挥援莫桑比克农业技术示范中心在农业

① 《2017年东帝汶咖啡品种改良与产后加工技术海外培训班圆满结束》，中国驻东帝汶经商参处网站，2017年10月16日，http：//easttimor. mofcom. gov. cn/article/jmxw/201710/20171002656362. shtml。

研究、示范、培训、交流等方面的作用，加强中国对莫桑比克农业技术转让。[①] 2017年，中非发展基金加大对加扎省万宝农业种植项目投入，努力扩大水稻种植规模。国内有关企业与莫农业部签署林波波河农业综合开发项目合作备忘录。两国政府还抓紧商签农产品检验检疫合作协议，推动莫优质农产品早日进入中国市场。此外，中国还为莫农村和偏远地区打井，缓解当地居民用水困难。

在教育和人力资源领域，中方继续向莫方提供更多奖学金名额，提供更广泛领域的人力资源培训。双方共同建设莫中文化中心和孔子学院。2017年3月，中莫双方签署中莫文化中心项目实施文件。2017年共有超过200名莫官员赴华参加短期培训，1人赴华攻读硕士学位，培训内容涉及医疗卫生、农业、警务、经济、信息统计、交通等多个领域。

在工业生产领域，2017年1月24日，中国驻莫桑比克使馆同莫政府在马托拉市交接援莫汽车修理厂项目。此外，双方还积极落实经贸合作区建设项目。

在医疗卫生领域，中国继续向莫桑比克派遣医疗队，并同莫方探讨加强疟疾、艾滋病防治等领域合作。2017年11月20日，我国解放军首批援助莫桑比克共和国医疗专家组赴莫桑比克执行为期2个月的医疗技术帮带任务。[②]

在基础设施领域，中国积极援助莫桑比克的公路、桥梁、铁路等互联互通项目。2017年，莫桑比克6号国道70%的路段完成修复升级，使莫贝拉港至津巴布韦边境的交通状况得到明显改善。中国施工队成功架设马普托—卡腾贝跨海大桥猫道，进入桥面施工阶段，预计2018年上半年可实现主桥通车。2017年3月19日，由四达时代承建的莫桑比克全国广播电视数字化整转项目启动，项目总工期为18个月，包括数字电视传输网建设、广播电视台数字化和数字化终端三部分。由安徽外经建设集团援建的贝拉中心医院儿科楼项目于2017年9月竣工交付（见表2）。

---

① 《中华人民共和国和莫桑比克共和国关于建立全面战略合作伙伴关系的联合声明（全文）》，外交部网站，2016年5月18日，https://www.fmprc.gov.cn/web/zyxw/t1364540.shtml。

② 郭彬：《我军首批援助莫桑比克医疗专家组出征》，《解放军报》2017年11月21日。

表2　中国与莫桑比克的发展合作（2017～2018年）

领域	成果
协议	落实2016年签订的产能合作框架协议和推进经贸合作区建设谅解备忘录
农业	援莫桑比克农业技术示范中心 对加扎省万宝农业种植项目 为莫农村和偏远地区打井
工业生产	援莫汽车修理厂项目 落实经贸合作区建设项目
教育和人力资源	建设莫中文化中心和孔子学院 超过200名莫官员赴华参加短期培训
医疗卫生	我国解放军首批援助莫桑比克共和国医疗专家组赴莫桑比克执行为期2个月的医疗技术帮带任务
基础设施	莫桑比克6号国道70%的路段修复升级 莫桑比克全国广播电视数字化整转项目启动 贝拉中心医院儿科楼项目竣工交付

资料来源：本文笔者根据中华人民共和国驻莫桑比克共和国大使馆经济商务参赞处网站整理所得。

（三）中国与圣多美和普林西比的发展合作

2016年12月26日，中国与圣多美和普林西比政府签署《中华人民共和国和圣多美和普林西比民主共和国关于恢复外交关系的联合公报》，标志着中国和圣普正式恢复外交关系。2017年是中国与圣普恢复外交关系的首年，也是中国对圣普紧急援助年。中国为回应圣普关切，派遣疟疾防治、农牧业和电力三个技术援助组为圣普提供紧急援助。

在农业领域，中国政府派遣的农技组积极与圣普分享农业发展经验，提升圣普农业生产技术水平。农牧业技术专家组一期8名成员于2017年1月18日和5月9日分两批抵达圣普，开展作物、畜牧、沼气等领域的农业合作。专家组积极开展圣普农牧业状况调研、技术试验示范、技能培训等。沼气试验示范项目通过户用沼气示范，推广“猪（养殖业）—沼气（沼气工程）—菜（种植业）”的生态农业循环模式，发展家庭农场。2018年1月7

日，圣普总理参与中国援圣普农牧业技术沼气示范项目竣工点火仪式。① 此外，农牧业技术专家组还在圣普开展了养猪项目、杂交玉米种植项目以及蔬菜试种项目试验示范点。

在医疗卫生领域，中国恢复向圣普派遣医疗队，并派遣抗疟专家组。与圣普恢复外交关系后，中国于 2017 年 2 月恢复向圣普派遣医疗队，截至 2018 年 3 月已派出 3 批 23 位医疗队员，为圣普多个保健中心提供援助，包括进驻医院、门诊等五科室指导教学，去卫生中心巡视以及提供医疗器械援助等。中国卫生部也专门派遣了抗疟专家组。短短一年时间，抗疟项目组已经在圣普疾控中心设立了中国疟疾防治顾问组办公室，成立中国—圣普联合抗疟工作组。抗疟项目组建立了三级疫情系统、对疟疾流行区进行了四类划分、执行中国圣普联合制定的消除疟疾方案，协助圣普制定符合自身国情的疟疾防治政策，防止了疟疾的暴发和流行。②

在工业领域，中国为圣普首都圣多美供电提供了及时有效的紧急援助。2016 年末，圣普为首都供电的圣阿马罗电站突然停运，向我国政府发出紧急求援。中国商务部派出的中国大唐专家组于 2017 年 1 月 19 日抵达圣多美提供技术援助，在第一时间成功排除障碍，恢复了 3 号机组的运行，恢复了发电，为圣普首都供电提高了 7% 的供电负荷，极大地缓解了圣普首都的供电紧张。③ 电力援助组除了对机组留存缺陷进行处理以外，还对长期停机的 2 号机组进行了大修，维持 5 号机组稳定运行，保障了圣普电网稳定供电。11 月 14 日，中国启动援圣普第 2 期电力技术援助项目，为圣阿马罗电站 I 期 5 台发电机组提供机组周期维保工作（见表 3）。④

---

① 《援圣普农技组沼气示范成功点火获圣普总理盛赞》，农业农村部网站，2018 年 1 月 10 日，http：//www. moa. gov. cn/xw/zwdt/201801/t20180110_ 6134493. htm。

② 左朝胜、刘成刚：《广中医专家团队援非抗疟再创佳绩》，《科技日报》2018 年 1 月 19 日。

③ 严冰、田佩雯、陈曼菲：《旋风援助：中国企业彰显大国担当》，《人民日报》（海外版）2017 年 5 月 4 日。

④ 李岳明：《中国能建湖南院成功受托承担援圣多美和普林西比第 2 期电力技术援助项目》，中国能建网站，2019 年 11 月 17 日，http：//www. ceec. net. cn/art/2017/11/17/art_ 11019_ 1519379. html。

表 3　中国与圣多美和普林西比的发展合作（2017～2018 年）

领域	成果
农业	农牧业技术援助组 沼气试验示范项目 养猪项目、杂交玉米种植项目以及蔬菜试种项目试验示范
医疗卫生	派遣抗疟专家组 恢复派遣医疗队
工业领域	电力援助组 抢修圣阿马罗电站 3 号机 对长期停机的 2 号机组进行了大修，维持 5 号机组稳定运行 启动援圣普第 2 期电力技术援助项目

资料来源：本文笔者根据中华人民共和国驻圣多美和普林西比民主共和国使馆经济商务参赞处网站所得。

（四）中国与佛得角发展合作

2017 年，中国与佛得角的发展合作经历了质的提升，双边关系不断深化。佛得角积极欢迎和参与中国提出的“一带一路”倡议。2017 年 5 月 20 日，中国外交部部长王毅访问佛得角时，佛得角总统丰塞卡提出以圣文森特岛海洋经济特区建设为契机，积极融入“一带一路”建设。7 月 6 日，中国和佛得角两国政府签署《中华人民共和国政府和佛得角共和国政府关于提供无偿援助的经济技术合作协定》（以下简称《协定》）。《协定》规定，中方将为中佛两国探讨实施的圣文森特岛海洋经济特区规划等项目提供无偿援助。

在医药卫生领域，中佛有着悠久的发展合作传统。自 1984 年开始，中国就派遣援佛医疗队。目前已向佛得角派出 17 批医疗队、100 多名中国医生，大大改善了当地的医疗条件。

近年来，中佛在基础设施领域合作发展迅速。2017 年 1 月底，中国与佛得角两国政府签署关于援佛接入网配套工程项目换文，落实中非合作论坛约堡峰会基础设施领域合作计划。2 月 20 日，中国进出口银行与佛得角财政部签署佛得角电子政务网二期项目优惠贷款协议。该电子政务网项目主要包括为佛政府、医疗、教育和部分商务机构提供数据传输网络、语音视频会议和数据服务。[①] 3月底，中铁十七局承建的中国援佛普拉亚医院洗衣房项目通过验收单位中期验收，7月该项目通过竣工验收。中国援助的洗衣房和洗衣设备将会提升佛普拉亚中心医院医疗卫生后勤工作水平。应佛方要求，中国政府于2016年7月1日启动援佛得角议会堂维修项目，2018年1月15日完工交接。此外，中国政府还决定帮助佛得角政府为我国援建和改扩建的国家体育场和总统府提供为期3年的技术援助。

在农业领域，中国继续加强对佛得角粮食援助和援建农产品加工成套项目。2017年3月15日，中葡论坛部长级会议中方承诺的农产品初加工中心项目移交启用。该农产品交工中心占地800平方米，包括厂房建设和提供加工设备，用于农产品的清洗、挑选、分拣、冷藏等。5月29~30日，中国和佛得角两国政府签署紧急粮援有关换文，落实在“一带一路”国际合作高峰论坛上有关对外援助的承诺，决定向佛得角援助1000余吨大米。12月5日，中国与佛得角两国政府签署《中国援佛得角粮食援助项目政府间交接证书》。

教育和人力资源合作也是中佛发展合作的重点领域。在2017年4月中旬，中佛两国第二次开展警务能力建设培训合作，中国邀请40名佛警界高层赴华参加培训。6月17日至9月18日，中国政府首次派遣中国警察教官赴佛得角开展警务境外培训班。培训班日均课时超过7个小时，培训佛警务人员数量达101人次，提升了佛国家警察系统的专业化水平。[②] 警务领域的培训合作，不仅拓展了双方人力资源培训合作的范围和深度，而且进一步提升了两国和平和安全合作水平。中国与佛得角在教育领域发展合作取得重要进展。6月20日，中国援建佛得角大学新校区项目开工，这成为中佛建交以来中方投资规模最大的援佛项目。

此外，中佛两国在安全领域的合作不断深入。在为佛得角提供警务培训以外，10月30~31日，中国和佛得角两国政府签署关于援佛得角安全城市

---

① 《中国为佛得角电子政务网二期项目提供优惠贷款协议在京签署》，商务部网站，2017年2月22日，http：//www. mofcom. gov. cn/article/i/jyjl/k/201702/20170202520287. shtml。

② 《中国援佛得角警务境外研修班在佛举办结业仪式》，商务部网站，2017年9月17日，http：//www. mofcom. gov. cn/article/i/jyjl/k/201709/20170902645149. shtml。

项目二期可行性研究换文。该项目是2016年10月中葡经贸论坛第五届部长级会议期间中佛两国总理会晤取得的重要成果之一。在中国和佛得角两国政治互信加深的背景下，两国在安全领域和合作不断深入，对于提升佛得角国家安全部门应急能力，改善社会治安形势，营造经济社会发展的良好安全环境具有重要推动作用（见表4）。

表4　中国与佛得角发展合作（2017～2018年）

领域	成果
协定	签署《中华人民共和国政府和佛得角共和国政府关于提供无偿援助的经济技术合作协定》
医药卫生	派出第17批医疗队
基础设施	签署关于援佛接入网配套工程项目换文 签署佛得角电子政务网二期项目优惠贷款协议 中国援佛普拉亚医院洗衣房项目通过竣工验收 启动援佛得角议会堂维修项目
农业领域	农产品初加工中心项目移交启用 签署紧急粮援有关换文，向佛得角援助1000余吨大米
教育和人力资源	第二次警务能力建设培训合作 警务境外培训班 中国援建佛得角大学新校区项目开工
安全	签署关于援佛得角安全城市项目二期可行性研究换文

资料来源：本文笔者根据中华人民共和国驻佛得角共和国大使馆经济商务参赞处网站整理所得。

（五）中国与几内亚比绍的发展合作

中国与几内亚比绍的发展合作主要集中于医疗卫生领域和农业领域。2017年，中国与几比两国继续加强医疗卫生合作。中国派出了第16批援几比医疗队。中国还为援几内亚比绍卡松果医院和友谊医院捐赠了包括抗疟药、抗生素、手术器械、制氧机和心电图等药械。1976年以来，中国政府已派出16批援几比医疗队，共计约230名医疗专家，他们年均门诊量近10000人次，并多次赴全国各地开展义诊，受到几比社会各界的热烈欢迎和高度评价。[①]

① 《驻几内亚比绍大使金红军出席我援几比药械交接仪式》，外交部网站，2017年5月18日，https：//www. fmprc. gov. cn/web/zwbd_ 673032/gzhd_ 673042/t1463129. shtml。

在农业领域，中国和几比继续深化合作。为了支持几比总统瓦斯提出的“大力发展水稻农业”倡议，中国援几比农业技术专家组组成技术专班，为总统家乡卡莱基塞种植户捐赠良种、肥料和农药，并开展田间现场指导和技术指导培训等水稻种植技术培训。水稻示范项目还有望向全国推广。2017年6月29日，应几比 Fá-Mandinga 军垦农场请求，中国援几比农业专家前往该农场帮助修复农业机械。11月14日，中国政府和几内亚比绍政府交接捐赠粮食。中国和几比在渔业领域的发展合作也取得进展。7月25日，中国政府与几比政府签署援几内亚比绍板丁渔业码头项目实施协议，随后又于12月1日举行几比板丁渔业码头项目深化设计审核签字仪式。

在教育和人力资源开发合作方面，中国已向几内亚比绍提供200个到中国留学的奖学金名额，涵盖农业、电机技术等多个经济领域。此外，中国还加强了对几比的军事援助。在几内亚比绍武装部队负责人访华期间向中国军方提交援助请求后，中国官方武装部队在几比总统的批准下于2017年4月21日和22日对几内亚比绍武装力量进行彻底调查，维护几内亚比绍海、陆、空主权，同时双方还讨论了培训几内亚比绍武装人员的议题（见表5）。

表5　中国与几内亚比绍的发展合作

领域	成果
医疗卫生	派出第16批援几比医疗队 为援几内亚比绍卡松果医院和友谊医院捐赠药械
农业	农业技术专家组在卡莱基开展农业示范项目 农业专家前往军垦农场帮助修复农业机械 交接捐赠粮食 签署援几内亚比绍板丁渔业码头项目实施协议
教育和人力资源	提供中国留学奖学金 提供军事援助，对几内亚比绍武装力量进行彻底调查

资料来源：本文笔者根据中华人民共和国驻几内业比绍大使馆经济商务参赞处网站整理所得。

（六）中国与葡萄牙和巴西的发展合作

葡萄牙是葡语国家中唯一的发达国家，中国与葡萄牙的发展合作主要表现为三方发展合作，特别是中国、葡萄牙与第三方亚非葡语国家的三方发展合作将成为中葡发展合作的重要形式。而巴西作为中等收入的新兴经济体与中国的双边发展合作主要表现为人力资源合作。此外，中国与巴西在亚非葡语国家的三方发展合作也日益成为一种趋势。

二　多边框架下的中国与葡语国家发展合作

中国坚定地支持多边主义，在力所能及的前提下，积极支持多边发展机构的援助工作，加强与各个援助国在多边框架下的协调，推动多边发展体系的完善，实现经济社会的可持续发展。因此，中国与葡语国家也积极在多边框架下推动发展合作。

（一）积极参与多边发展机构援助和地区性开发机构的发展筹资

近年来，中国积极参与联合国等多边框架下的发展援助，推动发展筹资，落实可持续发展议程。中国向联合国系统的开发计划署、工业发展组织、人口基金会、儿童基金会、粮食计划署、粮食及农业组织、教育科学及文化组织，国际货币基金组织、世界银行、世界卫生组织等国际机构提供捐款、股权融资，积极参与多边开发机构的援助工作。安哥拉、佛得角、几内亚比绍、莫桑比克、圣多美和普林西比、东帝汶等亚非葡语国家是各类多边发展机构的援助对象。同时，中国还通过支持亚洲基础设施投资银行、新开发银行、亚洲开发银行、非洲开发银行、泛美开发银行、西非开发银行等地区性开发机构的发展筹资，促进资本流向发展中国家农业、基础设施、教育、医疗等领域。亚非葡语国家也都从这些地区性开发机构中获益。

（二）中国—葡语国家经贸论坛（澳门）框架下的发展合作

中国—葡语国家经贸合作论坛（澳门）是中国与安哥拉、巴西、佛得角、几内亚比绍、莫桑比克、葡萄牙、圣多美和普林西比、东帝汶等八个葡语国家建立的政府间多边经贸合作机制。自2003年10月创立以来，中国—葡语国家经贸合作论坛（澳门）坚持以经贸促进与发展为主题，加强中国与葡语国家之间的经贸交流，促进中国内地、中国澳门和葡语国家的共同发展。各方积极落实经贸合作行动纲领，在政府间合作、贸易、投资、人力资源、农业与渔业、发展援助等领域的合作取得了积极成果。

在2013年召开的第四届部长级会议上，中葡《经贸合作行动纲领》的合作领域扩大到17个，不仅专列发展合作章节，而且在农业、基础设施建设、环境保护、教育与人力资源合作、卫生等领域也涉及了不同形式的发展合作。中方在中葡论坛第四届部长级会议开幕式上宣布的八项新举措中多项涉及发展合作，为论坛框架下的中葡合作的重点领域和合作方式指明了方向。中国政府与葡语国家共同商定将优先在教育培训、农业、环境保护、新能源等领域加强发展合作。

在《中国—葡语国家经贸合作论坛（澳门）第五届部长级会议经贸合作行动纲领（2017—2019年）》中，各方高度评价论坛与会国长期以来在发展合作领域取得的积极成果，强调应继续在论坛框架下加强合作，帮助论坛亚非葡语国家减少贫困、改善民生。在资金方面，中方决定向论坛亚非葡语发展中国家提供不少于20亿元人民币的无偿援助，重点用于农业、贸易投资便利化、防治疟疾和传统医药研究等民生项目，同时向论坛亚非葡语国家提供不少于20亿元人民币的优惠贷款，向论坛亚非葡语不发达国家免除5亿元人民币无息贷款到期债务等。在发展合作领域方面，中方提出将继续在力所能及的范围内扩大对论坛亚非葡语国家的援助规模，重点加强与论坛亚非葡语国家在减贫、产能合作、贸易投资便利化、能力建设、应对气候变化、卫生及传统医药、海洋经济、旅游和人力资源开发等领域的合作。其中特别强调，考虑到部分论坛葡语国家粮食安全战略的需要，应推动有意愿的论坛与会国在农业特别是食品研究领域开展科技合作。在发展合作方式方面，中方将继续提供优惠性质的贷款，创新融资模式，并考虑把三方合作作为援助的重要模式之一，支持论坛亚非葡语国家的经济社会发展。在中葡论坛的大力支持下，一些发展合作项目纷纷落地，取得了实效。

此外，三方合作已经成为国际发展合作的重要形式。中国与葡语国家的发展合作实践中也开始积极引入三方合作的方式。中国不仅探索与葡萄牙或巴西在亚非葡语国家的三方合作，而且也与其他发达援助国和国际组织在亚非葡语国家开展三方合作。2013～2014 年，中国曾与美国在东帝汶实施农业领域三方合作，成为中国在葡语国家探索国际发展三方合作的重要案例。2016 年 7 月 18 日至 8 月 7 日，在中葡论坛框架下，中国、葡萄牙在东帝汶开展海产养殖海外培训班三方合作项目。2016 年 6 月 13 日，中国商务部、莫桑比克农业与粮食安全部以及比尔及梅琳达·盖茨基金会签署《中华人民共和国商务部、莫桑比克农业与粮食安全部和比尔及梅琳达·盖茨基金会关于莫桑比克农业三方合作框架》。中方与比尔及梅琳达·盖茨基金会承诺在“莫方提出、莫方同意、莫方主导”的原则下，依托中国援莫农业示范中心，发挥各自优势，共同合作帮助莫桑比克实现可持续发展。三方将围绕科学研究、农业和畜牧业技术示范推广、能力建设、当地小农户对接、农产品加工、产业链搭建等领域展开合作。①

三　中国与葡语国家发展合作展望

随着“一带一路”建设的深入推进和中国国际发展合作实践的不断创新，中国与葡语国家合作进入高质量发展的新阶段。

首先，中国与葡语国家之间的发展合作将继续探索新兴经济体与中低及低收入国家之间的平等、双向的发展伙伴关系，开创新兴发展合作模式。中国与葡语国家的发展合作既表现为新兴经济体同中低及低收入国家之间的新型发展合作，又体现为新兴经济体之间以及新兴经济体与发达援助国在中低

① 《中国商务部、莫桑比克农业部、盖茨基金会签署农业三方合作框架》，商务部网站，2016 年 6 月 15 日，http：//www. mofcom. gov. cn/article/ae/ai/201606/20160601338898. shtml。

及低收入国家开展三方合作，共同推动可持续发展。中国在亚非葡语国家广泛开展的农业领域的发展合作，将继续深化中国与受援国的相互学习和共同发展，共同探索可持续发展的知识和实践。

其次，中国与葡语国家将在“一带一路”框架下不断升级，开创国际发展合作新实践，打造中国与葡语国家命运共同体。在亚非葡语国家，中国援助的医疗队、农业专家组以及人力资源合作在维持中国与葡语国家友好关系，促进当地经济社会持续发展发挥着重要作用。在新时期，这些中国援助的优良实践和长期积累的效果正助推中国与葡语国家拓展在基础设施建设、产能合作等新领域的发展合作。自中国国家主席习近平在2013年提出“一带一路”倡议后，包括葡语国家在内的世界各国普遍认同并积极参与“一带一路”国际合作进程。在“一带一路”倡议的引领下，中国与葡语国家的发展合作拓展到互联互通项目实施、推动贸易投资便利化、加强政策协调和发展规划对接以及促进民心相通等各个领域。发展合作不仅会促进中国与葡语国家在贸易、金融和基础设施互联互通领域的广泛合作，而且也会进一步强化中国与葡语国家之间的文化纽带和社会联系。中国与葡语国家不断加快融合发展，将推动构建中国与葡语国家命运共同体。

再次，随着中国与葡语国家发展合作的深化，除了传统的双边发展合作，三方合作和多边合作也将成为重要的援助形式，援助方式的多样化将进一步加强。双边合作仍将是中国与葡语国家发展合作的主渠道。随着中国与葡语国家经贸合作论坛的发展以及中国创立亚投行、金砖银行等多边开发机构，中国与葡语国家的发展合作也更多依靠国际发展的多边合作机制和载体。此外，鉴于葡语国家内部发展阶段的差异性和三方发展合作的发展趋势，中国与葡萄牙、巴西以及其他发达援助国将进一步探索在亚非葡语国家的三方发展合作。中国与葡语国家经贸合作论坛第五届部长级会议经贸合作行动纲领也提出考虑把三方合作作为援助的重要模式之一。

最后，中国与葡语国家发展合作将进一步撬动更广泛的贸易、投资等经济合作。在传统的无偿援助、无息贷款和优惠贷款的资金形式的基础上，中国与葡语国家的发展合作将进一步创新融资模式，支持论坛亚非葡语国家的经济社会发展。中国将继续发挥自身援助的特色和中国与中低和低收入国家之间的互补关系，通过发展援助催化贸易和投资领域的经济合作，帮助发展中国家融入全球价值链，实现经济社会的可持续发展。

B.8

中国与葡语国家的人文交流*

张维琪**

摘　要：　本报告拟对中国与葡语国家的人文交流的现状展开分析论述。人文交流是现阶段中国对外交往的重要内容之一，同时需要外方予以积极回应。在中国崛起的背景下，以人文交流促进民心相通，可以为政治、经贸往来提供有效支持。本报告尝试概括现阶段中国与葡语国家人文交流的特点，并通过人员交往、语言教学、学术合作、视觉艺术四个层面，对中国与葡语国家人文交流状况进行梳理和评述。

关键词：　人文交流　世界交往　葡语国家

葡语国家包含葡萄牙、巴西、安哥拉、佛得角、几内亚比绍、圣多美和普林西比、莫桑比克、东帝汶八个以葡萄牙语为官方语言的国家，是一个由语言、历史、文化关系构建起来的共同体。在空间位置上，葡语国家遍及欧洲、美洲、非洲和亚洲各地，呈现较为零散分布的特点，有别于传统的、依据地缘关系而建立的区域组织。始于 15 世纪葡萄牙的地理大发现，建起联通欧亚的海上香料贸易之路，葡萄牙人随着广泛的商品交流出现在世界各地，把葡萄牙语言文化及其影响传播到全球各地。此外，中国与葡语国家交

* 本报告系上海外国语大学校级区域国别研究中心项目“巴西与南方共同市场的互动关系研究”（项目编号：2014114072）的阶段性成果。

** 张维琪，上海外国语大学西方语系副教授。

往由来已久，相互间的交集始于明代。1553 年后，葡萄牙人定居澳门，这个昔日的小渔村逐步成为中葡之间国际商贸交流、人员交流的平台。当时，广泛的交流也促成了中国文化元素中最具代表性的成分——茶文化向海外传播。17 世纪中期，饮茶的习惯通过葡萄牙传至英国；至 19 世纪初，茶文化又扩展到巴西。

现如今，世界早已不是地理大发现的初创阶段，而全球化正处于深入发展期。改革开放 40 年以来，中国的实力已经得到极大的提升，而“一带一路”倡议提出以后，我国不仅需要对世界有更为全面、深入的认知，而且必然要求加强对外传播中国的积极、正面形象。在这一过程中，中外人文交流自然成为国与国之间政治互信、经贸往来之外的重要交往环节。本报告拟就人文交流本身及其当代意义、中国与葡语国家人文交流的特色，以及以人员交往、语言教学、学术合作和视觉艺术四个方面来考察中国与葡语国家人文交流的进行状况。

一　人文交流及其当代意义

2017 年 10 月，习近平在十九大报告中明确指出：“加强中外人文交流，以我为主、兼收并蓄。推进国际传播能力建设，讲好中国故事，展现真实、立体、全面的中国，提高国家文化软实力。”① 就在同年 7 月，中央全面深化改革领导小组会议审议通过了《关于加强和改进中外人文交流工作的若干意见》，这份对未来中外人文交流工作的指导性文件，明确其指导思想、基本原则、工作机制等方面，明确党的领导在中外人文交流中的核心作用，鼓励地方政府、民间社会参与其中，在工作创新的基础上，要求“将人文交流理念贯彻到对外交往的各个领域”。

1. 认识“人文交流”的含义

有学者评论，国内各类政策解读尽管使用“人文交流”的说法，但实

① 习近平：《决胜全面建成小康社会　夺取新时代中国特色社会主义伟大胜利》，人民出版社，2017，第 44 页。

质上谈的却是“文化交流”。这与对外宣传、解释“人文交流”的官方文本中的“people - to - people exchanges”存在不对应的情况。[①] 而笔者注意到，十九大报告的官方英语译本，使用的却是“people - to - people and cultural exchanges”这一说法，相应的葡萄牙语文本，则运用了“intercâmbios culturais e interpessoais entre a China e o exterior”，即使用中外间的“人际和文化交流”来表示“人文交流”这一说法。从上下文的用语和语法习惯来看，十九大报告的葡萄牙语译本采用的是巴西葡萄牙语规范。此外，在中葡论坛第五届部长级会议开幕式上，中方宣布了包含产能合作、发展合作、人文合作、海洋合作和深化澳门平台作用这五大板块内的十八项新举措，对应的葡萄牙语文本则使用了“cooperação humana e cultural”，即“人文与文化合作”。笔者偏向于赞同这种译法，它更好地体现出了“人文”一词的学术含义，以“人文科学”一词为例，它所对应的葡萄牙语是“ciências humanas”。

让我们略微深究一下中文“人文交流”的含义。交流，意为相互来往。而在汉语中，“人文”并非一个新词，最早出现在《易·贲》之中：“刚柔交错，天文也。文明以止，人文也。观乎天文以察时变，观乎人文以化成天下。”综合来看，这里的“天文”与“人文”相对应，前者即天象的交错，指各种自然中有规律的运动现象；后者即人的交往，指根据文明的社会规则来进行。在 1989 年版的《辞海》中，进一步对“人文”一词的古今含义加以区分，给出了古义和新义的不同解释：旧指诗、书、礼、乐等；今指人类社会的各种文化现象。[②] 由此，可以看出人文交流具有的社会性本质，并注重交流各方的互动性。

应该看到，人文交流、文明互鉴是推动人类社会向前发展的动力。以历史上中国与葡萄牙交往为例，远洋贸易让中国商品通过葡萄牙的船只，运往世界各地，与兴盛的商品贸易相对应，中西文明交汇产生了积极的成果。在

---

① 庄礼伟：《中国式“人文交流”能否有效实现“民心相通”?》，《东南亚研究》2017 年第 6 期，第 68 页。

② 《辞海》，上海辞书出版社，1989，第 794 页。

利玛窦、徐光启等学者的互动下，《几何原本》等西方早期学术著作的翻译出版标志着此阶段中西人文交流的重大成果。同时，必须指出，我们所说“人文交流”中的“人文”，有别于欧洲文艺复兴时期的“人文主义”，前者重在人的社会性这种本质属性，是主客体的统一。欧洲的“人文主义”是与中世纪以神为中心的社会秩序、文化观念斗争而发展起来的，本质上崇尚人的绝对自由。它虽曾有过一定的积极意义，但终究未能更全面地看待人的发展。

2. 人文交流的当代意义

首先，人文交流属于精神交往，彰显出马克思主义世界交往思想。世界交往包含国家间正式的外交活动或非正式的外交活动，是国家之间在政治、经济、文化等多个领域的交往。马克思超越了在他以前，仅限于人与人之间交往的研究，把个人间的差异、民族间的差异和国家间的差异均作为基本出发点，把人类的社会交往分为物质交往和精神交往。马克思认为，精神交往是从物质交往中分化而来，物质交往决定精神交往。在肯定世界交往的同时，马克思写道：“只有在交往具有世界性质，并以大工业为基础的时候，只有在一切民族都卷入竞争的时候，保存住已创造出来的生产力才有了保障。”① 也就是说，无产阶级革命导师是认同世界交往的，进而对文化传播在世界交往进程中的作用，以及全球化持肯定态度。可见，马克思主义世界交往思想成为人文交流的理论基础。

其次，人文交流符合中国传统文化价值的理想和追求。中国传统文化中很早就形成了“天下观”，显示出古人朴素的普世主义情怀。《礼记》中就有“格物、致知、正心、诚意、修身、齐家、治国、平天下”的说法；《孟子》所提及的“穷则独善其身，达则兼济天下”；后又有范仲淹在《岳阳楼记》中的名句“先天下之忧而忧，后天下之乐而乐”。古人的精神世界已经超越了地理空间的局限，这种人文关怀古已有之。在待人接物方面，仅在《论语》中就不乏相应的经典名句：“有朋自远方来，不亦乐乎？”“己所不

---

① 《马克思恩格斯选集》第3卷，人民出版社，1960，第61~62页。

欲，勿施于人”，等等，表现出在发展人际关系方面的积极心态。此外，古人还对交流、交往过程中能够建立互信互助的稳固关系充满期待，如《谯子法训》中的“交得其道，千里同好，固于胶漆，坚于金石”。可见，中国的传统文化思想是人文交流的传承渊源。

最后，人文交流是当前我国对外交往的重点之一，也是我国对外展示大国形象的途径。中国是一个拥有大国抱负的国家，处于成长阶段，而要成为当今的全球性大国，需要广受国际社会的认同，并能够承担起各种大国应有的义务和责任。因此，大国形象其实就是国际政治社会化反映在大国上的一种映像,① 而大国成长本质上是一种社会性成长，既要有硬实力的成长，软实力的成长也不可或缺。同时，文化上的竞争与合作问题在当前的世界日益凸显，表现为国际竞争与合作领域的话语权争夺。而对于外国来说，中国的文化思想作为外来文化，较易遭受抵制和非议。在这样的背景下，我们不能被动地期待别人的理解，而是要在增强自信的基础上，主动承担相应工作，对外展示出一个积极向上、有担当的新型大国形象，以开放包容、合作共赢的心态来推动民心相通和文明的互鉴。可见，因中国崛起而亟待树立正面大国形象的任务成为人文交流的实际需求。

二　中国与葡语国家人文交流的四个方面

中国与葡语国家人文交流领域涉及诸多方面的内容，且近年来取得的成就不少，故选取其中的人员交往、语言教学、学术合作和视觉艺术这四个方面，就近期的一些重要事务进行评析。

1. 人员交往

中国与葡语国家间的人员往来是人文交流领域最有效的实践。其中，

① 郭树勇：《大国成长的逻辑：西方大国崛起的国际政治社会学分析》，北京大学出版社，2006，第 91 页。

高层互访必然引发新闻媒体的关注，继而进行大量报道，受到社会各界热议，从实际上已然成为引领国家间交往的首要因素、人文交流的推进力量。首先，2018 年内重要的高访有：习近平主席 12 月初访问葡萄牙、栗战书委员长 5 月访问莫桑比克，王毅外长 1 月访问安哥拉、圣多美和普林西比。其次，在出席金砖国家峰会、二十国集团（G20）峰会等多边外交会议之际，习近平主席多次会晤巴西总统特梅尔。最后，北京召开中非合作论坛之时，习近平主席、李克强总理、韩正副总理等党和国家领导人分别会见非洲葡语五国国家元首。中国与葡语国家领导人之间的频繁互动，表现出对葡语国家的重视，推动了包含人文交流在内的交往向前迈进。此外，商务部历年来的对葡语国家官员、企业家的培训课程也为促进民心相通发挥了不可忽视的作用。2018 年 3 月底，就在国内成功举办中巴企业文化融合研修班，使得巴西社会精英能够拥有亲身体验、了解中国的机会。

2. 语言教学

语言是人文交流得以实现的基础，也是加深彼此文化认知的工具。由此，在中国进行葡语教学，以及在葡语国家开办汉语教学成为中国与葡语国家人文交流过程中的关注重点之一。同时，汉语和葡萄牙语的教学主要在高等院校内实现，所以不仅让中国与葡语国家间高等教育交流得以加强，也不断促进了高等级人才的教育国际化。中国国内的葡语教学始于 20 世纪 60 年代初，2004 年以后，国内葡语教学出现井喷式的发展。据教育部公布的数据，2017 年就有 30 余所高校开设葡语专业，2018 年更是达到了 45 所之多。此外，近年来在上海市教委的统筹下，部分中小学内已开展葡语教学，据悉北京市也有相应的动作。

此外，在国家汉办的统筹协调下，葡语国家高校与中国各高校合作开办了 17 所孔子学院，并在葡萄牙圣托马斯学院，巴西圣保罗亚洲文化中心、华光语言文化中心等机构开设了 5 个孔子课堂。2018 年 9 月，圣多美和普林西比大学也签署了与湖北大学共建孔子学院的协议，这意味着葡语国家即将开设第 18 所孔子学院。葡语国家孔子学院信息见表 1。

表1 葡语国家孔子学院信息

国家	承办机构	所在城市	创立时间	国内合作机构
葡萄牙	里斯本大学	里斯本	2007年1月31日	天津外国语大学
	米尼奥大学	布拉加	2005年12月9日	南开大学
	科英布拉大学	科英布拉	2016年7月4日	浙江中医药大学、北京第二外国语学院
	阿威罗大学	阿威罗	2014年9月21日	大连外国语大学
巴西	圣保罗州立大学	圣保罗	2008年11月26日	湖北大学
	里约热内卢天主教大学	里约热内卢	2011年8月31日	河北大学
	南大河州联邦大学	阿雷克利港	2012年4月25日	中国传媒大学
	FAAP高等教育中心	圣保罗	2012年7月19日	对外经济贸易大学
	米纳斯吉拉斯联邦大学	贝洛奥里藏特	2013年11月29日	华中科技大学
	伯南布格大学	累西腓	2013年6月15日	中央财经大学
	坎皮纳斯州立大学	坎皮纳斯		北京交通大学
	帕拉州立大学	贝伦	2014年7月17日	山东师范大学
	塞阿拉联邦大学	福塔莱萨	2014年7月17日	南开大学
	巴西利亚大学	巴西利亚	2010年3月29日	大连外国语大学
安哥拉	内图大学	罗安达	2015年2月6日	哈尔滨师范大学、中信建设有限责任公司
莫桑比克	蒙德拉内大学	马普托	2012年4月16日	浙江师范大学
佛得角	佛得角大学	普拉亚	2015年12月18日	广东外语外贸大学

资料来源：孔子学院总部/国家汉办网站，以及相应孔子学院网站。

3. 学术合作

中国与葡语国家之间的学术合作可以给彼此间人文交流带来深远的影响。高等院校、科研院所是传播思想的场所，高校间的合作让学者、学生的互动成为可能，并摩擦出思想的火花。在这方面，澳门的平台作用明显，2018年10月，第一届中国与葡语国家高校校长论坛在澳门大学召开，共有70余所高等院校赴会。学者的高端讲座则是另一种有效推进民心相通的方式。2018年5月，前文化部部长、作家王蒙赴巴西利亚大学举行“中国：传统与现代化”讲座。2018年8月，莫桑比克作家米亚·科托（Mia Couto）

来华参加上海书展，与中国作家、学者进行对谈。此外，学术出版同样是思想传播的重要渠道。在澳门国际研究所的支持下，2017 年、2018 年相继出版保罗·杜阿尔特（Paulo Duarte）和费尔南达·伊莱乌（Fernanda Ilhéu）两位葡萄牙学者与“一带一路”倡议相关著作《中国的一带一路：海陆的交汇》《中国与古丝路的新生——世界贸易的新向量》，显示出葡萄牙学界对这一全球化方案予以的积极回应。

4. 视觉艺术

视觉艺术包含电影、电视、绘画、雕塑等多种艺术表达形式，从中表达出各国独有的文化艺术思想。其中，以电影为代表的影视作品雅俗共赏，更是展示各个国家文化和风土人情的重要渠道。中国与巴西之间业已形成了常态化的电影展播活动，并在规模上有不同程度的扩展。巴西的中国电影展始于 2015 年，至 2018 年底已顺利举办第四届，展映地点集中在圣保罗市，每年均有 12 部中国电影参展。中国的第一届巴西电影展始于 2017 年底，至 2018 年底第二届巴西电影展开幕，影片展示数量上仍保持上映 8 部电影，而在展映活动举办地上有所扩大：除北京外，还增加了上海和广州两座城市。中国与葡萄牙两国间签署过互办影展协议，葡中两国曾先后在 2015 年和 2016 年举办过电影展，展映影片数量分别达到 32 部和 24 部之多。2018 年底，“葡萄牙 2018 中国电影周”成功举办，影片数量虽只有 7 部，但却更能向异国观众传递当代中国的社会图景。除了电影放映以外，活动组织方邀请影片导演、演员出席现场交流活动，与当地观众互动，有利于交流成果的巩固。中国电影展映活动在非洲也取得了突破。安哥拉、莫桑比克两国 2018 年相继举办首个中国电影展、电影日活动，这开启了我国向非洲葡语国家展示中国电影的第一步。

三　现阶段中国与葡语国家人文交流的特点

在政治、经贸关系不断深化的背景下，现阶段中国与葡语国家的人文交流总体上进展顺利，表现出平台众多、形式多样的特点，但也不能忽略存在的不足，需要有针对性地加以改进和提升。

1. 平台众多

葡语国家在世界的分布范围广，本身就是一个以语言文化为要素构建起来的共同体，而当前在中国与葡语国家人文交流互动过程中，除了与各国的双边交流渠道，还拥有众多的多边平台可以运用。首先，能把中国与葡语国家聚合在一起的平台莫过于设置在澳门的中葡论坛。虽说这是一个聚焦于经济贸易的论坛，但深谙经济发展需要相应的人文交流为依托，因此，在论坛行动纲领中不乏人文合作的具体措施。其次，中国与各个葡语国家所在的区域设立的合作对话平台，同样也是人文交流的重要多边平台。中国与葡萄牙之间通过欧盟，现已建起人文交流的机制，属于已有八大副总理级的中外高级别人文交流机制之一，极大地有利于加强中葡交往的社会民意基础。中国与巴西之间则有聚集了新兴国家的金砖五国平台、中国—拉共体论坛，还有二十国集团（G20）。中国与非洲国家间则有中非合作论坛。此外，中国与各葡语国家间在联合国层面，特别是教科文组织（UNESCO）实现的各类合作也不容忽视。正是借助了这些多边平台及其衍生而来的各类会议活动，使中国与葡语国家间的往来受到了关注，人员交流也得以实现。

2. 形式多样

中国与葡语国家的人文交流呈现形式多样的特征。各类交流活动在中国与葡语国家内均有举办，既有文化展示类活动，又有对话交流沟通，更有民众参与性活动。以澳门特别行政区举办的“中国—葡语国家文化周”为例，这个由中葡论坛主办、已然连续举办10届的文化周活动，汇集了歌舞表演、手工艺市集、摄影展、美食品尝等展示活动，以打造文化交流平台为宗旨，推动中国与葡语国家的民心相通建设。此外，影视艺术已成为一个重要的突破口，在葡萄牙、巴西、安哥拉、莫桑比克等国相继举办中国电影周、电影日的展示活动，并有专业人士与观众进行互动。其中，在企业的参与下，不乏影视文化展示之外的创新举措：2018年4月，莫桑比克举办首届中国影视剧葡萄牙语配音大赛，利用影视作品片段进行比赛，既遴选出理想的配音人员，又达到了宣传文化的目的，还能让当地的民众积极参与到活动当中。

3. 有待深耕

中国与葡语国家的人文交流已取得了不俗的成就，而与彼此间外交关系的顺利发展和经贸交流的快速增长相比，还存在不小的差距。商务部网站的数据显示，2017 年中国与葡语国家进出口商品总值、进出口值均呈显著增长趋势：数额达到 1175.9 亿美元，同比增长 29.4%；其中，中国从葡语国家进口 810.1 亿美元、对葡语国家出口 365.8 亿美元，同比分别增长 32.2%、23.6%。[①] 应该认识到，与商品交易相关的可量化指标相比，能够衡量人文交流实际成效的标准要复杂得多。举办活动频率的次数或许可以作为参考，活动或许在场面上也很热闹，但它远不能准确地描述出活动参与者究竟从中国思想理念、文化传统方面获得哪些具体的收益。应该承认，中国在海外的影响力目前尤为集中在经济领域，而在社会互动、思想认同方面则与欧美日等发达国家存在不小的差距，在新闻传媒、文化教育等方面差距尤为明显。因此，有必要在人文交流这片沃土上进行深耕细作，耐心地加以培育，以期可以产出丰硕的成果。

四　结论

当前的中国与葡语国家人文交流在人员交往、语言教学、学术合作、视觉艺术四个方面进展顺利，通过多平台、多形式的交流与合作，已产生了积极的交流成果。取得成绩的同时，也应该注意到存在的不足。在这种情况下，一方面，需要认真学习十九大报告和中央《关于加强和改进中外人文交流工作的若干意见》两份文件，认真体会人文交流的重要性和加强人文交流的紧迫性；另一方面，需要在日常工作中以创新思维来改进已有的人文交流活动，以具体国家国情为考量重点，有针对性地寻觅更为行之有效的方法、查找民众喜闻乐见的形式，进一步完善人文交流的机制，使得中外人文交流的层次得到全方位提升，双边、多边关系得到进一步深化，从而打造坚实的社会民意基础，为构建人类命运共同体做出应有的贡献。

① 参见中华人民共和国商务部台港澳司网站，http：//tga. mofcom. gov. cn/article/sjzl/。

B.9
巴西当前的经济形势及新政府面临的挑战

赵雪梅*

摘　要： 2017年巴西经济实现了1%的增长。但面对连续三年的国内生产总值和人均GDP的负增长，巴西经济的复苏仍明显乏力。巴西经济仍面临着生产和基础设施投资不足、失业率增加、产业结构趋于初级产品化、经济增长缺乏内生动力、庞大的政府债务等诸多宏观及结构层面的问题与困难。随着巴西大选的揭晓，右翼候选人雅伊尔·博索纳罗获胜，并于2019年1月1日正式就职。当前全球贸易复苏为巴西经济提供了有利的外部环境。但新政府如何利用有利的外部环境，通过哪些措施应对财政改革和促进就业、稳定社会，使经济尽快摆脱困境，都是右翼政府必须首先面对的挑战。

关键词： 巴西　经济难题　投资不足　财政改革　就业促进

21世纪第一个十年，巴西取得了GDP年均增长3.6%和人均GDP年均增长2.4%的优异成绩，其在世界经济体中的排位于2011年提升至第六位。2012年巴西经济增长开始放缓，2014~2016年连续三年经济出

---

* 赵雪梅，对外经济贸易大学教授，大连外国语大学西葡语系教授。

现负增长。至 2016 年底，巴西 GDP 负增长累计约 8%，经济规模从 2011 年的 26161.57 亿美元降至 2016 年的 17934.06 亿美元，世界排名从第六下滑至第九。作为新兴大国之一，巴西经济受到全球大宗商品价格持续走低的影响，出口收入减少，汇率不稳定，经济的脆弱性加剧。大宗商品的超级周期加剧了巴西经济对初级产品部门的依赖，制造业在经济中的占比不断下降。2017 年巴西经济虽然实现了 1% 的增长，但面对连续三年的国内生产总值和人均 GDP 的负增长，巴西恐怕还有很长的路要走。

本报告旨在探讨巴西经济目前存在的诸多问题和困难，从而进一步分析新当选的右翼政府执政后将面临的诸多挑战。全文分为三个部分。第一和第二部分旨在分析巴西近几年的经济走势及主要问题，突出其经济结构初级产品化的趋势和经济增长内生动力不足；第三部分集中分析右翼政府执政后将面对的财政改革、创造就业和稳定社会等诸多挑战，以使经济尽快摆脱困境。

一　近几年巴西经济的走势

在经历了 2008 年全球金融危机冲击之后，巴西经济在 2010～2011 年出现了短暂反弹和明显复苏。2012 年以来，巴西经济再次放缓，2015 年进入负增长期。图 1 清晰显示出 21 世纪以来巴西 GDP 的走势，可以分为2004～2008 年的稳定增长、2009～2010 年先下降后反弹的震荡和 2011～2016 年的一路走跌等三个阶段。2009 年巴西经济负增长 0.1%，在政府积极干预政策的助推下，经济迅速好转。但是，随着全球经济的持续低迷以及巴西经济自身的脆弱，2015～2016 年该国 GDP 连续两年负增长，经历了 1990 年以来最严重的经济衰退，成为拉美加勒比地区经济表现最差的国家之一。这一时期，巴西货币贬值加剧，导致了通货膨胀抬头，消费物价指数从 2011 年的 6.5% 升至 2015 年的 10.7%，经济面临滞胀压力。

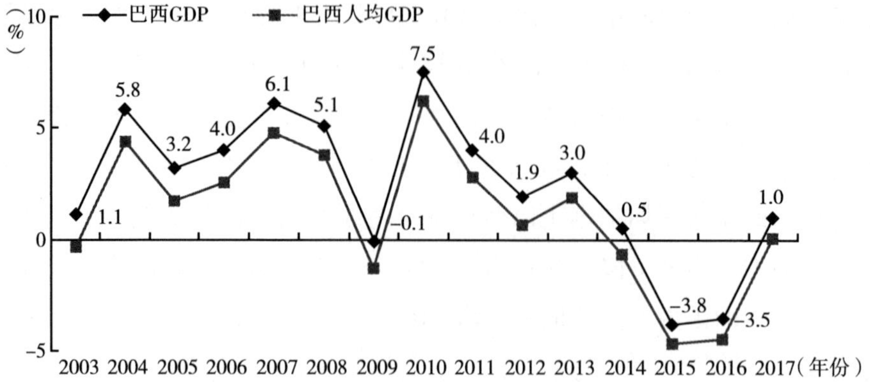

图1　2003～2017 年巴西 GDP 和人均 GDP 的年增长率

资料来源：联合国拉美经委会网站，http：//estadisticas. cepal. org/cepalstat/Perfil _ Nacional_ Economico. html? pais = BRA&idioma = spanish。

经济低迷使巴西失业率呈逐年升高趋势。如图 2 数据所示，2012 年巴西失业率从前一年的 6% 升至 8.2%，增幅达 36.7%，2016 年和 2017 年两年的失业率都站到了两位数的高点上。依据巴西政府的统计数字，2014 年巴西新增的正规就业岗位 152714 个，较之前的年份明显不足；而 2015 年则出现就业人数净减少 1625000 人，其中制造业就业人数减少 606000 人，位居首位，其次是建筑业，减少 414000 人，服务业和商业的就业人数也分别减少 317000 人和246000 人。[①] 根据巴西应用经济研究所（IPEA）的一项调查报告，14 岁到 24 岁的巴西青年人受失业影响最大，且呈现加剧趋势。青年人受失业影响的比例从 2015 年第四季度的 15.25% 升至 2016 年第一季度的26.36%。[②]

居高不下的失业率，进一步加剧了巴西社会的贫富差距，成为社会不稳定的主要因素之一。此外，由于新增的正规就业满足不了劳动需求，巴西的非正规就业增加。据巴西国家地理与统计局公布的数据，截至 2018 年 9 月，

① CEPAL, Estudio Económico de América Latina y el Caribe · 2016, Brasil, p. 6.

② 《IPEA：巴西年轻人受失业影响最大》，南美侨报网，2016 年 6 月 11 日，http：//www. br - cn. com/news/br_ news/20160611/65900. html。

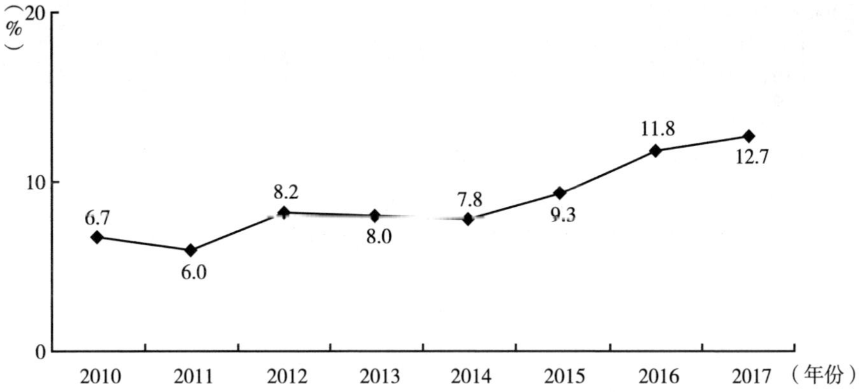

图2　2010～2017年巴西年失业率

资料来源：联合国拉美经委会网站，http：//estadisticas. cepal. org/cepalstat/Perfil_ Nacional_ Economico. html？ pais = BRA&idioma = spanish。

巴西的年失业率为11.9%，失业人数仍高达1250万。2018年第三季度的非正规就业人数同比增加了1.5%。

受国际市场矿产品、农产品、石油等初级产品价格先高后低震荡的影响，21世纪以来，巴西货物出口经历了2004～2008年的年均28%的高速增长和2012～2016年连续5年持续下滑的巨大变化，货物出口额从2011年的2555.06亿美元减少至2016年的1844.53亿美元。[①] 如图3所示，2011～2012年，巴西货物出口从26.9%的增长降至-5.1%，2015年降至-15%。导致巴西出口收入持续下降的原因主要是国际市场铁矿石、大豆、石油等大宗商品价格的持续下跌。据联合国拉美经委会的研究报告，2015年巴西出口总额下跌15.2%，其中因价格下跌引致的铁矿石、石油和大豆出口的减幅分别达45.5%、27.9%和9.9%。[②] 显然，国际市场初级产品价格的繁荣在大大提高巴西初级产品出口收入的同时，也增加了其出口的易波动性和风险性。

① 参见CEPAL，Anuario Estadistica de America Latina y el Caribe，2018。

② CEPAL，Estudio Económico de América Latina y el Caribe · 2016，Brasil，p. 4.

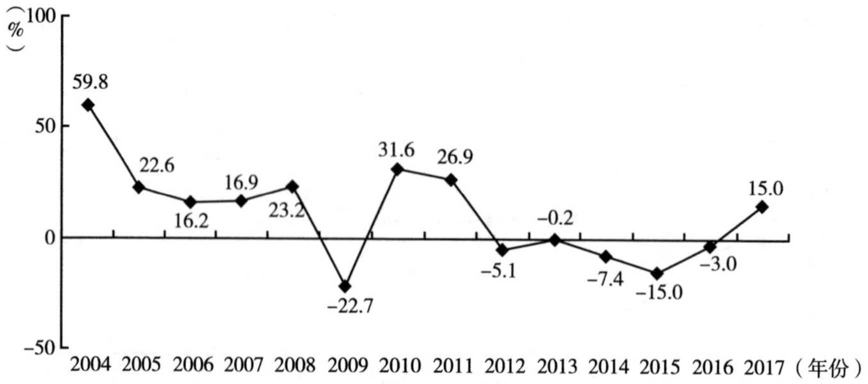

图3　2004～2017年巴西货物出口增减

资料来源：根据CEPAL，Anuario Estadistica de America Latina y el Caribe，2014～2017年数据整理。

二　巴西经济面临的主要问题

作为发展中的新兴经济体大国之一，2011年巴西GDP超过2万亿美元，一度超过英国成为世界第六大经济体。近年来，巴西经济的总体走势不佳，2014～2016年经济出现衰退。综合来看，巴西经济面临的主要问题有：以消费和信贷扩张为驱动力的经济增长模式导致了生产和基础设施长期投资不足；初级产品的繁荣使出口及投资结构均呈现初级产品化趋势，去工业化加剧；逐年加大的财政赤字率成为影响巴西宏观经济稳定运行的不利因素之一。

长期以来，巴西经济增长的主要驱动力是消费和信贷扩张，而固定资本形成总额占GDP的比重偏低，导致投资，特别是固定资产的投资对经济增长的拉动效应低，一方面制约了新生产能力的形成，另一方面使经济增长缺乏后劲。据巴西国家地理与统计局公布的数字，巴西最终消费支出占GDP的比重从2008年的78.6%上升至2016年的84.2%，而同期的资本形成率从19.4%下降至16.4%。[①] 巴西政府的投资性支出占GDP

① 《金砖国家联合统计手册（2017）》，国家统计局网站，2017年9月1日，http：//www.stats.gov.cn/ztjc/ztsj/jzgjlhtjsc/jz2017/201709/t20170901_1530135.html。

的比重更是从2010年的5.9%降至2017年的1.3%，导致基础设施投资严重不足。

按照巴西国家地理与统计局的定义，固定资本形成总额是指核算期内常驻单位购置、转入和自产自用的固定资产扣除固定资产的销售和转让后的价值，是用来衡量该国资本形成率的重要指标。[①] 表1数据显示，巴西的资本形成率长期偏低。2001～2010年该国资本形成率的平均值为17%，而同期墨西哥为22%；2011～2014年有所提高，达到21%，但2015年以来又出现下降趋势，2016年和2017年仅为16.4%和16.5%。

表1　2001～2017年巴西固定资本形成总额占GDP比重

单位：%

国家	2001年	2003年	2005年	2007年	2009年	2011年	2013年	2014年	2015年	2016年	2017年
拉美加勒比平均	18.0	16.5	18.6	19.3	19.3	21.1	21.3	20.5	17.8	17.2	16.1
巴西	16.7	14.5	15.1	17.8	18.4	21.1	21.3	20.3	18.2	16.4	16.5
墨西哥	20.2	19.7	21.3	22.3	22.0	21.9	21.5	21.5	22.1	21.7	20.9

资料来源：CEPAL, Anuario Estadistica de America Latina y el Caribe · 2018, P.209, Cuadro A－6。

近年来，巴西不仅在出口结构上呈现初级产品化趋势，而且在投资的部门流向上也表现出同样的趋势。2011年初级产品占巴西出口总收入的比重从2005年的47%增至67%，之后虽有所下降，但至2016年仍高达60.1%。与初级产品出口增长趋势相对应的是巴西制成品的出口逐年减少，特别是高附加值产品的出口，加剧了巴西的去工业化趋势。

表2数字是拉美经委会在《2018年拉美加勒比经济研究》中依据Bloomberg[②] 对拉美阿根廷、巴西、智利、哥伦比亚、墨西哥和秘鲁等6国

① 依据巴西国家地理与统计局的定义，固定资本形成总额占GDP的比重等同资本形成率。

② 彭博社（Bloomberg）是全球商业、金融信息和财经资讯的领先提供商，总部位于美国纽约市曼哈顿。

的2228家上市企业[①]的投资数据样本，从公司的行业投资视角，对这些国家固定资本投资总额的行业分布所做的分析。从表2的数据中，我们可以看出，在过去的9年间，巴西大型企业的投资集中在油气、冶金和矿业等资源密集型产业，2010～2016年平均占比高达43.8%；而化工等制造业的投资占比则比较低。[②] 由于巴西制造业固定资本投资不足，制约了制造业规模的扩张和产业的升级，其在全球产业链中处于低端位置，易受外部冲击影响，从而拖累整体经济。2005～2017年，巴西制造业在世界所占的份额从2.9%下降至2.0%。[③]

表2　2008～2016年巴西上市企业的行业投资占总投资比重

单位：%

	2008年	2009年	2010年	2011年	2012年	2013年	2014年	2015年	2016年	2010～2016年平均
油气	18.4	20.2	20.5	21.5	23.7	27.5	28.2	26.1	26.3	24.8
冶金和矿业	17.0	16.4	19.9	19.1	19.5	19.8	19.4	17.9	17.2	19.0
固网电讯	8.1	8.5	10.2	9.6	9.3	9.8	10.2	12.0	11.6	10.4
电力	23.7	16.4	14.0	13.2	9.5	9.3	8.2	7.2	7.8	9.9
食品	4.1	5.8	6.4	6.8	6.0	5.5	5.7	6.2	6.3	6.1
工业运输	3.0	3.1	3.3	3.5	3.5	4.1	3.8	4.6	4.7	3.9
化工品	3.0	2.8	3.2	3.2	2.9	3.1	2.9	3.2	3.1	3.1
其他	22.7	26.8	22.4	23.4	25.6	20.9	21.6	22.8	23.0	22.8

注：本表依据行业分类基准（Industry Classification Benchmark，ICB）的部门分类。

资料来源：根据CEPAL，Estudio Económico de América Latina y el Caribe 2018，p. 123，Cuadro II. 3整理。

① 其中，巴西的公司为1274家。

② CEPAL, Estudio Económico de América Latina y el Caribe · 2018, pp. 122 – 123.

③ 《巴西工业的世界地位下降，高科技领域受影响最大》，巴西商业资讯网，2018年10月16日，http://www.china2brazil.com/industries/3299。

巨额财政赤字成为影响巴西宏观经济稳定运行的不利因素之一。表3数据显示，2014年以来，巴西财政赤字逐渐扩大，占国内生产总值的比重从2010年的1.6%升至2015年的9.1%和2017年的7.7%，大大超过了国际公认的警戒线。由于巴西持续的巨额财政赤字、不断增长的公共债务和养老金改革立法的失败，2018年初，世界最具影响力的三家信用评级机构[①]给予巴西的评级都低于投资级别，惠誉和标准普尔等两家机构下调了巴西的主权信用风险的评级。但对巴西的评级展望均为“稳定”。

表3　2010～2017年巴西政府财政赤字占国内生产总值比重

单位：%

年份	总收入和捐赠	总支出和净贷款	财政赤字	债务利息支出	投资性支出
2010*	22.1	24.8	-1.6	3.8	5.9
2013	22.6	25.0	-2.6	—	—
2014	21.1	28.8	-5.0	4.7	1.6
2015	20.8	29.9	-9.1	7.1	1.8
2016	21.0	28.6	-7.6	5.2	1.4
2017	21.1	28.8	-7.7	5.7	1.3

注：2010年数据来源于Balance Preliminar de las Economías de América Latina y el Caribe · 2012, p. 79，Cuadro A-29。

资料来源：财政总收入、总支出和财政赤字等数据来自拉美经委会统计数据，http://estadisticas.cepal.org/cepalstat/Perfil_ Nacional_ Economico.html? pais = BRA&idioma = spanish；债务利息支出和投资性支出等数据来自CEPAL，Balance Preliminar de las Economías de América Latina y el Caribe · 2017，p. 131，Cuadro A-29。

历史性地看，一般国家需要5～10年才可能恢复自己的投资级别。就目前的巴西状况而言，需要多长时间才可能恢复，这在很大程度上取决于新政府上台后的各项政策和改革决心。后继有力还是后继乏力，这比当前经济复苏的势头更受关注。

---

① 指美国的标准普尔和穆迪投资服务公司，以及欧资的惠誉国际信用评级有限公司等三大风险评级机构。

三 巴西新政府面临的挑战

巴西新当选的总统雅伊尔·博索纳罗（Jair Bolsonaro）于2019年伊始开始其为期四年的第44届总统任期。面对经济困难、腐败和高犯罪率等巴西社会当前所面临的三大难题，博索纳罗上任后首先要做的是带领巴西摆脱当前的经济困境。[①] 具体来看，庞大的财政赤字以及财政改革、经济增长动力不足、居高不下的失业率等，都是该政府要面对的首要问题和挑战。

在财政改革上，有巴西学者认为，只有解决了财政问题，巴西才有条件实现经济增长。[②] 其原因是巴西政府目前债台高筑，2017年底巴西政府的负债率已经达到了74%，大大超出了国际公认的负债率警戒线，[③] 也远远高于新兴市场国家50%左右的平均水平。图4显示了2010～2017年巴西政府债务总额占GDP比重的走势。自2015年以来，巴西财政收支状况不断恶化，财政赤字逐年增加，2017年已经占到GDP的7.7%。借债是巴西解决财政收入不足的主要手段，致使负债率逐年加大。巴西政府每年支付的债务利息占GDP的比重已经从2010年的3.8%升至2015年的7.1%和2017年5.7%（见表3）。巨大的还本付息压力，不仅增加了货币的贬值压力，还加大了爆发政府债务危机的风险。

目前巴西政府最大的支出是社会保障和公务员工资，财政改革不在两个领域进行结构性改革，则难以推进。因此，巴西分析人士认为，巴西财政改革的难点集中在取消财政支出上限和社保支出的刚性。巴西约有90%的财

---

① 周武英：《巴西新政府重振经济课题：新政府仍将面对降低失业、赤字及债务等问题》，《经济参考报》2018年10月30日。

② 《巴西邮报》10月14日报道，瓦加斯基金会（FGV）的经济学家西尔维娅·马托斯（Silvia Matos）及卢阿娜·米兰达（Luana Miranda）发布报告称，巴西只有解决了财政问题以后才有条件实现经济增长，而这需要改革来重新恢复国家信誉。参见《学者：巴西经济2021年才能恢复至危机前水平》，南美侨报网，2018年10月15日，http：//www.br-cn.com/news/br_news/20181015/117348.html。

③ 国际上通常以《马斯特里赫特条约》规定的负债率60%作为政府债务风险控制标准参考值。

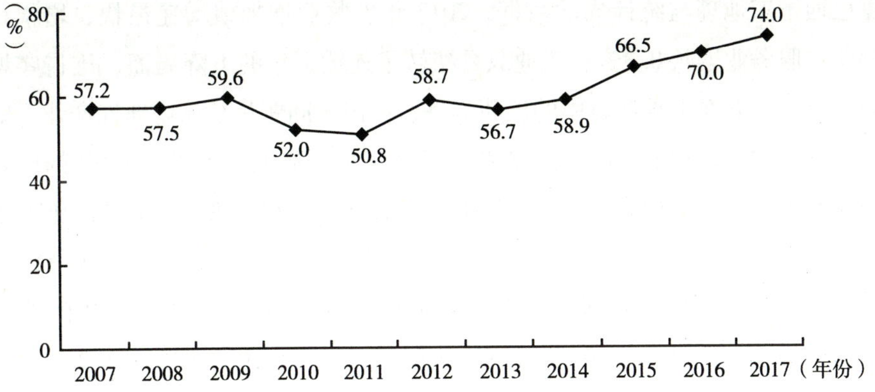

图4　2007～2017年巴西债务占GDP比重

资料来源：拉美经委会网站，http：//estadisticas. cepal. org/cepalstat/Perfil_ Nacional_ Economico. html？pais = BRA&idioma = spanish。

政支出受到法律限制，属于强制性支出。过于严格的预算限制使巴西很难减少公共开支，财政调整的复杂程度增加。① 就社保改革而言，巴西虽然是拉美国家中较早开始征收社会保障税的国家之一，社会保障税占税收总额的比重高达25%～30%，但是随着老年队伍的不断扩大，社保收支不平衡的缺口不断加大，社保赤字持续飙升。有学者指出，把巴西政府赤字拆分来看，赤字主要来自社会保障体系产生的缺口。2016年巴西社会保险金赤字已占到巴西GDP的2.8%。② 特梅尔政府曾试图实施社保改革，但反对声来自社会不同阶层，最终未能成功。目前，巴西财政支出占GDP比重已经从2013年的25%升至2017年的29%。而持续低迷的大宗商品价格以及经济的缓慢增长增加了政府收入的不稳定性，为财政改革增添难度。

如何为经济注入活力，加快经济增长速度是巴西新政府面临的又一重大挑战。2017年巴西经济止跌回升，实现了1%的年增长率。但面对国内生产总值和人均GDP连续三年的负增长，巴西经济复苏的程度仍明显不足。依

① 《穆迪：拉美国家中巴西财政预算最不灵活》，南美侨报网，2018年1月10日，http：//www. br-cn. com/news/br_ news/20180110/100732. html。

② 陈晓婉：《巴西养老改革有些举步维艰》，《经济参考报》2017年12月13日。

据巴西国家地理与统计局的数据，2017年农牧业增加值增速最快，增幅达13%；服务业增长0.3%；工业只是扭转了连续三年的下降局面，维持零增长。目前，处在艰难调整中的巴西经济，突出的问题是缺乏创新性产业，缺乏高技术和高附加值产品，经济发展后劲不足。从近十年巴西GDP的产业构成变化看，第一产业[①]的占比基本稳定在5%左右；第二产业[②]占比呈不断下降趋势，从2007年的27.2%降至2017的21.5%，其中制造业产值的占比从2000年的19.8%降至2017年的11.8%，[③] 几乎进入了增长的停滞期。巴西第三产业占GDP的比重呈增加趋势，从2007年的67.7%增至2017年的73.2%。然而，巴西服务业除了金融和运输之外，多为商业零售、旅店餐饮等低端行业，无法像发达国家那样创造更多价值。[④] 与制造业相同，服务业同样面临着产业升级的问题和困境，难以发挥出带动整体经济快速增长的重要作用。因此，如何加快经济增长方式的转型，增强经济自主性，增强经济的韧性和活力，是新一任政府执政期间必须面临的一个长期任务。

在促进就业稳定社会方面，巴西新政府将面临的问题是如何制定有效的就业政策来创造新的岗位，增加就业，缓解社会矛盾。近年来，巴西社会局势动荡不稳定。2017年4月末，巴西多个城市爆发1996年以来最大规模的示威游行，抗议特梅尔总统的劳工及养老体系改革法案。同年11月10日新劳工法正式生效之日，巴西再次爆发民众示威游行。2018年5月油价上涨一度引发卡车司机罢工潮，直接导致巴西国内经济运行受阻。新劳动法在用人制度上更为灵活，旨在通过现代化的员工管理制度的改革，为巴西创造新的就业机会。但从该劳动法启用的一年来看，效果并不如预期。2017年巴西失业人口为1323万，失业率是全球平均水平的两倍。从巴西国家地理与

① 依据巴西国家地理与统计局的统计方法，第一产业包括农、林、畜牧和渔业。

② 第二产业包括采矿业，制造业，电力、气、水和建筑业。

③ 参见拉美经委会网站，http：//estadisticas. cepal. org/cepalstat/Perfil_ Nacional_ Economico. html? pais = BRA&idioma = spanish。

④ 颜欢：《过早“去工业化”拖累巴西经济》，人民网，2014年9月4日，http：//finance. people. com. cn/n/2014/0904/c1004 -25599591. html。

统计局公布的最新数字看，截至2018年9月，巴西的季度失业率为11.9%，同比下降了0.4个百分点，但仍位居高位。

结论

综观巴西经济近十年的表现，在经历了2010～2011年的短暂反弹和复苏后，2012年巴西经济再次放缓，2014年进入衰退期，直至2017年经济出现低速增长。本次经济衰退是巴西20多年来所经历的最严重的一次。究其原因，我们可以看到，初级产品的繁荣在为巴西带来更多的收入和经济增长的同时，也使其资源的配置偏向初级产品部门，进一步加剧了巴西的去工业化趋势和经济的脆弱性。当初级产品的超期周期退潮时，巴西出口收入大幅下降，经济陷入困境，巴西经济的繁荣也随之而去。此外，由于巴西经济长期是靠消费拉动增长，固定资产投资不足，导致其经济增长后劲不足，工业和服务业都面临着产业亟待升级的困境。

2017年巴西GDP摆脱连续三年的衰退，实现了1%的增长率，年通货膨胀率降至2.9%，宏观经济指标出现向好的迹象。2018年初世界银行在其发布的《全球经济展望》报告中预期拉丁美洲最大经济体巴西2018年经济将增长2%，2019年增长2.3%。2018年9月底，巴西央行对2018年巴西经济增长预期做了调整，从1.6%下调至1.4%，其考虑的因素是交通运输部门罢工的负面影响，以及第二季度国内生产总值增长明显放缓。该报告还首次公布了2019年巴西GDP预测将增长2.4%。[①] 有巴西学者认为，2014～2016年巴西GDP累计跌幅在8%左右，如果按照年增长率2%计算，至少还需要三年的时间，也就是说至2020年，巴西GDP才能恢复到衰退前2013年的规模。

---

① 彭桦：《巴西央行下调2018年经济增长预期至1.4%》，新华社，2018年9月28日，http://world.xinhua08.com/a/20180928/1779442.shtml。

巴西新政府面临的首要任务是带领巴西摆脱当前的经济困境。但是冰冻三尺非一日之寒。巴西新政府上台后将面对财政改革、促进就业稳定社会、增强经济增长动力等诸多挑战。展望未来，巴西经济走势仍将面对政治和政策上诸多的不确定性，仍有可能对巴西经济的复苏产生负面影响。

B.10

安哥拉经济多元化发展的重要性

尚金格*

摘　要： 该篇专题报告共计分为四个部分，第一部分通过阐述2017～2018年的安哥拉国内经济与货币政策，了解两年间国内总体经济发展状况。同时，对国内货币政策走向进行分析。第二部分讲述安哥拉经济多元化的重要性，分析为什么安哥拉需要经济多元化，以及经济改革的发展方向。第三部分则通过农业、旅游业、工业三个方面，探讨经济多元化的方式方法，以及其中的优势。选择农业、工业和旅游业三个方面进行分析的原因是三个方面既有优势也有不足。比如，农业发展已经进入较为成熟的阶段，通过大量外来投资者改善农业生产条件和收入。旅游业和工业则存在一些弊端，比如，基础设施条件差，实施难度增加等。第四部分则简要阐述“一带一路”对安哥拉的影响，以及未来两国之间的经济合作和发展机遇。

关键词： 安哥拉　货币政策　经济多元化　“一带一路”

一　2017～2018年国内经济与货币政策概述

根据安哥拉国家统计局的消息，2017年安哥拉国内生产总值约1283亿

---

* 尚金格，《安哥拉国家报》记者。

美元。与2015年的1026亿美元和2016年的953亿美元相比，有少许的上升。2017年国内生产总值主要分布在几个部分：石油、矿业、渔业、农业和制造业。2017年的国家经济依旧没有改变2015年、2016年的经济颓废表现，经济负增长2.5%。不过，根据联合国《2017世界经济形势与展望》报告，2018年安哥拉经济增速约为1.9%，2019年的经济增速表现则更加出众，将会达到2.7%。①

2017年12月统计数字显示，安哥拉国内生产总值为1283亿美元（见表1），人均GDP为6205美元。由于建筑行业不景气，很多建筑类公司选择控制员工数量，导致失业率上升至20%。2018年8月，通货膨胀率达到18.56%，与2017年的26.3%相比，下降不到8个百分点。国家公共债务占到GDP的65.1%。2017年国内生产总值的赤字是5.6%。到2018年预计GDP赤字降低1%，预计占国内生产总值的3.4%。预计2019年赤字仅占GDP的1%，国家财政增长预估在9.8%。赤字的减少将直接导致国家债务的减少，并在整个经济过程中起到积极的作用，尤其是在降低国内的市场利率方面。通货膨胀率也一直在下降，官方和黑市汇率的差距已经逐渐缩小，2016年通货膨胀率是41.9%。2017年通货膨胀率已经下降至26.3%。2018年通货膨胀率下降至19.8%。

截至2018年8月，安哥拉国际净储备是10亿美元，在2017年举行选举之前的同一时间，国际净储备减少40亿美元。这些事实证明安哥拉对外汇市场采取的措施是正确的，通过采取其他措施使市场透明化，同时保证经济发展中更大的外汇供应的可预测性。从经济增长的角度来看，安哥拉的经济发展依旧处于宏观经济负面影响中，加之最近几年安哥拉石油收入处于零增长和负增长的状态，虽然及时地施加了投资，但是，安哥拉缺乏财政资源，而且在特许公司和石油公司之间也缺乏沟通的渠道，使得石油经济每况愈下。

① Armando Estrela, ONU Anuncia Crescimento do PIB de Angola em 2018, 2017/12/13, http://jornaldeangola.sapo.ao/economia/onu_anuncia_crescimento_do_pib_de_angola_em_2018_2018.

因此，最新的数据显示2017年安哥拉经济下滑，GDP增速是-2.5%。预计2018年经济增长将有小幅的反弹，这是因为非石油类经济发展迅猛，虽然，石油类经济增长萎缩约8%。预计2019年，石油类经济和非石油类经济都会显示出正增长。为支持安哥拉政府稳定和重振国民经济，自2018年10月以来，安哥拉政府与国际货币基金组织谈判一项资金项目。这个项目是基于国家宏观经济发展和2018～2022年国家发展计划的需要，把确保和加强经济改革的方针引入国内，将对安哥拉进入国际金融市场产生积极的影响。

安哥拉政府实行宏观经济政策的9个月里，取得的结果令人鼓舞。出台的措施直接使得国家预算赤字减少。根据统计，2017年安哥拉国内生产总值的赤字是5.6%。到2018年预计GDP赤字降低1%，预计占2018年国内生产总值的3.4%。预计2019年赤字仅占GDP的1%，国家财政增长预估在9.8%。[①]

进入2017下半年和2018年，安哥拉国家银行为缓解贸易出口额下降的问题，在世界银行和国际货币基金组织的建议下，安哥拉金融部门实施货币汇率浮动制政策，以应对国内经济下滑和出现的巨额赤字。安哥拉官方货币宽扎的兑换汇率从2017年9月的190宽扎兑换1美元，贬值到每244宽扎兑换1美元。安哥拉境内商业银行的兑换汇率则达到320宽扎兑换1美元。货币的贬值幅度一度达到30%之多。通过货币贬值增加出口收入，与此同时，打击境内的非法金融产业链。为国内的金融市场营造健康和可持续的商业环境。

货币政策执行方面，安哥拉国家财政战略委员会考虑到国家经济多元化和金融发展战略体制应采取更加可控的方法，未来，安哥拉金融主管部门主要把控宏观经济的稳定度，严格要求银行业、资本市场、保险业、养老金等主管部门把控存在的不平稳的经济风险。不单纯通过通货膨胀和扭曲汇率来控制经济发展速度，这样会导致很多金融、财政体系的风险。

① Joao Lourenço, Estado da Nação de presidente 2018, 2018/10/15.

表1　安哥拉经济数据

	2014 年	2015 年	2016 年	2017 年
GDP 总量(百万美元)	126730	102621	95337	128336
石油 GDP(百万美元)	45141	30893	20194	22625
非石油 GDP(百万美元)	81659	72428	76006	87987
GDP 增长比例(%)	4.1	0.9	-2.6	-2.5
通货膨胀率(%)	7.5	14.3	41.9	26.3

资料来源：安哥拉天主教大学科学研究中心。[①]

二　经济多元化的重要性

据说，安哥拉是一个商机比较多的非洲国家，很多人在这里可以找到良好的投资机会和项目。但是，我们需要注意的是，并非有机会就可以获利。因为，必须采取具体的实际行动才有可能把握住机会。比如，安哥拉的经济增长依靠外来经济投资。很多外国财团瞄准了安哥拉，他们想在这里投资兴业，但是，前提是安哥拉必须为投资人营造良好的经商环境。这方面新政府已经意识到，并且到欧洲、非洲、亚洲多国进行招商引资，开展多方位的经济投资，不单纯依靠某个行业。招商引资的同时，着重为国内中小企业提供创业基金，为民营企业保驾护航。

经济多元化对于经济单一的安哥拉来说十分重要。2009 年初，安哥拉政府在多个场合提出经济多元化的方案，直到 2014 年国际石油价格出现大幅下跌才得以实施，从政治决策层到经济研究学者们一致认为单一的石油经济使安哥拉患上“荷兰病”。如果想要摆脱就必须实现经济多元化、深层次改革和结构调整。经济多元化是否成为安哥拉经济改革的命脉？答案是一定的。2002 年，按 GDP 计算，石油收入约占 GDP 的 46%，占国家税收收入的 60%，占安哥拉出口 90% 以上。2002～2008 年，石油收入在 GDP 结构中大幅上升约占 58%，原因在于石油产量增加，石油价格大幅上涨。因此，在

① Francisco Paulo, Relatório da Economia Angola 2017, 2018/10/10.

此期间安哥拉成为世界上经济增长最快的经济体之一。[①] 从2008年起，由于全球金融危机和安哥拉经济过度依赖石油，安哥拉经济出现些许下滑，政府才开始提出经济多元化的想法。

2012~2014年，安哥拉经济对石油的依赖程度大幅下降，石油约占GDP的35%。渔业、建筑业、商业、服务业、农业和制造业部门已经大幅增长，并且在经济结构中产生了较大的影响。在2016年，石油收入占国家财政收入的三分之一，非石油类的经济，如农业和工业，占据GDP的三分之二。可以说非石油类经济成为未来安哥拉经济发展的第二、第三支柱产业。2016年之前，安哥拉决策层常常借鉴韩国、马来西亚和南非等国的经济改革模式。[②] 因为，安哥拉从这些国家的经济发展中获得很多宝贵的知识。2017年，安哥拉新总统若昂·洛伦索先生开始在公共场合提出向中国学习改革开放的经验，特别提出要向邓小平同志学习，[③] 学习中国改革开放和先进科技技术。

三　多领域实施经济多元化

1. 农业发展势头强劲，中国企业参与度高

安哥拉的农业发展可以说方兴未艾，广阔的土地给农业发展奠定坚实的基础。安哥拉是重要的农业国家，土地肥沃、河流密布、阳光充足、降雨丰富，拥有发展农业极好的自然条件。全国可开垦土地面积约3500万公顷，目前耕地面积约为450万公顷。北部为经济作物产区，主要种植木薯、咖啡、甘蔗、剑麻、花生、水稻、棉花等作物。中部高原和西南部地区为主产粮区，主要种植玉米、大豆等作物。此外，安哥拉还有广阔的牧场，自然条件十分适宜畜牧业生产。安哥拉濒临大西洋，渔业资源丰富，渔场自然条件

---

① MPLA, Processo de Diversificação da Economia Angolana não Falhou e já é um Facto, 2017/04/24, http://www.mpla.ao/mpla.6/artigos.14/processo-de-diversificacao-da-economia-angolana-nao-falhou-e-ja-e-um-facto.a1902.html.

② Alves da Rocha, Estudos sobre a Diversificação da Economia Angolana, p. 53, 2016.

③ Ver Angola, João Lourenço reve-se como Reformador ao estilo Deng Xiaoping, 2017-08-30, https://www.verangola.net/va/pt/082017/Politica/9355/.

良好，可全年作业。所以，无论是发展种植业、畜牧业，还是渔业，或农产品加工，安哥拉都具备良好的自然条件。

农业在安哥拉国民经济中地位越来越重要。安哥拉政府一直注重国家的农业发展，把恢复粮食生产力作为国家重建的重要任务，这也是过去几年安哥拉政府建设若干大规模现代化农场的原因。2015 年，安哥拉政府大力推行经济多元化战略，出台一系列吸引投资的政策。希望利用投资替代进口，引进先进生产技术和资金，优先发展农林业、渔业、畜牧业、制造加工业等行业。随着其国民经济不断发展，人口不断增加，未来对粮食需求无论是数量还是质量，都会有较大的提升。安哥拉新一届政府总统洛伦索也多次表示要大力支持本国农业发展，结束粮食进口，做到粮食自给自足。

中资企业在农业投资领域缺乏信息资源共享机制，大型企业还在观望大环境大政策，受众多因素限制，口号多于行动。民营企业灵活度高，试水多，获利少。此外，当地政府制定的很多吸引投资政策很难落实下去。中资企业缺乏海外投资管理经验、风险意识，不了解当地市场、风土人情、语言，缺乏营销策略和跨国团队等也是很大的短板。农业项目虽然不是高精尖领域，但是涉及专业众多，时间跨度大，对技术管理要求高，具有一定的特殊性，且容易受自然环境变化影响。投资企业要有布局、经营稳健、有长期战略，最好有农业项目实施经验。带动中国农业走出去，促进非洲农业现代化，如果能在融资渠道上获得帮助，将有助于企业更好更快地参与到促进非洲农业发展中去。有风险的地方同时也是机遇所在，需求决定了发展，带来了机遇和合作。当前世界粮食总产浮动较小，但全球粮食消耗逐年增加，粮食贸易量有所下降，粮食净进口国多于出口国。随着全球人口不断增加，城市化不断发展，这种全球性粮食供求矛盾将进一步加剧。

安哥拉 2016 年度水稻产量仅 3.7 万吨，但进口水稻超过 40 万吨，全年各类农产品进口超过 150 万吨，占全部进口产品的 10%，花费近 11.4 亿欧元。近几年主要粮食产品进口额持续增长，国内粮食缺口巨大。为改善安哥拉农业科技发展落后的状况，中国政府援助安哥拉政府建设农业技术示范中心，该项目于 2016 年在罗安达举行隆重开工仪式。农业技术示范中心项目是中安两国政府在农业领域的第一个合作项目，双方对此高度重视。中安两国在农业领域的合作前景广阔，潜力巨大。中国表示将一如既往地支持安哥拉农业领域发展，发挥好示范中心项目的平台作用，推动安哥拉农业现代化和经济多元化发展。安方感谢中国政府的无偿援助并表示，农业技术示范中心项目将在提升安农作物科技竞争力、为安培养农业人才、促进经济多元发展等方面发挥积极作用。

农业方面，安哥拉特别注意农业家庭的发展和农产品的销售，与国际伙伴的合作，特别是与世界银行、非洲发展银行、国际农业发展基金的合作，将帮助约 25 万小型农业从业者。于农业发展方面，优先考虑第一批建设六个农业研究中心，如现有农业科技研究院。

2. 旅游业逐步推进，提升空间巨大

当今世界，旅游业已经成为世界经济的重要组成部分之一。因此，很多国家开始把经济发展战略重心转移到旅游业方面。在经济全球化的过程中，旅游业也扮演着越来越重要的角色，甚至在某些国家，旅游业已经成为本国重要的经济支柱产业。未来，旅游业的发展仍将在中长期得到很高的提升。这是世界安全风险降低，人均可支配收入增加，跨区和跨境旅游人数不断上升的原因。

非洲国家特别是南部非洲国家的旅游业发展前景可观。谈起安哥拉的旅游发展，应先追溯到殖民地时期。早在 1975 年之前，安哥拉国内的旅游资源非常广泛，但是，当时殖民主未对旅游地区进行有规划、有组织的开发和管理，造成后来旅游业发展滞后。

1972 年的安哥拉旅游业势力非常薄弱，全国仅有 57 家宾馆、度假村。主要分布在首都罗安达、安哥拉中部城市万博、南部城市卢班戈和沿海城市洛比托，四个城市占全国宾馆数量的 54%，床铺 3934 张，仅罗安达一地就拥有 1140 张床位。

1975 年，安哥拉第一届政府成立国家旅游与酒店管理局，负责管理全国所有的旅游设施和酒店产业。1988 年，根据经济与金融发展规划，安哥拉政府与联合国世界旅游组织建立联系，从而开始对旅游业发展的重视。同年，安哥拉成立第一家名叫“安哥拉旅游”的旅行社。随后，与联合国开发计划署谈判，将安哥拉纳入南部和东部非洲旅游业发展区域项目。安哥拉旅游资源充沛，全国约有65%的土地位于高原，平均高度在1000~1600米。所以，独特的高原风景成为安哥拉靓丽的风景线。安哥拉主要的河流名叫宽扎河，本国官方货币也因此得名。这条延绵1000公里的大河贯穿安哥拉整个大地。第二大河流名叫库班戈河，共计975公里。

2014年，安哥拉政府将旅游业也纳入经济多元化的范畴内。通过发展旅游业为GDP创收，同时为当地老百姓提供更多的就业机会。根据安哥拉政府制定的《2018~2022年国家发展规划》，旅游产业将会得到更大的发展。安哥拉酒店和旅游部研究、规划与数据办公室主任公布，2017年旅游业为安哥拉创造了100亿宽扎（3030万欧元）的收益，占国内生产总值（PIB）的3.5%。然而2017年的数据较2016年120亿宽扎的收益减少了20亿宽扎（600万欧元）。这是安哥拉经济形势的不稳定导致的。游客人数方面，2017年安哥拉共接待了260961名游客，而2016年接待的游客人数则有397485名，这一数据的减少使得酒店和旅游部不得不商定议程，讨论如何防止游客数量持续减少。酒店和旅游部认为只有国家的酒店设施、道路、交通、安全、卫生、能源、水都“真正运作”起来，才能强化旅游业和旅游经济。罗安达、本格拉、威拉、万博和卡宾达是旅客的主要目的地，而安哥拉接待的游客则主要来自南非、纳米比亚和刚果民主共和国。

为给国外游客提供旅游便利，根据2018年2月20日第56/18号总统令，自2018年3月30日开始，安哥拉放开旅游签证发放工作，为全世界61个国家的公民提供落地签证。① 或者通过安哥拉移民局官方网站填写个人信息，申请办理旅游签证。同时，对南非、莫桑比克、博茨瓦纳、纳米比亚、毛里求斯岛、津巴布韦，以及新加坡公民提供免签证待遇。

不过，未来安哥拉旅游业发展依旧面临些许问题。比如，旅游基础设施

① Negocios, Visto de Turismo para Angola Facilitado e Emitido já em Luanda, 2018/02/26, https://www.jornaldenegocios.pt/economia/mundo/africa/angola/detalhe/visto-de-turismo-para-angola-facilitado-e-emitido-ja-em-luanda.

不健全，安全保障低下且价格昂贵都成为制约旅游业发展的首要问题。安哥拉酒店和旅游部部长在2018年7月参加国际展会时表示：“很多一星、二星酒店的住宿价格已经超过同等水平的四星或五星级酒店的水平。”除了住宿价格昂贵之外，旅游交通成本也非常高，尤其是近些年非常盛行的乡村游。由于公共基础设施比较薄弱，很多风景优美的地区普通交通车辆难以到达，给很多外国游客造成一些麻烦，旅游成本也会不断提升。除了接待国外游客之外，招揽安哥拉本国国民也成为很多拥有旅游名胜地区决策层的法宝。在南部地区纳米比亚省的莫桑梅德斯市（Moçamedes）旅游业区域论坛上，签署关于库内内省、宽多库邦戈省、威拉省和纳米贝省等旅游业的区域合作谅解备忘录。该项目，首先在国家级的目的是组织该地区的旅游业，并增强旅游业的活力。该谅解备忘录由四省省长在安哥拉酒店和旅游部部长布拉干萨女士的见证下签署。

鉴于每个省的潜力和特殊性，备忘录的签署将使该地区的旅游组织、居民的参与度以及旅游部门的优异表现成为可能。该计划旨在将该项目复制到全国其他省份。未来，安哥拉政府创建特定的旅游套餐，以便游客可以一次访问一个、两个甚至四个省份的旅游风景区。在威拉和纳米贝两省之间的游客人流量比较大，应当在发展两省旅游的同时，同时扩展库内内和宽多库邦戈省的旅游资源。

3. 工业发展有待提升，制造业逐步发展

与农业发展方兴未艾相比，工业发展相对滞后。工业发展在以往的经济排位中一直排在矿业之后，属于第二阶梯行业。工业方面主要是加工业较多，比如，粮食、肉类、棉花、烟草加工产业。后来，逐渐开始生产白砂糖、啤酒、水泥和木材等。2018年，安哥拉新政府开始重视工业项目，为国家减少外汇支付、增加就业率做贡献。安哥拉工业生产指数显示，2018年第一季度工业发展比例与去年同期相比负增长2.6%，从2015年开始，安哥拉工业发展便处于增长动力乏力的状态。

安哥拉国家统计局2018年第一季度工业税报告指出，上半年工业方面主要是石油、天然气、钻石和矿业开采的数量出现下降，导致工业税税收出现大幅的减少。虽然，四大传统行业的工业税收出现下降，但是，值得关注的是石油类附属产品、化工品工业税收增加 54.4%，饮料产业的工业税增加 25.9%。[①] 2018 年第一季度，水和电的工业税分别增加 1% 和 35%，与 2017 年同期相比，2018 年两个行业的从业者分别下降 1.8% 和 2.5%。上述数据是安哥拉国家统计局在全国约 401 家企业当中调查获得。

2002 年结束内战后，便开始着手发展工业项目。从葡萄牙、巴西、南非等国引进一批工业项目。比如，啤酒厂、水泥厂、木材厂、石油冶炼厂，以及大型的糖厂。从 2009 年开始，安哥拉中央政府开始在每个省份划分工业园区，为当地和外来的投资者创造良好的营商环境。安哥拉最大的工业园区和经济特区都位于罗安达城的南部，占地面积约合 3000 公顷。园区内不仅有当地企业，还有葡萄牙、巴西、中国、美国、南非等国的商业企业。近些年，有很多中国企业也开始入驻工业园区办厂从事制造业。比如，造车厂、钢铁厂、玻璃厂、管材厂、建材加工厂、日用品企业等。2018 年 7 月，安哥拉总统若昂·洛伦索在参加罗安达国际展览会期间，参观罗安达现有的工业设施，并公开表示未来工业发展是国家发展的重中之重。只有工业发展才能缓解外汇紧张，同时，通过工业发展为安哥拉当地提供大量的就业机会。

根据 2018 年安哥拉国家预算报告，预计 2018 年安哥拉全国的工业收入将总体增加约 1.8%，因为，在此期间建设了很多新的工业设施和工厂。同时，报告中也承认外汇管制和汇率不稳定会给工业长期稳定发展带来一些风险，但是，在安哥拉官方货币宽扎通过货币改革之后，会给工业发展稳定注入向好的因素。

虽然，现阶段安哥拉工业生产依旧处于薄弱状态，必须依靠外汇购买，但是，国内的大宗商品，如水泥、钢铁、饮料都开始逐步向临近的刚果（金）、纳米比亚、刚果（布）等国进行出口创汇。安哥拉全年水泥需求量

① Lusa, Produção Industrial em Angola Inicia Terceiro ano no "Vermelho", 2018/07/09, http://www.angonoticias.com/Artigos/item/58407/producao-industrial-em-angola-inicia-terceiro-ano-no-vermelho.

约600万吨，而现在安哥拉全国水泥厂的生产总量已经超过800万吨，剩余的部分完全可以向就近的国家出口。除水泥之外，饮料和啤酒也成为工业发展中的佼佼者。大量的饮料和啤酒也已开始出口创汇。安哥拉全国共计40家饮料和啤酒厂，主要生产矿泉水、软饮、啤酒等。饮料行业增长率每年达到3%，直接提供14000个工作岗位，间接提供工作岗位45万个。这些饮料厂主要分布在罗安达维亚纳工业园区、Bom Jesus区、北宽扎省卢卡拉（Lucala）、威热省的内卡热（Negage）、万博省卡拉（Caala）、本格拉省卡顿贝拉（Catumbela），以及卡宾达省福蒂拉（Futila）。①

未来，安哥拉政府积极寻求外部资金支持大力发展“安哥拉制造”，希望通过工业发展摆脱工业产品依靠进口的窘境。工业在经济多元化的进程中扮演着重要的角色。

四　经济改革向中国学习，“一带一路”为安哥拉带来希望

从2018年始，安哥拉总统在出访欧洲三国时，在多个外交场合对外表示安哥拉会借鉴中国的发展经验，更要好好学习邓小平时期改革开放的宝贵知识。因此，很多西方媒体把若昂·洛伦索称为“安哥拉的邓小平”。②2017年安哥拉新总统若昂·洛伦索开始对财经、金融部门进行大刀阔斧的改革，对前政府实施的经济政策进行评估，对不适用于安哥拉经济模式的即时进行整改。对于工业、制造业、农业、渔业、矿业等方面进行适当修改。2018年初，安哥拉政府为吸引外国商人投资，对原有的私人投资法进行大篇幅的修改，其中删除某些行业必须拥有当地股东的条款。外国人在安哥拉拥有居住证即可向商业部门提出注册公司的申请。更加开放的投资政策和适当的经商环境为很多外国商人提供了良好的投资机会。

---

① Jornal Angola, Sector Industrial Registou Níveis Próximos da Expansão, 2018/03/11, http://jornaldeangola.sapo.ao/economia/sector_industrial_registou_niveis_proximos_da_expansao.

② JCRC, João “Deng Xiaoping” Lourenço, 2017/08/30, https://angonomics.com/2017/08/30/joao-deng-xiaoping-lourenco/.

2018年9月3日召开的中非论坛北京峰会上，安哥拉总统洛伦索表示："三十五年的时间对于两个国家实现双边合作仍是一个不长的时间，我们期望中安两国间的合作能越来越深入，能够实现双赢，同时我们也相信，两国的经济合作能够收获使双方都满意的成果。""一带一路"为安哥拉发展带来新机遇，期望中安两国合作更加深入。虽然，安哥拉不在"一带一路"沿线覆盖范围内，但是，安哥拉需要各种与中国经济合作的机会。

总结

经济多元化是很多经济单一国家的主要发展策略。因为只有通过多方面、多行业经济发展，活跃经济指数，才能刺激国家财政收入增加，改善老百姓的居住和生活条件。经济多元化与中国的改革开放有相似之处，但是，也存在很多不同的地方。比如，两个国家的经济体制、结构、规模、环境等都存在不同。安哥拉政府在矿业、农业、建筑业、渔业、工业方面已经探索出自身的经济模式，并通过各方探讨和合作寻求更加合理的经济政策。经济多元化是国家经济发展的重要手段，也是增加国家财政收入和提升就业率最直接有效的方法。

国别报告

Reports on Certain Countries

B.11 安哥拉共和国

贾　丁*

摘　要： 2018年，若昂·洛伦索总统继续推行反腐运动，巩固权力。安哥拉在公共卫生和社会治安等领域形势严峻，洛伦索政府面临巨大挑战。国际油价有所回暖，安哥拉经济改革初见成效，但仍然任重道远。洛伦索积极通过首脑外交寻求经济援助，安哥拉获得国际货币基金组织强力支持。中国与安哥拉合作硕果累累，未来合作将更加注重经济发展的造血功能。

关键词： 安哥拉　经济改革　中安关系

* 贾丁，中国国际问题研究院助理研究员。

2017 年 9 月，安哥拉前国防部长若昂·曼努埃尔·贡萨尔维斯·洛伦索（João Manuel Gonçalves Lourenço）在其政党安哥拉人民解放运动（MPLA，以下简称“安人运”）赢得大选后，接替若泽·爱德华多·多斯桑托斯（José Eduardo dos Santos）被任命为总统。在这次大选中，安人运的支持率下降了 20%，而反对党争取安哥拉彻底独立全国联盟（Unita）和安哥拉广泛救助同盟（CASA-CE）的支持率则分别上升了近 10%，但安人运的执政地位依然稳固，仍牢牢控制着安哥拉的政治和经济命脉。

2018 年 9 月，洛伦索当选为安人运新一任主席，完成了国家元首和执政党主席的权力统一。这位新总统有意在 2020 年举行安哥拉历史上第一次地方选举（municipal elections），并在不借助财政援助的情况下，通过国际货币基金组织（IMF）的技术手段恢复安哥拉财政稳定，同时，建立健全有利于投资者的商业法律法规，促进经济恢复正常运行。在多斯桑托斯执政末期，石油危机、地方性腐败以及限制外国投资者的立法严重损害了安哥拉的商业声誉，但这一情况随着新政府放弃固定汇率、发展石油化工等措施而有所改善。

一　反腐赢得舆论好评，公共领域面临挑战

洛伦索就任总统后强力打击腐败，他推行的反腐和投资优惠政策正在改善安哥拉高风险的营商环境，对于潜在投资者来说，安哥拉比该地区其他有类似信贷风险的国家更具吸引力。洛伦索对多斯桑托斯家族成员的腐败问题调查追责，并将自己的亲信安插在多个重要位置上，都体现出洛伦索是要真心改变国家面貌，而不仅仅是要发起一场运动来巩固自己的地位。多斯桑托斯执政 38 年，在安人运内部形成了庞大的保守利益集团。洛伦索的改革势必影响到这些既得利益者，有可能使自己的支持者与多斯桑托斯的支持者相对立，进而增加安哥拉政治形势和改革进程的不确定性。与此同时，洛伦索政府在卫生、治安和科技等社会公共领域也面临严峻的考验。

在政府内部问题上，洛伦索上任不久，就将多斯桑托斯的女儿伊莎

贝尔和儿子菲洛梅诺分别从安哥拉国家石油公司（Sonangol）董事长和安哥拉主权基金董事会主席的职务上免职。2018 年 3 月，安哥拉央行前行长瓦尔特·菲利佩·达席尔瓦（Valter Filipe da Silva）被指控向海外非法转移 5 亿美元资金，菲洛梅诺后被指控与达席尔瓦同谋，并因腐败指控而被预防性拘留，其腐败案所涉金额达到 15 亿美元。① 而路透社报道，伊莎贝尔也在同一时间卷入一宗涉及 3800 万美元的贪腐丑闻中，尽管她本人极力否认，但安哥拉检察院已表示，将对此事件展开调查。② 而在此期间，多斯桑托斯的另外两位亲信安布罗斯·德莱莫斯（Ambrósio de Lemos）和安东尼奥·何塞·玛丽亚（António José Maria）也分别被洛伦索从国家警察总司令和军情局局长的职务上免职。③ 2018 年 7 月，安哥拉财政部发布公告称，19476 人被从国家财政管理综合系统（Sistema Integrado de Gestão Financeira do Estado）的公务员名单中移除。这些被移除的人员大多涉嫌伪造身份、领取空饷，包括把文盲注册为教师、胎儿注册为公务员、孩童注册为高级官员等。④

安哥拉在卫生和治安等方面的情况则继续恶化。安哥拉卫生部统计数据显示，2018 年全国发生疟疾病例 300 万例，其中 7356 例登记死亡，发病率比 2017 年降低约 1/3，死亡率降低了近一半，但疟疾仍然是安哥拉主要的

---

① “Angola's Former Central Bank Governor Under Probe for 500 mln USD Fraud,” 新华网，http：//www. xinhuanet. com//english/2018 – 03/16/c_ 137044093. htm，2019 年 1 月 28 日；“Angola-Ex-President's Son Detained Over ＄1. 5 Billion Corruption Case,” AllAfrica，https：//allafrica. com/stories/201809250005. html，2019 年 1 月 28 日。

② “Angola's Isabel dos Santos Denies Graft Allegations by Oil Firm Chief,” Daily Mail，https：//www. dailymail. co. uk/wires/reuters/article – 5463495/Angolas – Isabel – dos – Santos – denies – graft – allegations – oil – firm – chief. html，2019 年 1 月 28 日。

③ “Angola's Lourenco Replaces Police and Intelligence Chiefs,” Daily Mail，https：//www. dailymail. co. uk/wires/reuters/article – 5100687/Angolas – Lourenco – replaces – police – intelligence – chiefs. html，2019 年 1 月 29 日。

④ “Governo de Angola Retira Quase 20 mil Pessoas da lista dos Funcionários Públicos,” Macauhub，https：//macauhub. com. mo/pt/2018/07/16/pt – governo – de – angola – retira – quase – 20 – mil – pessoas – da – lista – dos – funcionarios – publicos/，2019 年 1 月 29 日。

致死原因，也是当地人上学和工作缺勤的重要原因。① 此外，2018年安哥拉各地还先后出现霍乱、疥疮、李斯特菌病等疫情，同时，刚果（金）爆发的埃博拉疫情也有向安哥拉蔓延的趋势。安哥拉卫生部部长西尔维亚·保拉·瓦伦廷·卢图库塔（Silvía Paula Valentim Lutucuta）表示，目前安哥拉仅有6400名医生，即平均每4400人拥有1名医生，远未达到世卫组织建议的平均每1000人拥有1名医生的标准。②

安哥拉国家警察局统计数据显示，2018年首都罗安达省共发生27065起刑事案件，较2017年增加15517起，其中已经查清的案件有12546起，共逮捕15086名犯罪嫌疑人（较2017年增加7134人），缴获枪支547支（较2017年增加102支），扣押车辆1465辆（较2017年减少1238辆），扣押摩托车4280辆（较2017年增加1577辆）。安内政部发言人马特乌斯·罗德里格斯（Mateus Rodrigues）表示，在过去几年，财物偷盗、车辆盗窃、蓄意杀人、入室抢劫、蓄意伤人等刑事案件时有发生，有些刑事案件刻意针对外国公民，这也导致外国公民在安工作和生活缺乏安全感。③

在本应取得重大突破的科技领域，安哥拉也遭遇滑铁卢。2018年4月，安哥拉电信与信息技术部部长若泽·德卡瓦略·达罗沙（José Carvalho da Rocha）宣布，该国第一颗卫星因运行出现问题，导致任务失败。这颗卫星名为"AngoSat-1"，是安哥拉和俄罗斯于2009年达成卫星项目合作协议，并于2012年开始实施制造的，原计划于2018年4月正式投入商业运营，以改善安哥拉的通信和电视广播服务质量。④ 此次任务失败后，达罗沙宣布安哥拉将继续与俄罗斯合作，再造一颗新卫星，预计耗时一年半。

① "Angola Reduces Malaria Deaths by Half," Prensa Latina, https://www.plenglish.com/index.php?o=rn&id=37639&SEO=angola-reduces-malaria-deaths-by-half，2019年2月22日。

② 《安哥拉每4400人仅拥有1名医生》，中华人民共和国驻安哥拉共和国大使馆经济商务参赞处，http://ao.mofcom.gov.cn/article/sqfb/201801/20180102704803.shtml，2018年12月3日。

③ 《2018年安哥拉刑事案件数量翻倍》，中华人民共和国驻安哥拉共和国大使馆经济商务参赞处，http://ao.mofcom.gov.cn/article/sqfb/201902/20190202833089.shtml，2019年2月1日。

④ 《安哥拉宣布首颗卫星任务失败》，新华网，http://www.xinhuanet.com/world/2018-04/23/c_1122729673.htm，2018年12月2日。

二 改革初见成效，依旧任重道远

根据目前公布的各项经济数据，安哥拉的经济形势没有明显好转，虽然遏制住了进一步恶化的趋势，但并不足以稳固洛伦索的执政地位。2018 年 11 月，安哥拉经济与社会发展国务部部长曼努埃尔·若泽·努内斯·儒尼奥尔（Manuel José Nunes Junior）表示，截至 10 月底，安哥拉外汇储备余额为 116 亿美元，较 2018 年初减少 19 亿美元，由于 2013 年至 2017 年政府收入增长不及支出增长，造成持续财政赤字，2016 年财政赤字占国内生产总值（GDP）的比重为 3.7%，2017 年升至 6.3%。而随着持续的财政赤字，安哥拉的政府债务也不断上升，2017 年安哥拉的政府债务达到了 785.7 亿美元，占国内生产总值的 71.04%。为了扭转政府债务整体增长的趋势，洛伦索政府于 2018 年 1 月批准了《宏观经济稳定方案》（Programa de Estabilização Macroeconómica），希望将 2018 年的财政赤字降至国内生产总值的 0.4%，并在 2019 年实现 1.5% 的财政盈余。[①] 而根据安哥拉财政部债务司司长公布的最新数据，截至 2018 年 11 月底，安哥拉政府债务余额为 695 亿美元。[②]

安哥拉石油、钻石等传统经济支柱产业表现有所回升，但洛伦索政府要采取更有力的政策回应民众的需求。2018 年，安哥拉石油出口相关税收达到 3.33 万亿宽扎（约合 106.81 亿美元），同比翻了一番，其中石油利得税为 2615.6 亿宽扎、石油开采税为 1251.5 亿宽扎、石油交易税为 21.6 亿宽扎。2018 年，安哥拉实际石油出口量较 2017 年有所减少，

---

① “Reservas Internacionais Líquidas de Angola Perdem 7, 3 mil Milhões de Dólares em 12 meses,” Macauhub, https://macauhub.com.mo/pt/2018/11/30/pt-reservas-internacionais-liquidas-de-angola-perdem-73-mil-milhoes-de-dolares-em-12-meses/，2019 年 1 月 1 日；“Dívida Pública de Angola Atinge 78, 57 mil Milhões de Dólares em 2017,” Macauhub, https://macauhub.com.mo/pt/2018/10/25/pt-divida-publica-de-angola-atinge-7857-mil-milhoes-de-dolares-em-2017/，2019 年 2 月 1 日。

② “Estado Angolano deve 69, 5 mil Milhões de Dólares,” Macauhub, https://macauhub.com.mo/pt/2018/11/19/pt-estado-angolano-deve-695-mil-milhoes-de-dolares/，2019 年 1 月 3 日。

从5.96亿桶降至5.37亿桶，跌幅超过5800万桶，整体税收之所以能倍增，是因为2018年国际石油价格由2017年的每桶52.03美元上升至70.34美元。[①]

2018年，安哥拉共开采钻石943万克拉，创汇达12亿美元，产量及收入较2017年都有所上升，这得益于洛伦索政府2018年7月通过的新政策——结束“优选客户”的垄断[②]，鼓励更多投资进入钻石开采领域，并容许采钻企业在安哥拉钻石贸易公司的监督下直接向客户销售自己的产品（不超过60%）。[③] 而自2018年9月起，安哥拉国家警察局、边防警察局、犯罪调查局和移民局联合开展打击非法移民和非法开采钻石的“透明行动”，已遣返超过18万名在安非法滞留的外国人，缴获部分枪支、大量用于开采钻石的车辆、机械设备和非法开采的钻石，关闭120多家钻石贸易商店，收缴赃款60多万美元。安哥拉通讯社报道，“透明行动”将持续两年。[④]

为积极进行宏观调控，洛伦索政府先后出台投资、关税等领域的法规政策。2018年3月，洛伦索政府撤销了原有的“私人投资技术局”、“投资促进局”和“私人投资支持技术局”，将其职能并入新成立的“私人投资出口促进局”，旨在为私人投资提供审核投资申请、成立公司、申领许可证照的前期准备等一站式服务。[⑤] 5月，安哥拉国民议会审议并通过新版《私人投资法》（Lei do Investimento Privado）。旧版法律规定在安哥拉电力和水利、酒

① “Angola Duplica Receita com a Exportação de Petróleo em 2018,” Macauhub, https: //macauhub. com. mo/pt/2019/01/17/pt - angola - duplica - receita - com - a - exportacao - de - petroleo - em - 2018/，2019年1月30日。

② 此前，只有“优选客户”（为数有限的公司）有资格与政府签署合约，这些公司垄断了整个钻石行业的产出。

③ “Angola produz 9，43 Milhões de Quilates de Diamantes em 2018,” Macauhub, https: //macauhub. com. mo/pt/2019/01/16/pt - angola - produz - 943 - milhoes - de - quilates - de - diamantes - em - 2018/，2019年1月30日。

④ 《安哥拉开展打击非法移民专项行动》，中华人民共和国驻安哥拉共和国大使馆经济商务参赞处，http: //ao. mofcom. gov. cn/article/sqfb/201810/20181002794032. shtml，2019年1月30日。

⑤ 周瑾艳：《洛伦索时代的安哥拉及其对中安关系的影响》，《世界知识》2018年第21期。

店和旅游、交通和物流、土木工程、通信、信息技术和公共传媒等领域的外国投资，需同安哥拉公民、公共或私人企业合资，且安方持股不得少于35%，并有效参与管理。此前，这项规定被认为是限制外国投资的重要因素，新版法律删除了这一规定，以增加对安哥拉投资的吸引力。新版法律还要求外国私人投资者必须雇用安籍员工，向其提供必要的职业培训以及符合其资质的工资及社会福利，并禁止任何形式的歧视；外国私人投资者可依据现行法律雇用合格的外籍员工，但应严格执行对当地技术人员的培训计划，以便这些岗位逐步由安籍员工替代；同时，外国私人投资者进行投资项目登记时，注册投资项目文件必须包含安籍员工培训和其逐步替代外籍员工计划。①

2018 年 8 月，安哥拉新海关税则（2017 版）正式生效。新税则是在综合考虑政府宏观经济政策、促进生产和经济多元化基础上制定的。2017 版税则采用了世界海关组织《商品名称与编码协调制度》，包括清关流程和商品税率两部分。清关流程的最大变动就是引入了提前申报机制。据介绍，有 2475 种产品免征进口税和消费税，126 种商品的进口税率较以前有所增加，635 种商品的进口税率有所降低。免征进口税的商品主要包括基本食品（豆类、食用油、牛奶、玉米和大米）、药品、医疗设备、医疗耗材、用于工业生产的小型机器、用于市政建设的机器和设备、采矿用机器和设备、18 座以上客车和货车。新的税则还禁止出口没有加工过的原木、千岁兰和大黑羚羊。②

三　“开源节流”的外交活动

洛伦索政府的外交活动旨在获得更多的经济援助和支持。2018 年 8 月，

① “Nova Lei do Investimento Privado de Angola Elimina Exigência de Parceiro Local,” Macauhub, https：//macauhub. com. mo/pt/2018/05/18/pt - nova - lei - do - investimento - privado - de - angola - elimina - exigencia - de - parceiro - local/，2019 年 1 月 30 日；《安哥拉私人投资法（中文参考译文）》，中华人民共和国驻安哥拉共和国大使馆经济商务参赞处，http：//ao. mofcom. gov. cn/article/ddfg/201809/20180902783893. shtml，2019 年 1 月 30 日。

② 《安哥拉新海关税则生效》，中华人民共和国驻安哥拉共和国大使馆经济商务参赞处，http：//ao. mofcom. gov. cn/article/sqfb/201808/20180802774567. shtml，2018 年 12 月 4 日。

洛伦索政府向国际货币基金组织提出就“延伸贷款”① 框架下推行的经济计划进行商讨，并要求国际货币基金组织调整对安支援方案——增加一项融资安排。安哥拉通讯社引述，洛伦索认为尽管安哥拉的改革千真万确，但缺少国际金融机构的“印信”，而国际货币基金组织为安哥拉提供贷款将会增强安经济改革的可信性。12 月，国际货币基金组织总干事拉加德在安哥拉首都罗安达宣布，该组织将向安哥拉提供 37 亿美元贷款，支持安哥拉的经济改革，并促进以私营部门为主导的经济增长。此前，安哥拉一共从国际货币基金组织获得约 10 亿美元的援助，而这笔新批准的贷款也是国际货币基金组织有史以来向撒哈拉以南非洲国家提供的最高额贷款。②

与此同时，洛伦索政府一系列旨在加强合作和吸引外资的外事活动，也筹集了约 112 亿美元的资金，包括通过英国出口融资机构（UKEF）筹得的 5 亿美元、法国农业信贷银行（Crédit Agricole）提供的 5 亿美元信贷、德国复兴信贷银行（KfW）提供的 5 亿美元信贷以及葡萄牙信贷保险公司（COSEC）提供的超过 5 亿欧元的贷款。此外，中国国家开发银行、工商银行和进出口银行还分别向安哥拉提供了 20 亿美元、35 亿美元和超过 6.2 亿美元的贷款。③

洛伦索政府还寻求通过加入国际组织的方式获得贷款援助。2018 年 6 月，时任英国外交大臣鲍里斯·约翰逊（Boris Johnson）在社交媒体推特（Twitter）上表示，安哥拉将申请加入英联邦。洛伦索在接受欧洲新闻电视台（Euronews）采访时表示：“如果我们现在想要加入法语国家联邦，不要

---

① “延伸贷款”（Extended Fund Facility）是国际货币基金组织为帮助会员国解决长期结构性国际收支逆差而设立的一种贷款，贷款期限为 4 ~ 10 年，备用安排期限为 3 年，又称为中期贷款。

② “Angola Recebe o maior Empréstimo Concedido pelo FMI a Países de África a sul do Saara,” Macauhub, https://macauhub.com.mo/pt/2018/12/21/pt-angola-recebe-o-maior-emprestimo-concedido-pelo-fmi-a-paises-de-africa-a-sul-do-saara/，2019 年 1 月 30 日。

③ “Economic Diplomacy Mobilises USD 11.2 Million,” Angop, http://www.angop.ao/angola/en_us/noticias/economia/2018/9/42/Economic-diplomacy-mobilises-USD-million,23e9012b-7b5d-488e-8ad7-59faa5382bcb.html，2018 年 12 月 2 日。

感到惊讶；几天后我们也要求加入英联邦，因为安哥拉不仅受葡萄牙语国家影响，也受法语和英语国家影响。”洛伦索回顾了葡语国家共同体成员国莫桑比克的情况，“它被英语国家、马拉维、坦桑尼亚和南非包围，最终加入英联邦”。英国首相特雷莎·梅的贸易特使林赛·诺索弗（Lindsay Northover）在《安哥拉日报》（*Jornal de Angola*）发表评论称，对安哥拉有兴趣加入英联邦感到高兴，并指出，英国出口融资机构（UKEF）目前最多可提供7.5亿英镑用于支持安哥拉的项目。[①]

此外，洛伦索政府暂停了部分驻外使领馆的运作，直至政府财政状况有所改善。2018年1月，安哥拉外交部部长曼努埃尔·多明戈斯·奥古斯托（Manuel Domingos Augusto）向媒体透露，安哥拉正在研究关闭9个大使馆、至少16个总领馆以及驻中国、美国、葡萄牙、巴西等国的商务代表处，并让75岁以上的外交官退休。[②] 9月，奥古斯托再次宣布，安哥拉计划在2019年11月之前关闭8个驻外使领馆，包括驻墨西哥、希腊、加拿大和葡语国家共同体的大使馆以及驻南非德班、德国法兰克福、美国加利福尼亚和葡萄牙法罗的领事馆。[③]

四 中安关系稳步向前发展

2018年是中国与安哥拉建交35周年，中安关系在洛伦索执政后继续稳步推进。2018年9月，洛伦索率领大规模代表团出席中非合作论坛北京峰会，

---

① “Adesão de Angola à Commonwealth dá os Primeiros Passos em Setembro,” Macauhub, https://macauhub.com.mo/pt/2018/07/18/pt-adesao-de-angola-a-commonwealth-da-os-primeiros-passos-em-setembro/, 2018年12月3日。

② “Angola: Minister Confirms Downsizing of Diplomatic Missions Abroad,” Angop, http://www.angop.ao/angola/en_us/noticias/politica/2018/0/4/Angola-Minister-confirms-downsizing-diplomatic-missions-abroad,8a5a6082-2b38-4335-bb3e-44c62503095e.html, 2019年5月29日。

③ “Angola Encerra Embaixada Junto da Comunidade dos Países de Língua Portuguesa,” Macauhub, https://macauhub.com.mo/pt/2018/09/11/pt-angola-encerra-embaixada-junto-da-comunidade-dos-paises-de-lingua-portuguesa/, 2018年12月3日。

明确表示“一带一路”将为安哥拉带来新的机遇。10月，应习近平主席邀请，洛伦索对中国进行国事访问。访问期间，双方签署了一系列协议，中方还将向安方提供贷款以推动洛伦索政府的“支持生产、出口多样化和进口替代计划”（PRODESI）。安哥拉通讯社称，一些优先项目已经确定，包括公共安全综合中心第二期、新的会议和酒店中心、罗安达供水系统、曾佐（Zenzo）水电站，连接万博（Huambo）、威拉（Huíla）和纳米贝（Namibe）三省的中高电压线路，扎皮—卡库索（Zapi-Cacuso）铁路线、卢阿卡诺—任贝（Luacano-Jimbe）铁路线、本格拉铁路、一个公路复兴计划和新的海军基地。①

当前，安哥拉是中国在非洲的重要工程承包市场，而安哥拉的大型基础设施建设也需要中国的支持。2018年，中铁国际集团有限公司为安哥拉完成卡宾达供水项目和120国道项目两项基建工程。卡宾达供水项目是安哥拉自1975年独立以来建设的最大供水工程，合同总价8884万美元，工期23个月。项目设计新建4座5550立方米大型蓄水池及4座水塔、公共取水点近300处、入户及庭院供水近30000处，工程完工后可为15万居民送去洁净的水源。安哥拉120国道项目位于安哥拉宽扎省，线路全长52.18千米。该项目路面日前全线铺通，标志着该项目主体工程提前3个月完工。安哥拉建设部部长称该项目全线铺通对于加强南宽扎同首都罗安达的交通环境改善、促进当地经济发展具有重要意义。②

2018年10月，由中铁二十局集团有限公司总承包施工的安哥拉万博省卡旗古—西俩姆（Catchiungo-Chinhama）公路全线贯通，由其承建的奎托（Quito）机场工程的综合建设进度也完成了95%。卡旗古—西俩姆公路位于万博省东南部，全长74.7千米，是连接安哥拉中、东部两条干线的重要纽带，对带动沿路经济发展和社会和谐稳定具有重要作用。奎托机场建成后，

① “China's Funding Represents a Gain for Angola,” Angop, http://www.angop.ao/angola/en_us/noticias/politica/2018/9/41/China-funding-represents-gain-for-Angola, e70df295-c83c-4ae4-a260-1206a387c5bc.html，2018年12月2日。

② 《中企承建三项非洲基建工程主体完工》，中国新闻网，http://www.chinanews.com/cj/2018/09-06/8620205.shtml，2018年12月2日。

将成为安哥拉目前除首都新国际机场（在建）外，规模最大、功能最先进、现代化程度最高的机场，该机场是构建安哥拉综合交通运输体系的重要一环。中铁二十局团队在项目建设的同时，还积极履行社会责任，为当地民众提供了超过500个就业岗位，并定期对当地工人进行专业施工技能和相关管理培训。① 同年5月，由中铁二十局主导的安哥拉铁路职业技能培训学校举行揭牌仪式，该校旨在为本格拉铁路输送测量、电务、线路维护等方面技能人员，以保证铁路营运正常化，计划每年向铁路输送铁路行车调度管理、人工起拨道、大养机养道、线路、道岔养护等方面技能人才500名。该校是目前安哥拉外企主办的唯一一所铁路职业技能培训机构。安哥拉交通部相关人员表示将为该校职业培训资质提供行业认证，学校毕业学员将获得由铁路行业主管部门颁发的职业技能资格证书。②

中安经贸关系同样面临转型升级，在安中资企业不仅在基础设施建设领域取得出色成绩，在农业发展等领域也实现了可喜突破。2018年11月，中国驻安哥拉大使崔爱民赴万博省考察时称，愿与安方共同努力，认真落实两国元首北京会晤期间所达成的重要共识，进一步加强农业技术培训和教育等领域合作，帮助安哥拉开发农畜牧业潜力，带动当地经济发展。安哥拉中国总商会（Câmara do Comércio Angola-China）常务副会长陈永保在接受《安哥拉国家报》（*O País*）采访时也称，当前土木工程项目的投资退潮，意味着安哥拉的中资企业已将精力转移至农业等领域。③

2018年11月，农业农村部国际合作项目"助企出海"中非农业技术培训安哥拉项目在江苏农牧科技职业学院安哥拉农牧类人才培训基地——江州

① 《安哥拉卡旗古公路全线贯通》，中铁二十局集团有限公司，http：//cr20g. crcc. cn/art/2018/10/16/art_ 6712_ 2744861. html，2019年2月2日；《安哥拉南部地标性建筑——奎托机场航站楼拔地而起》，中铁二十局集团有限公司，http：//cr20g. crcc. cn/art/2018/10/28/art_ 6712_ 2775926. html，2019年2月2日。

② 《集团公司首个海外培训学校揭牌》，中铁二十局集团有限公司，http：//cr20g. crcc. cn/art/2018/5/8/art_ 6711_ 1901635. html，2019年2月2日。

③ "Empresas Chinesas em Angola estão a Investir na Agricultura," Macauhub，https：//macauhub. com. mo/pt/2018/11/28/pt - empresas - chinesas - em - angola - estao - a - investir - na - agricultura/，2019年1月1日。

农业科技发展有限公司万博农场举行开班仪式，这是中国农业高校首次走进安哥拉开展技术培训。该项目面向在安中资企业技术人员、万博省农业技术人员等，开设作物生产技术和养殖技术 2 个培训班，对 40 名学员开展 80 课时的系统化培训，并将辐射推广至 600 多名一线技术人员，以提高学员们的农牧业生产技术和管理能力，促进中安农牧业合作。① 同月，安哥拉幸运人集团登盈农业科技有限公司和安徽省宏大养殖有限公司签署协议，就生猪养殖项目达成合作。该项目位于幸运人集团登盈农场，占地总面积 1000 公顷，总投资 1 亿美元，包括建设现代化养猪场、全机械化深加工基地以及引进国外优质种猪资源。项目完成后预计年出栏生猪 40 万头，年产猪肉 4 万吨，可基本满足安哥拉国内猪肉进口需求。②

① 《我校在安哥拉启动农业农村部“助企出海”中非农业技术培训》，江苏农牧科技职业学院，http：//www. jsahvc. edu. cn/s/1/t/147/15/6e/info71022. htm，2019 年 1 月 1 日。

② 《安哥拉幸运人集团生猪养殖项目达成合作》，非洲侨网，http：//www. qiaowang. org/hqhr/hrgs/9485. html，2019 年 2 月 3 日。

B.12

巴西联邦共和国

周志伟*

摘　要： 选举是主导2018年巴西政治形势的核心内容，随着博索纳罗和其所属党派的崛起，巴西政治生态“右转”已成现实气候，与此同时，也给传统的巴西政治力量格局带来了巨大冲击，但是，传统政党在议会和地方政府层面依然具有较大的影响力优势，这也给未来博索纳罗政府的执政空间设置了“制动阀”，避免内政外交出现颠覆性改变。巴西经济延续了2017年度的复苏趋势，但是增长低迷的情况并未得到太大改观。国内政经局势的不确定性和现行经济改革面临的困难是制约经济增长的主要障碍。巴西外交在2018年也较为平淡，反映出特梅尔政府在执政的最后一年缺乏对外交事务的关注和投入。但是，中巴关系保持稳定的节奏，尤其是中巴经贸合作对巴西经济的恢复发挥着重要的作用。

关键词： 巴西　选举　博索纳罗　“一带一路”　金砖国家

在经历了最近几年政治、经济、社会多重危机集中爆发后，2018年选举为巴西扭转局势提供了重要的机会窗口。但是，受多种因素的影响，极右翼总统候选人雅伊尔·博索纳罗（Jair Bolsonaro）的胜选打破了巴西传统的

---

* 周志伟，法学博士，中国社会科学院拉丁美洲研究所国际关系研究室副主任、研究员，巴西研究中心执行主任。

政治力量格局，新政治生态的可持续性以及政治“局外人”博索纳罗如何适应传统的政治体制将是未来四年的重要看点。随着政局的变化，巴西经济面临一系列的调整与改革预期，未来经济走势既取决于博索纳罗新政府的改革力度，也依赖于世界经济的整体表现，经济增长存在一定的恢复空间，但同时也面临较大的不确定性。社会层面，受最近几年政局动荡和经济衰退的影响，社会矛盾呈现集中爆发的态势，2018 年选举中也体现出非常明显的社会对立情绪，博索纳罗主推的强腕治理模式存在进一步激化社会矛盾的风险；对外方面，巴西在 2018 年的表现相对比较平淡。从博索纳罗在选举期间提出的一系列激进的外交主张来看，巴西外交可能会进行一定的调整。

一　政治形势

选举是主导 2018 年巴西政治形势的核心内容，其中，前总统卢拉的参选资格审查和极右翼候选人博索纳罗的崛起是 2018 年选举中最受关注的焦点，甚至从某种程度来说，卢拉的参选资格被否是博索纳罗最终胜选的关键因素。随着博索纳罗和其所属党派的崛起，巴西政治生态“右转”已成现实气候，与此同时，也给传统的巴西政治力量格局带来了巨大冲击，但是，传统政党在议会和地方政府层面依然具有较大的影响力优势，这也给未来博索纳罗政府的执政空间设置了“制动阀”，避免内政外交出现颠覆性改变。因此，博索纳罗的反建制主张能否突破现有的制度环境将是巴西在未来四年的主要看点。

从 2018 年初的巴西国内各类民调来看，劳工党总统候选人、前总统卢拉一直高居首位，甚至有民调预测，如果获准参选，卢拉甚至有可能在第一轮就能胜选。因此，卢拉参选资格的审定是决定 2018 年总统选举选情的最为关键的因素。2017 年 7 月，卢拉一审被判贪腐和洗钱罪，获九年零六个月有期徒刑；2018 年 1 月，巴西联邦地区法院二审维持一审判定罪名，并且将卢拉的刑期增至十二年零一个月；2018 年 3 月 26 日，巴西联邦第四地区法院驳回卢拉的上诉，维持二审判决；4月4日，巴西联邦最高法院继续驳回卢拉的人身保护申请，同日签发对卢拉的逮捕令；4月7日，卢拉向警方自首并入狱服刑；8月15日，劳工党坚持将卢拉作为本党总统候选人注册登记，其竞选搭档确定为同样来自劳工党的圣保罗前市长费尔南多·阿达（Fernando Haddad）；9月1日，巴西高等选举法院以6票赞成、1票反对的表决结果，否决了卢拉参选总统的资格；9月11日，劳工党宣布更换该党总统候选人，阿达替代卢拉参加总统选举，竞选搭档为巴西共产党（PCdo B）曼努埃拉·达维拉（Manuela D'Ávila）。卢拉参选资格被否决后，总统选举选情发生了颠覆性的变化。巴西民调机构IBOPE的统计，卢拉在参选资格被否之前的支持率为37%，领先第二位博索纳罗（18%）将近20个百分点。而在卢拉参选资格被否后的首次民调结果显示，顶替卢拉参选的阿达仅获得6%的支持率，较升至第一位的博索纳罗（22%）落后16个百分点（见图1）。这直接体现了卢拉的退出使劳工党面临截然不同的选举局面，而阿达的起点甚至不及希罗·戈麦斯（Ciro Gomes）、玛丽娜·席尔瓦（Marina Silva）和热纳尔多·阿尔克明（Geraldo Alckmin）等其他竞争对手。

接下来的总统选举悬念主要集中在博索纳罗竞争对手的人选问题上，尽管阿达在替补参选时的支持率落后于其他主要竞争对手，但是随着卢拉指向明确的引导以及劳工党的造势宣传，阿达最终在总统选举首轮投票中获得29.28%的支持率，赢得了与博索纳罗（46.03%）在第二轮竞争的机会。另外，值得一提的是，早在9月7日的一次竞选活动中，博索纳罗遇袭受伤，这一方面使博索纳罗收获了部分同情票，进一步巩固了自己的领先优势；另一方面也使博索纳罗缺席了本年度选举的所有电视辩论，这也避免了博索纳罗的极端主张（如军队干政、性别和种族歧视、反同性恋等）遭到竞争对手和媒体的直接攻击。尽管劳工党在选举最后阶段高举“捍卫民主”的旗帜努力争取包括传统政治对手社会民主党的支持，但是，由于劳工党深陷腐败的事实，巴西民众对劳工党的排斥态度超出了对博索纳罗反传统价值观的担忧。在第二轮的投票中，博索纳罗以55.13%的支持率战胜阿达（44.87%）赢得了总统选举的胜利（见图2）。博索纳罗的胜选也改变了自1994年以来由劳工党和社会民主党两党主导的竞争格局，而其极右翼身份也说明巴西政治生态明显“右转”。但是，值得关注的是，尽管劳工党在过去几年间遭遇了系列腐败案、前总统罗塞夫被弹劾、前总统卢拉被捕入狱，阿达还是获得了近45%的支持率，该结果一方面体现了巴西贫富两极分化的社会现实，中下阶层民众和贫困地区多为劳工党的群众基础；另一方面也体现了巴西社会对博索纳罗政策主张的割裂立场，这一点从劳工党传统对手（比如社会民主党）最后改投阿达就能得到部分体现。

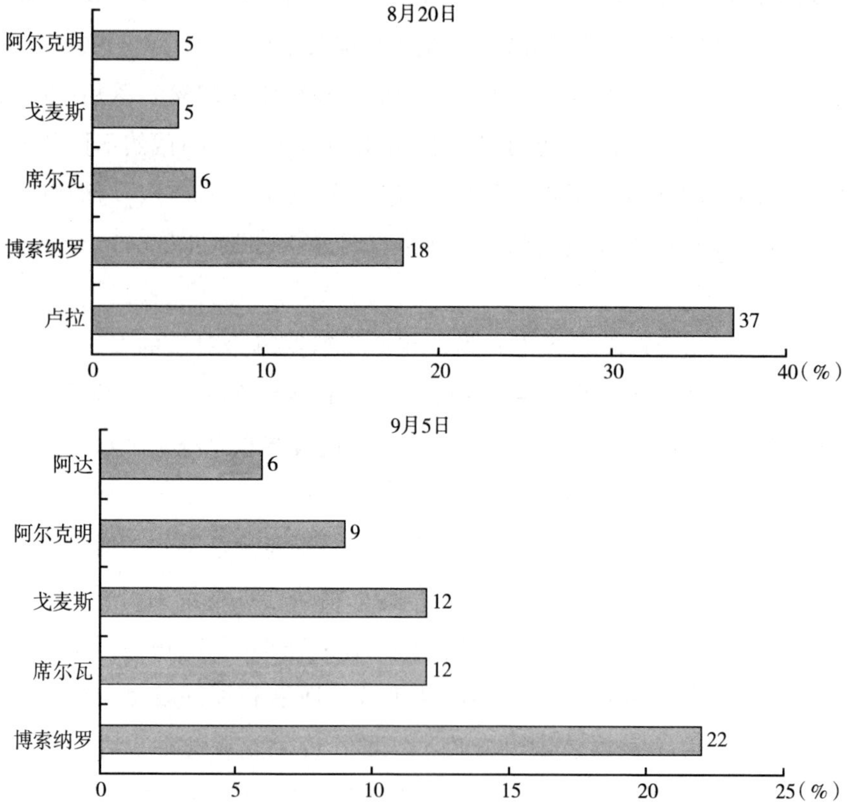

图1　卢拉参选资格被否前后民调情况

资料来源：IBOPE，http：//www.ibopeinteligencia.com/eleicoes/。

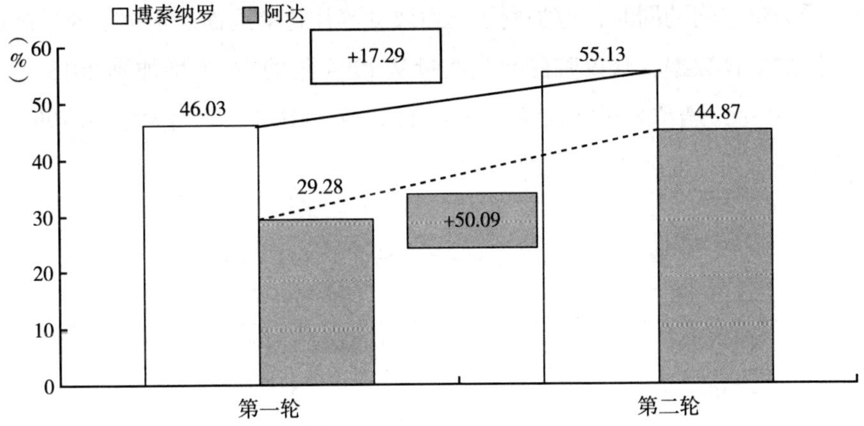

图 2 博索纳罗与阿达总统选举两轮投票支持率变化

资料来源：UOL 统计，https：//noticias. uol. com. br/politica/eleicoes/2018/raio - x/presidente - 2 - turno/？ uf = sp。

从 2018 年选举结果来看，巴西政治力量格局发生了重要调整。随着中小政党群体性崛起，巴西政党碎片化局面进一步加剧。受腐败问题的影响，巴西传统大党在 2018 年选举中受到重创，中小政党的影响力则迅速上升，博索纳罗所在的社会自由党（PSL）体现得最为明显。经过参众两院的议员改选之后，社会自由党的众议院议席从选前的 1 个增加到 52 个，成为众议院中仅次于劳工党的第二大政党。与此同时，该党参议院议席也从选举前的 0 个增至 4 个。在州长选举层面，社会自由党也呈现迅猛的崛起势头，分别在朗多尼亚、罗赖马、圣卡塔琳娜三个州获胜，改写了该党在地方政府层面的空白局面。另外，诸如民主工党（PDT）、巴西共和党（PRB）、“我们能”党（PODE）、社会主义自由党（PSOL）、民主社会党（PSD）等中小政党在议会改选和州长选举中都表现出比较明显的上升势头。比如，在总统选举第一轮投票中排名第三位的戈麦斯所在的民主工党在改选后的参、众两院各占到了 4 席和 28 席，成为当前巴西议会中的一股新兴力量。尤其在改选后的参议院中，中小政党的力量上升体现得更明显，席位增加最多的是民主社会党，从选前的 2 席增至 7 席。和社会主义自由党一样，“我们能”党和网络党在参议院的席位均从选前的 0 个增加到了 5 个。中小党派在挤压传统党派力量空间的同时，也加剧了巴西政党碎片化的局面。根据巴西最高选举法院的统计数据，众议院的政党数量从 1994 年的 16 个增加到 2018 年选举后的 30 个，席位超过众议院总席位（513 个）10% 的政党数量由 1994 年的 5 个减少到目前的 2 个。详见表 1。

表 1　巴西众议院政党构成情况（1994～2018）

单位：个

年份	政党总数	≥50 席的政党数量	21～49 席的政党数量	≤20 席的政党数量
1994	16	5	2	9
1998	15	5	2	8
2002	15	4	5	6
2006	19	4	6	9
2010	22	3	6	13
2014	28	3	7	18
2018	30	2	9	19

资料来源：巴西众议院（Câmara dos Deputados）、最高选举法院（TSE）。

尽管博索纳罗在总统选举中打破了传统政党主导的巴西政治体系，巴西传统大党依然具有较强的影响力，比如劳工党保持住了众议院第一党的地位，而参议院第一大党仍旧是民主运动（MDB），这就意味着博索纳罗政府将面临不小的执政压力。尤其考虑到博索纳罗在竞选中的政策主张受到了不少传统政治精英的质疑，比如社会民主党精神领袖卡多佐以及劳工党传统政敌就因为不认同博索纳罗的执政理念而改投阿达，这也预示着未来的博索纳罗政府的执政环境并不乐观。

二　经济、社会形势

2018 年，巴西经济延续了上一年度的复苏趋势，但是增长低迷的情况并未得到太大改观。根据巴西央行在 2017 年 11 月 16 日公布的预测，2018

年 GDP 增长率约为 1.34%，对 2019 年和 2020 年的增长预期均为 2.5%。[①] 从分析评估来看，巴西央行着重强调国内政经局势的不确定性和现行经济改革面临的困难。

从实体经济来看，根据巴西国家统计局的预测，2018 年巴西粮食产量约为 2.272 亿吨，较 2017 年减少 5.6%。从地区分布来看，中西部（1.013 亿吨）是巴西的主要粮食产区，占比约为 44.6%；南部产量约为 7510 万吨，占 33.1%；东南部为 2280 万吨，占 10%。从具体的州来看，马托格罗索的产量居全国之首，约占全国的 26.8%，巴拉那（15.5%）和南里奥格朗德州（14.8%）分列第二、三位。从粮食作物来看，水稻、玉米和大豆合占全国粮食产量的 93% 和种植面积的 87.3%。其中，大豆产量约为 1.177 亿吨，为历史峰值，较 2017 年增长 2.4%；玉米和水稻产量较 2017 年分别减少了 17.9% 和 5.6%。[②] 2018 年第三季度，巴西牛肉产量为 210 万吨，环比增长 11%，同比增长 4.2%；猪肉产量约为 104 万吨，环比增长 5.9%，同比增长 4.9%；鸡肉产量约为 338 万吨，环比增长 0.1%，同比增幅为 2.4%。[③]

工业部门在 2018 年第三季度同比增长 1.2%，这也保持了自 2017 年第一季度以来连续增长的趋势，但是较 2018 年第一季度（2.8%）和第二季度（1.7%）有一定的回落。2018 年 1 ~ 9 月，工业部门同比增长了 1.9%。其中，汽车工业增幅最大，达到了 16.5%，冶金部门增幅约为 5.5%，造纸业增长 5.8%，而降幅较明显的是食品加工业（-3.9%）、服装业（-3.7%）和皮革制造业（-4.3%）。[④] 服务业在第三季度同比增长 0.7%，终止了连续 14 个季度的跌势。其中，家政服务业在第三季度增长 1.6%，邮政服务业增幅达 2.8%。[⑤]

---

① Banco Central do Brasil, *Focus-Relatório de Mercado*, 16 de novembro de 2018, p. 1.

② IBGE, *Levantamento Sistemático da Produção Agrícola*, 8 de Novembro de 2018, pp. 5 – 14.

③ IBGE, *Estatística da Produção Pecuária*, 13 de Novembro de 2018, p. 8.

④ IBGE, *Pesquisa Industrial Mensal: Produção Física*, 1 de Novembro de 2018, p. 20.

⑤ IBGE, *Pesquisa Mesnsal de Serviços*, 14 de Novembro de 2018, pp. 14 – 15.

巴西宏观经济指标的整体表现仍强于过去四个季度的均值。从需求端来看，由于投资和家庭消费的萎缩，其中，投资环比降幅达1.8%，企业和消费者信心受到了一定的限制。见表2。

表2　巴西宏观经济指标（环比）

	2017年				2018年	
	第一季度	第二季度	第三季度	第四季度	第一季度	第二季度
GDP	1.0	0.4	0.6	0.0	0.1	0.2
农牧业	11.5	-2.5	-1.9	0.0	1.3	0.0
工业	1.3	-0.3	0.9	0.7	0.1	-0.6
服务业	0.4	0.7	0.6	0.1	0.1	0.3
家庭消费	0.1	1.2	1.3	0.0	0.4	0.1
政府消费	0.1	-0.3	-0.2	0.1	-0.3	0.5
固定资本形成	-1.0	0.9	2.0	1.8	0.3	-1.8
出口	5.4	2.0	2.5	-1.2	1.8	-5.5
进口	0.8	-1.5	6.4	1.9	0.8	-2.1

资料来源：Banco Central do Brasil, Relatório de Inflação, Setembro de 2018, p.13。

2018年3月21日，巴西央行货币政策委员会（Copom）宣布将基准利率（Selic）下调25个基点，降至6.5%，创下了自1986年开始该项统计以来的最低水平，这也是巴西央行自2016年10月以来的连续第12次降息。此后，该利率水平一直延续至11月。根据巴西央行预测，2019年，基准利率有望进一步降至4%。①

2018年1～10月，巴西通货膨胀率为3.81%，高出2017年同期2.21个百分点。截至2018年10月前的12个月，通货膨胀率为4.56%。从具体物价来看，食品和饮料价格在2018年10月的涨幅达0.59%，较9月（0.1%）有较大幅度的上涨；交通价格涨幅从9月的1.69%回落至0.92%，这两项占到了家庭消费的43%，对10月的通货膨胀贡献率约为70%。② 巴

① Banco Central do Brasil, *Focus-Relatório de Mercado*, 16 de novembro de 2018, p.8.

② IBGE, *Sistema Nacional de Índices de Preços ao Consumidor*, Outubro de 2018, p.8.

西央行将2018年通货膨胀预期由4.4%上调至4.43%，这是巴央行连续第五周上调该预期。将2019年通胀预期由4.2%上调至4.21%。

2018年9月，公共部门初级财政赤字约为246亿雷亚尔，其中，中央和地方政府初级财政赤字分别为243亿雷亚尔和7.95亿雷亚尔，而国有企业则实现了4.66亿雷亚尔的盈余。2018年1~9月，公共部门初级财政赤字约为593亿雷亚尔，较2017年同期赤字增加了821亿雷亚尔。从截至2018年9月前的12个月来看，公共部门初级财政赤字规模达878亿雷亚尔，约占GDP的1.29%，名义利息约为4010亿雷亚尔，占GDP的比重达到了5.9%。另外，巴西官方统计，公共部门净债规模在2018年9月达到了3.5436万亿雷亚尔，占GDP的比重高达52.2%，较8月上升了1个百分点。而政府（含联邦政府、社会保险金、州和市政府）总债务达到了5.2467万亿雷亚尔，约占GDP的77.2%。①

外贸方面，预计2018年外贸顺差550亿美元，2019年外贸顺差由463亿美元下调至455亿美元。根据巴西的官方统计，2018年1~10月，巴西进出口总额约为3505亿美元，同比增长13.6%。其中，出口额约为1991亿美元，同比增长8.5%；进口额约为1514亿美元，同比增长率高达21.1%。由于进口呈现更快的增速，2018年1~10月，巴西贸易顺差（约476亿美元）较2017年同期（585亿美元）减少18.6%。从出口产品结构来看，2018年1~10月，初级产品出口占比上升至50%，2016年和2017年同期，分别为44%和47%；而制成品出口占比则从2016年的39%降至36%，基本属于最近20年的最低值，2008年制成品出口占比还保持在46%，这也体现出了巴西"去工业化"问题。从进口产品结构来看，"去工业化"问题同样得到体现，2018年1~10月，制成品进口占比约为85.1%，基本也属过去20年的峰值，2008年同期该比值约为76.1%。从贸易伙伴来看，中国、美国和阿根廷依然是巴西前三大贸易伙伴，三个国家占巴西外贸的比重分别

① 参见巴西央行网站，https://www.bcb.gov.br/htms/notecon3-p.asp，最后访问时间：2018年11月25日。

为23.7%、13.6%和6.4%，中国所占比重与美国、阿根廷两国所占比重之和大致相当。从出口市场来看，中国占巴西总出口的比重约为26.7%，美国和阿根廷两国分别占12.0%和6.7%；从进口来源来看，中国、美国和阿根廷三国所占比重分别为19.7%、15.6%和6.0%。①

2018年底，美元兑雷亚尔的汇率预期由1∶3.89下调至1∶3.81。2019年底美元兑雷亚尔汇率预期由1∶3.83下调至1∶3.80。2018年外国直接投资预期由675亿美元上调至680亿美元。2019年外国直接投资预期由760亿美元下调至756.5亿美元。外汇储备在2018年11月22日约为3822.8亿美元。

2018年第三季度，巴西的失业率约为11.9%，较2018年第二季度（12.4%）和2017年第三季度（12.4%）都有所改善。从就业者的分布分析，私营部门约占71.2%，公共部门占18.8%，家政服务约占10%。从各个地区来看，东北部地区是巴西国内失业最高的地区，达到了14.4%；而失业率最低的地区为南部，为7.9%；东南部和中西部地区分别为12.5%和8.9%。从劳动力性别来看，男性失业率约为10.5%，女性失业率为13.6%。从种族来看，白人的失业率为9.4%，黑人的失业率为14.6%，黑白混血群体的失业率为13.8%。从平均月工资来看，2018年第三季度基本保持稳定，约为2222雷亚尔，与第二季度（2229雷亚尔）和2017年第三季度（2208雷亚尔）差别不大。从各个地区的比较来看，排在首位的是中西部，月均收入为2497雷亚尔，而东北部和北部的月均收入都低于全国整体水平，其中最低为北部，仅为1680雷亚尔。②

巴西贫困问题在最近几年有所加剧。巴西官方统计，日均收入低于世界银行确定的贫困标准（5.5美元）的数量约为5216.8万人，约占全国总人口数量的25.4%。其中，东北部贫困率高达43.5%，北部为43.1%。按世

① 参见巴西工业、外贸和服务部统计数据，http：//www.mdic.gov.br/index.php/comercio-exterior/estatisticas-de-comercio-exterior/balanca-comercial-brasileira-acumulado-do-ano，最后访问时间：2018年11月23日。

② IBGE，*Pesquisa Nacional por Amostra de Domicílios Contínua*：*Terceiro Trimestre de* 2018，14 de novembro de 2018，pp. 15-37.

界银行划定的赤贫标准（1.9 美元/日），巴西全国的赤贫率约为 6.5%（1335 万人），东北部和北部的赤贫率分别为 12.9% 和 11.2%。[①]

公共安全方面，根据巴西官方统计，2007～2017 年，15～24 岁男性因暴力死亡人数上升 13%，是同年龄阶段女性的 11 倍。其中，东北部依然是暴力指数最高的地区，塞阿拉州因暴力死亡人数增长率高达 144.1%，而塞尔吉培和巴伊亚也分别高达 134.7% 和 128.5%。相反，南部和东南部地区各州的社会治安基本呈改善趋势，其中改善幅度最大的是巴拉那州，2007～2017 年，该州年轻男性因暴力死亡的人数减少 43.2%。[②]

从文盲率来看，2017 年约为 7%，较 2016 年（7.2%）略有改善，但是未达到 2015 年提出的 6.5% 的目标。从地区分布来看，东北部的文盲率高达 14.5%；而南部和东南部情况最佳，均为 3.5%；中西部为 5.2%；北部为 8%。高等教育方面，25 岁以上获得过完整高等教育占比约为 15.7%，较 2016 年（15.3%）略有提高。其中，白人获得完整高等教育的占比为 22.9%，远远超过黑人和黑白混血人群体（9.3%）。另外，2017 年，15～29 岁年龄阶段的群体（约 4850 万人）中，既未上学也未就业的数量约为 1120 万人，约占 23%。[③]

三　外交形势

2018 年，巴西外交较为平淡。根据巴西总统府的统计，特梅尔总统在 2018 年总共只出访了六个国家，分别是瑞士、智利、秘鲁、安提瓜和巴布达、南非和佛得角，从出访缘由来看，基本都属于常规的多边会议，比如出席 1 月底在瑞士举行的达沃斯论坛，4 月中旬在利马召开的美洲峰会，7 月在佛得角举行的葡语国家共同体峰会和在南非举行的金砖国家峰会，这种局

① IBGE, *Síntese de Indicadores Sociais*: *Uma Análise das Condições de Vida da População Brasileira*, Rio de Janeiro, 2017.

② IBGE, *Estatísticas do Registro Civil* 2017, Rio de Janeiro, v. 44, p. 8.

③ IBGE, *PNAD Contínua* 2017: *Educação*, Maio de 2018, pp. 1 – 12.

面也体现了特梅尔政府在执政的最后一年缺乏对外交事务的关注和投入。

地区关系方面，委内瑞拉国内危机是重要议题。针对委内瑞拉国内政治局势以及两国边境的难民问题，巴西政府一方面对委内瑞拉当局政府持强硬的批评立场，呼吁该国朝野两派开展对话，缓和政治对立，回归政局稳定；另一方面，巴西较为谨慎地处理委内瑞拉难民流入问题，避免难民问题危及边境安全。针对委内瑞拉政局，巴西与多数南美国家坚持以民主的原则抵制委内瑞拉参与地区一体化组织，除暂停委内瑞拉的南共市成员资格外，2018年6月，巴西与阿根廷、加拿大、智利、美国、墨西哥、秘鲁等国提出暂停委内瑞拉的美洲国家组织成员国资格；2018年8月，巴西与阿根廷、智利、哥伦比亚、秘鲁和巴拉圭一道宣布暂时停止与南美洲国家联盟的合作，而原本包含12个成员国的南美洲国家联盟只剩下玻利维亚、厄瓜多尔、圭亚那、苏里南、乌拉圭和委内瑞拉，这直接体现了南美洲国家对委内瑞拉局势的分裂态度。但是，针对美国副总统彭斯在2018年6月访问巴西期间提出的“严厉制裁委内瑞拉”的建议，巴西外长阿洛伊希奥·努内斯（Aloysio Nunes）强调，制裁将进一步恶化委内瑞拉局势，委内瑞拉的解决办法应该由美洲国家组织决定，巴西反对单边行为。① 由于委内瑞拉国内危机长期得不到妥善解决，巴西面临严峻的难民入境压力。根据巴西官方8月底公布的统计数据，超过3万委内瑞拉难民进入巴西境内，其中99%通过两国边境的罗赖马州流入，而2018年上半年流入的委内瑞拉难民数量约为1万。针对边境地区难民问题，巴西总体采取较为开放的政策，从4月开始协同联合国难民署推进难民本地化安置，在边境地区设立难民接待中心，并分批次将难民转移至巴西其他地区进行安置，截至9月底转移难民数量超过2000名。2018年6月，南方共同市场第52届首脑会议在巴拉圭举行。巴西、乌拉圭、巴拉圭总统，阿根廷、玻利维亚副总统，智利外长等成员国及联系国代表出席。本次会议就应对委内瑞拉和尼加拉瓜局势、推进同欧盟自贸谈判等

---

① Maria Lima, Brasil não Aceita Sanções Contra a Venezuela, diz Aloysio Nunes, *Estado de São Paulo*, 26 de Junho de 2108.

议题展开讨论。2018 年 11 月，巴西与智利正式签署了两国自由贸易协定（TLC）。本次签署的自由贸易协定是对 1996 年 10 月 1 日生效的两国经济互补协议（ACE）的升级，协定涉及电信、电子商务、服务贸易及环境保护等领域，还包括投资方式、金融服务和公共采购等内容。协定中的条约生效后，智利企业可参与巴西政府的公开招标，并与本地企业平等竞标。

巴西与美国之间的互动在 2018 年颇引人关注。5 月 18 日，美国国务卿蓬佩奥致电巴西外长努内斯，感谢巴西在委内瑞拉危机问题上发挥的重要作用，并强调两国经贸合作关系的重要性。此外，两国外长还针对经济增长、安全合作和全球议题探讨制定联合议程。① 6 月 26～27 日，美国副总统彭斯访问巴西，一方面与巴西协调两国之间的移民纠纷；另一方面强化两国在委内瑞拉问题上的立场协调，明确美国将给巴西提供 100 万美元协助巴西安置委内瑞拉在巴西境内的难民。另外，值得关注的是，航天合作也是彭斯此次访问巴西的重要议题，两国政府签署了《航天合作共同申明》。② 8 月 12～14 日，美国国防部部长马蒂斯访问巴西，与巴西外长努内斯就双边军事关系、委内瑞拉局势、双边协议落实等问题进行了沟通，与巴西国防部部长若阿金·席尔瓦·鲁纳（Joaquim Silva e Luna）讨论了双边军备合作、强化两国军队协作、军方人员交流、军事技术协同研发等议题。③ 除常规的高层互动外，博索纳罗竞选团队在竞选期间与美国也保持密切的沟通，尤其是博索纳罗的儿子曾专程前往美国向曾任特朗普首席战略分析师的班农求教，而班农在博索纳罗赢得选举后接受采访时也曾明确表示，巴西与美国关系有可能出现较大改善。④

---

① “EUA Destacam Papel do Brasil na Solução Para Crise na Venezuela,” *Agência Brasil*, 18 de Maio de 2018.

② 参见美国驻巴西使馆网站，https://br.usembassy.gov/pt/comunicado-conjunto-sobre-cooperacao-espacial-brasil-eua/。

③ 参见美国驻巴西使馆网站，https://br.usembassy.gov/pt/o-secretario-de-defesa-dos-eua-james-n-mattis-visita-brasilia-e-rio-de-janeiro/。

④ Ricardo Senra, Steve Bannon declara apoio a Bolsonaro, mas nega vínculo com campanha: ‘Ele é brilhante’, *BBC Brasil*, 26 de Outubro de 2018.

巴西与中国关系发展较为平稳，在经贸合作保持较快节奏的同时，政治关系与两国在多边合作机制中的互动也呈现稳步推进的态势。2018 年，中国维持巴西的第一大贸易伙伴、第一大出口目的地和第一大进口来源国的地位。如图 3 所示，根据巴西官方统计，2018 年 1～10 月，巴中双边贸易总额为 831.1 亿美元，同比增长 30%，远超巴西进出口贸易同期增幅（13.6%）。从出口来看，巴西对华出口约为 532.5 亿美元，同比增长 28.9%，占巴西总出口的比重约为 26.7%。从进口来看，巴西从中国进口约为 298.6 亿美元，同比增长 32.1%，占巴西总进口的比重约为 19.7%。从巴西对华出口产品结构来看，初级产品出口额约为 473.1 亿美元，同比增长 31%，约占巴西对华出口总额的 88.8%。其中，大豆、石油和铁矿石为巴西对华出口的三大产品，分别占巴西对华出口的 45%、22% 和 17%。进口产品结构方面，从中国进口的制成品总额约为 292.5 亿美元，同比增长 32.8%，约占巴西从中国进口总额的 98%。投资方面，在外国投资流入巴西趋缓的局面下，中国投资依然保持对巴西市场的关注。截至 2017 年底，中国在巴西的投资存量从 460 亿美元增至 550 亿美元，增幅高达 20%。[①] 中国不仅成为巴西重要的外资来源地，尤其是对于仍处在经济低迷时期的巴西来说，中国的投资的确可以用“雪中送炭”来形容。

除经贸合作保持快节奏外，中巴双边政治关系延续密切沟通的局面。2018 年 5 月，中国外长王毅会见来访的巴西外长努内斯。王毅外长表示，两国应加强在国际多边机制内的沟通协调，共同维护多边主义、经济全球化和自由贸易。努内斯外长也表示，无论未来政局如何，巴西都坚持对华友好，巴方正在积极研究“一带一路”倡议对接本国发展战略，这将为两国合作带来新的内涵，是互利共赢的好事。2018 年 7 月，在金砖国家南非峰会期间，中国国家主席习近平与巴西总统特梅尔举行会晤，习近平指出，中巴关系建立在相互尊重、平等相待、互利共赢的原则基础之上，是成熟活跃

① Luiz Augusto de Castro Neves, O Dever de Casa, *Carta Brasil-China*, Edição 20, Agosto 2018, p. 2.

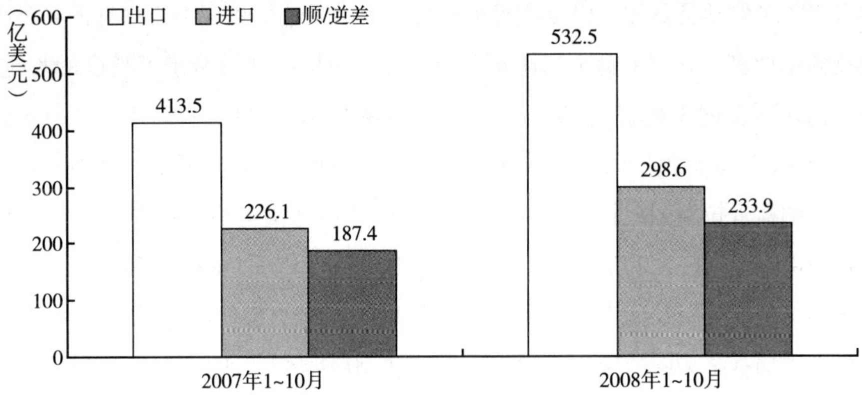

图 3　巴中双边贸易情况

资料来源：巴西发展、工业和服务部，http://www.mdic.gov.br/comercio - exterior/estatisticas - de - comercio - exterior/comex - vis/frame - pais，最后访问时间：2018 年 11 月 29 日。

的发展中大国关系。中巴双方要加强对两国各领域交流合作的引领和协调，促进贸易自由化便利化，推动双边贸易高质量增长，积极探讨“一带一路”倡议同巴西“投资伙伴计划”等发展规划对接，推进标志性项目，拓展创新合作，密切人文交流。特梅尔也高度评价了两国关系，称巴中全面战略伙伴关系是牢固而互惠的，巴方高度重视“一带一路”倡议，愿意深化两国贸易、投资、基础设施建设、能源等领域合作。作为重要发展中大国，巴中应该密切在国际和地区事务中的沟通和协调，促进金砖国家团结合作，维护发展中国家共同利益。

中国—葡语国家经贸合作论坛（澳门）（以下简称“中葡论坛”）是中巴合作的重要平台，自中葡论坛创立至 2018 年 3 月，论坛常设秘书处一共在澳门召开了 13 次例会，巴西驻华大使及该国派驻中葡论坛常设秘书处代表参加了全部 13 次例会。在人力资源合作领域，自中葡论坛建立以来，共计有 7000 多名葡语国家政府部门负责人、技术人员来到中国内地和澳门特区参与人力资源合作活动。2011 年，在澳门特区政府的支持下，中葡论坛（澳门）培训中心在澳门成立。在国家商务部、澳门各大院校及社团协助下，中葡论坛（澳门）培训中心每年举办 5 ~ 6 期研修班。截至 2017 年，总共举办了 36 期，共有 900 多名学员参加。巴西积极地参加了由中葡论坛培训中心举办的各类人力资源培训班，并对中葡论坛框架下的人力资源培训项目给予了高度的肯定。中葡论坛下设的中葡基金直接参与对巴西的投资，向阿特斯阳光电力集团（Canadian Solar）提供融资，以支持该公司在巴西的太阳能项目，其中包括在巴西米纳斯吉拉斯州皮拉波拉 1 号（Pirapora I）光伏电站。皮拉波拉 1 号由阿特斯阳光电力集团和法国电力集团新能源公司（EDF Energies Nouvelles）共同投资，预计投资总额为 2 亿美元，阿特斯阳光电力集团拥有该项目 20% 的股权，中葡基金为阿特斯阳光电力公司提供 2000 万美元的无担保融资，电站装机总量为 191.5 兆瓦，该电站已于 2017 年 11 月正式投入商业运营。值得关注的是，皮拉波拉 1 号电站是全球首座获得巴西国家开发银行（BNDES）融资支持的太阳能光伏发电项目，这也体现了中葡基金参与的合作项目符合巴西可再生能源发展战略。2018 年 6 月 1 日，中葡论坛常设秘书处和澳门特区政府贸易投资促进局共同主办的“中国—葡语国家服务贸易研讨会”，着力探讨中国与葡语国家服务贸易业如何利用澳门平台优势，开辟中国与葡语国家服务贸易领域的合作空间。巴西发展、工业和外贸部副部长道格拉斯·费雷拉（Douglas Ferreira）率巴西代表团参加本次研讨会，并强调巴西政府重视中葡论坛平台，望进一步增加服务贸易的竞争力，加强与企业的紧密协助，推动服务贸易领域的企业以更有效的方式发展，如聚合更多行业，以创新、电子、经济现代化及工业 4.0 等促进发展。本次会议为中国与巴西开发两国服务贸易潜力，推动巴西企业拓展粤港澳大湾区市场提供了机会窗口。

B.13
佛得角共和国

宋 爽*

摘 要： 2017年，佛得角政局平稳，总理对内阁进行人员调整和机构改组以提升机构运行效率。得益于经济合作伙伴的强力复苏，公共投资和人力费用的增加，以及宽松的货币政策，佛得角经济实现较快增长。国内私有化进程加速，佛得角航空私有化改制迈出23家国有企业私有化计划的第一步。社会形势继续向好发展，政府进一步加强通信、交通等领域的基础设施建设。中佛双边关系在政治、经贸、技术合作、教育培训等领域不断深化，2017年双边贸易同比增长39.9%。佛得角作为中葡论坛的创始成员国，15年来积极参与论坛各项活动，社会各界对中葡论坛给予了高度评价。

关键词： 内阁调整 经济增长 私有化 中葡论坛

一 政治形势

佛得角政局稳定，各党派对以发展国家经济为首要目标具有共识。2016年佛得角国民议会、地方政府、总统选举先后举行，争取民主运动（Movimento pana a Democracia，以下简称“民运”）大获全胜，重掌中央政权，控制多数地方政府，丰塞卡总统连任。佛得角系列选举进程总体平稳，参选党派竞争有节，

* 宋爽，中国社会科学院世界经济与政治研究所，助理研究员。

执政长达15年的非洲独立党平静接受选举结果，政权实现平稳过渡，政局继续保持稳定。2017年12月，佛得角总理席尔瓦宣布对内阁进行大幅人员调整和机构改组，以提升机构运行效率。根据公布的机构调整计划，取消经济与就业部，新增旅游、交通与海洋经济部和工业、贸易与能源部，新增1名总理府部长和6名国务秘书（副部长级），调整后的内阁成员共20人。内阁组成人员具体变化如下：财政部部长科雷亚升任副总理并兼财政部部长，新增3名国务秘书辅助其工作；部长委员会部长兼体育部部长弗莱雷将新兼任国务部部长，新增1名国务秘书辅助其工作；原经济与就业部部长贡萨尔维斯改任旅游、交通及海洋经济部部长，新增1名国务秘书辅助其工作；现任国家水电公司总裁蒙德罗被任命为工业、贸易与能源部部长；现任总理府外事顾问洛佩斯被任命为总理府部长，主管区域一体化事务；教育部新增1名国务秘书。①

二　经济形势

2017年佛得角经济实现较快增长。根据国际货币基金组织和世界银行的数据，2017年佛得角的国内生产总值（GDP）为18.27亿美元，世界排名第171位，与2016年持平；全年GDP增长率约为3.9%，其中第四季度更是实现了4.7%的增长，主要得益于最终消费支出和出口额上升②；人均GDP为6749.7美元，世界排名第126位，较2016年上升一位。宏观经济方面，2017年佛得角的通货膨胀率为0.8%，改变了2016年通货紧缩的局面；失业率为10.3%，与2016年基本持平。财政方面，2017年的财政收入为668.5亿埃斯库多（Escudo）；财政支出768.6亿埃斯库多；财政赤字为100.2亿埃斯库多，较2016年下降0.02个百分点。总体而言，2017年佛得角经济指标的改善主要得益于经济合作伙伴的强力复苏，同时公共投资的实

① 《佛得角总理宣布改组内阁》，中华人民共和国驻佛得角共和国大使馆经济商务参赞处，http：//cv. mofcom. gov. cn/article/jmxw/201712/20171202688173. shtml。

② 《2017年第四季度佛得角GDP增速4.7%》，中华人民共和国驻佛得角共和国大使馆经济商务参赞处，http：//cv. mofcom. gov. cn/article/jmxw/201804/20180402727969. shtml。

施，人力费用增加及宽松的货币政策也起到相辅相成的作用。建筑、公共管理、酒店餐饮、加工业等领域的就业增加，通货膨胀的有力调控及私人贷款的稳定增长也为经济发展注入活力。[①]

在对外经贸方面，根据佛得角国家统计局公布数据，2017 年佛得角进口总额约为772 亿埃斯库多，同比上升16.3%，再出口总额为209 亿埃斯库多，同比上升74.8%，出口额为49 亿埃斯库多，同比下降18.1%。西班牙仍是佛得角最大的出口国，占总出口额的 70.8%，葡萄牙居第二位（24.8%）。佛得角最大进口国是葡萄牙，占总进口额的 42.9%，西班牙居第二位（12.6%）。[②] 根据联合国贸发会议（UNCTAD）的数据，2017 年佛得角吸引外资流量金额为1.09 亿美元，较2016 年下降11%；吸引外资存量金额已达19.5 亿美元，较2016 年增长20.2%。世界银行的数据显示，2016 年佛得角接受官方发展援助和官方援助共计 1.13 亿美元，来自经合组织（OECD）成员国的双边援助净流入 1.12 亿美元。

服务贸易稳步增长，旅游业仍是服务贸易出口的主要内容。2017 年，佛得角服务贸易进出口额达9.96 亿美元，较2016 年增长9%。其中，服务贸易进口额为3.62 亿美元，较2016 年增长16%；服务贸易出口额为6.34 亿美元，较2016 年增长11%。商业服务贸易主要包括运输、旅游、其他商业服务以及与商品相关的服务。从表1 可以看到，旅游业是佛得角出口创汇的主要来源，占商业服务贸易出口的比重高达68.7%。[③] 佛得角的旅游基础设施发展迅速，截至2017 年底已有各类旅馆275 家，客房12463 间。2017 年，佛得角吸引游客总数约71 万人次，主要客源地为英国、德国、法国和荷兰等欧洲国家。[④]

---

① 《佛得角中央银行：2017 年佛经济增速为3.9%，同比上升0.1 个百分点》，中华人民共和国驻佛得角共和国大使馆经济商务参赞处，http：//cv. mofcom. gov. cn/article/jmxw/201806/20180602759036. shtml。

② 《2017 年佛得角进口额上升16.3%，出口额下降18.1%》，中华人民共和国驻佛得角共和国大使馆经济商务参赞处，http：//cv. mofcom. gov. cn/article/jmxw/201803/20180302726690. shtml。

③ 世界贸易组织网站，http：//stat. wto. org/CountryProfiles/CV_ e. htm。

④ 《佛得角国家概况》，中华人民共和国外交部，https：//www. fmprc. gov. cn/web/gjhdq_ 676201/gj_ 676203/fz_ 677316/1206_ 677608/1206x0_ 677610/。

表 1　2017 年佛得角商业服务贸易进出口情况

单位：%

项目	运输	旅游	其他商业服务	与商品相关的服务
进口额	27.2	20.6	47.4	4.8
出口额	14.8	68.7	14.4	2

在航空运输方面，2017 年佛得角民航运输量明显增长，民航企业私有化进程加速。根据佛得角航空及机场安全局（ASA）报告，佛得角机场 2017 年接待旅客超过 260 万人次，同比增长 19.6%；接待国内航班旅客 92.96 万人次，同比增长 21.6%。运营佛得角国内航线的宾特航空（Binter Cabo Verde）2017 年承运 571000 人次，市场份额为 61.4%，排名第二位的佛得角航空公司（TACV）承运 340400 人次，市场份额为 36.6%。2017 年 8 月初，佛得角航空公司私有化法案在部长委员会常务会议上讨论和评估①，同月佛得角航空停止国内航线运营，由宾特航空提供国内航线服务。② 2017 年 9 月，佛得角航空公司私有化法案及有关规定获得佛得角政府通过，其将向机构投资者出售不超过 39% 的股份，向战略合作伙伴出售不超过 51% 的股份，该合作伙伴将通过法案规定的战略标准及目标来挑选。③ 佛得角航空私有化改制也是佛得角政府近期公布的 23 家国有企业私有化计划的第一步。

三　社会形势

在稳定的政治和经济环境下，佛得角成为非洲社会形势最好的国家之一，而且近年来继续向好发展。根据非政府组织透明国际 2018 年 2 月

① 《佛得角部长理事会将通过佛得角航空私有化法案》，中华人民共和国驻佛得角共和国大使馆经济商务参赞处，http：//cv.mofcom.gov.cn/article/jmxw/201708/20/20170802621360.shtml。

② 《2017 年佛得角机场游客接待量同比增长 19.6%》，中华人民共和国驻佛得角共和国大使馆经济商务参赞处，http：//cv.mofcom.gov.cn/article/jmxw/201802/20180202714553.shtml。

③ 《佛得角政府通过佛得角航空公司私有化法案》，中华人民共和国驻佛得角共和国大使馆经济商务参赞处，http：//cv.mofcom.gov.cn/article/i/jyjl/k/201709/2017092648885。

发布的2017年度“全球清廉指数”排名，佛得角获得55分（百分制），在非洲葡语国家中居首位，在全部非洲国家中排名第3位，仅次于博茨瓦纳（34）和塞舌尔（36）。在世界180个国家和地区中，佛得角排名第48位。[①] 另外，在2018年1月美国智库自由之家（Freedom House）公布的2017年全球自由度报告中，佛得角也是评分最高的非洲葡语国家，在最高100分的评价中获得90分，其中政治权利和公民自由均获得最高评分。[②]

2017年，佛得角进一步加强通信、交通等领域的基础设施建设。在通信基础设施方面，佛得角国家通信局（ANAC）2017年7月宣布佛得角数字地面电视（TDT）第一期已经完成，覆盖圣地亚哥、马尤、萨尔和圣文森特岛等4个岛屿，同时可以在4个其他邻近岛屿上收到TDT信号，如圣安唐、福古、博阿维斯塔和圣尼克劳。数字电视覆盖率超过了佛得角人口的75%，超过最初计划的60%。佛得角实施和监督委员会已经完成了从电视广播系统向数字地面电视转型的第一阶段，目前正在试验性地推出5个电视和6个电台节目。根据计划，项目第二阶段将覆盖圣安东尼、圣尼古拉、博阿维斯塔、福古和布拉瓦岛等岛屿。[③] 2017年11月，国际电信联盟（国际电联）公布，佛得角在国际电联2017年排名中居第93位，再次在西非地区信息和通信技术的开发和实施中居领先地位；在葡语国家中仅次于葡萄牙（第44位）和巴西（第66位），居第3位。[④] 在交通基础设施方面，佛得角总理席尔瓦2018年7月表示将在圣安唐岛建设机场，以促进该岛经济发展，尤其

① 《2017全球清廉指数：佛得角在非洲中排名前三》，中华人民共和国驻佛得角共和国大使馆经济商务参赞处，http://cv.mofcom.gov.cn/article/jmxw/201802/20180202714318.shtml。

② 《佛得角是2017全球自由度报告中评分最高的非洲葡语国家》，中华人民共和国驻佛得角共和国大使馆经济商务参赞处，http://cv.mofcom.gov.cn/article/jmxw/201702/20170202509267.shtml。

③ 《佛得角数字地面电视第一期项目已覆盖75%人口》，中华人民共和国驻佛得角共和国大使馆经济商务参赞处，http://cv.mofcom.gov.cn/article/jmxw/201707/20170702610060.shtml。

④ 《佛得角领衔西非地区，在国际电信联盟年度排名中列第93位》，中华人民共和国驻佛得角共和国大使馆经济商务参赞处，http://cv.mofcom.gov.cn/article/jmxw/201711/20171102672432.shtml。

是旅游业发展。该项目被视为圣安唐岛连接世界的战略优先项目，目前处于数据制作与审核阶段，现阶段将确定建设国际机场的选址及其他相关要求。①

近年来，佛得角政府还投入大量资金用于职业培训以促进就业。佛得角就业培训基金成立于2013年，旨在推动青年职业培训可及性。其执行经理博尔热斯在2018年9月表示，就业培训基金已支出约150万欧元用于职业培训及相关活动。如果通过申请，年龄在16岁至30岁的申请者仅需支付10%的费用，即可参加为期18个月的职业培训，剩余费用由就业培训基金按月付的方式提供。② 根据佛得角国家统计局公布数据，2017年失业人数为28424人，同比下降23.1%；就业人数为203775人，较2016年下降2.8%。③

四　中国与佛得角外交关系

1976~2017年，中国与佛得角建交已有41周年，双方在政治、经贸、技术合作、教育和培训等领域的合作不断深化。在双边政治关系方面，2017年，两国都曾派出部长级高官访问。2017年5月20日，中国外交部部长王毅访问佛得角，分别会见佛得角总统丰塞卡、总理席尔瓦和外长塔瓦雷斯。王毅表示，中方愿以落实两国领导人共识为主线，以中非合作论坛和中葡论坛为抓手，在农渔业和海洋经济、经济特区开发、旅游服务业、基础设施建设、人力资源开发等五大领域同佛方深化互利合作，帮助佛方发挥区位和海洋资源优势，打造特色岛国经济，实现自主可持续发展。④ 2017年9月，佛

① 《佛得角总理：建设圣安唐国际机场是佛政府优先施政项目》，中华人民共和国驻佛得角共和国大使馆经济商务参赞处，http：//cv.mofcom.gov.cn/article/jmxw/201807/20180702768925.shtml。

② 《佛得角就业培训基金支出150万欧元用于职业培训》，中华人民共和国商务部，http：//www.mofcom.gov.cn/article/i/jyjl/k/201809/20180902788214.shtml。

③ 《2017年佛得角失业率为12.2%》，中华人民共和国驻佛得角共和国大使馆经济商务参赞处，http：//cv.mofcom.gov.cn/article/jmxw/201804/20180402727970.shtml。

④ 《王毅外长访问佛得角，佛方希望积极融入"一带一路"倡议》，中华人民共和国商务部，http：//www.mofcom.gov.cn/article/i/jyjl/k/201705/20170502579105.shtml。

得角经济与就业部部长贡萨尔维斯来华出席世界旅游组织第22届全体大会和中国—小岛屿国家海洋部长圆桌会议。2017年11月，佛得角外交兼国防部部长塔瓦雷斯来华访问，并分别与中国外交部部长王毅、国务委员兼国防部部长常万全等举行会谈。

中佛双边经贸合作，以中国向佛得角出口为主。2017年，中国与佛得角双边贸易额为6915万美元，同比增长39.9%。其中，中国向佛得角出口6914.2万美元，同比上升40.1%，主要为日用消费品；佛得角对中国的出口额仅为4800美元，同比下降94.2%。

在经济技术合作方面，中国继续以援助或优惠贷款等方式支持佛得角的基础设施建设。2017年2月，中国进出口银行与佛得角财政部签署佛得角电子政务网二期项目优惠贷款协议。佛得角电子政务网项目主要包括为佛政府、医疗、教育和部分商务机构提供数据传输网络、语音视频会议和数据服务。电子政务网一期项目使用中国政府优惠贷款，为佛政府、医疗、教育等机构提供信息化服务，极大地提升了工作效率。为进一步扩大互联网及电子政务网络接入范围，佛得角继续使用中国政府优惠贷款开展二期项目建设。[①] 中国援佛得角接入网配套工程项目换文也于2017年2月签署[②]，并于当年8月正式开工。该项目是中非合作论坛约翰内斯堡峰会基础设施领域合作计划的重要举措之一，将使佛300余个政府和地方机构受益，大幅提升佛国家网络覆盖率，提高佛社会信息化水平。[③] 2017年4月和5月，中佛两国还签署了关于援佛国家体育场和总统府技术合作项目换文，中国政府同意帮助佛得角政府为中方援建和改扩建的国家体育场和总统府提供为期3

① 《中国为佛得角电子政务网二期项目提供优惠贷款协议在京签署》，中华人民共和国驻佛得角共和国大使馆经济商务参赞处，http：//cv. mofcom. gov. cn/article/zxhz/201702/20170202520287. shtml。

② 《中佛两国签署援佛得角接入网配套工程项目换文》，中华人民共和国商务部，http：//www. mofcom. gov. cn/article/i/jyjl/k/201702/20170202510706. shtml。

③ 《佛得角政府举办中国援佛得角接入网配套工程开工仪式》，中华人民共和国驻佛得角共和国大使馆经济商务参赞处，http：//cv. mofcom. gov. cn/article/zxhz/201808/20180802775653. shtml。

年的技术援助。[①] 2017 年 7 月，中佛两国政府签署政府间无偿援助经济技术合作协定，中方将为中佛两国探讨实施的圣文森特岛海洋经济特区规划等项目提供无偿援助。[②] 2018 年 1 月，中佛两国签署中国援佛得角议会堂维修项目政府间交接证书，中方援建的议会堂维修工程，改善和提升了议会堂功能。[③] 同月，两国政府还签署了政府间无偿援助经济技术合作协定，中方将为中佛两国探讨实施的安全城市二期等项目提供无偿援助。[④]

在教育和人员培训方面，中国为佛得角援建了佛得角大学新校区，并展开多次警务人员培训。在教育方面，中国援建佛得角大学新校区项目于 2017 年 6 月正式开工。该项目是两国教育领域合作的最新成果，也是中佛建交以来，中方投资规模最大的援佛项目。项目建成后将使佛得角大学拥有可以媲美发达国家一流高校的教学条件，对佛得角教育事业与人才培养事业意义重大。[⑤] 在人员培训方面，2017 年 4 月中方邀请佛得角高层警官赴华交流学习。该培训班是中佛两国第二次开展警务能力建设培训合作。[⑥] 同年 9 月，中国援佛得角警务境外培训班在佛首都普拉亚结业。此次警务境外研修班是中佛两国首次在佛得角开展警务人员培训合作。商务部委托中

---

① 《中佛两国签署援佛国家体育场和总统府技术合作项目换文》，中华人民共和国驻佛得角共和国大使馆经济商务参赞处，http://cv. mofcom. gov. cn/article/zxhz/201705/20170502575522. shtml。

② 《中国与佛得角两国政府签署经济技术合作协定》，中华人民共和国驻佛得角共和国大使馆经济商务参赞处，http://cv. mofcom. gov. cn/article/zxhz/201707/20170702606500. shtml。

③ 《中佛两国政府签署中国援佛议会堂维修项目交接证书》，中华人民共和国驻佛得角共和国大使馆经济商务参赞处，http://cv. mofcom. gov. cn/article/zxhz/201801/20180102701681. shtml。

④ 《中佛两国政府签署政府间无偿援助经济技术合作协定》，中华人民共和国驻佛得角共和国大使馆经济商务参赞处，http://cv. mofcom. gov. cn/article/zxhz/201801/20180102706853. shtml。

⑤ 《佛得角总理出席中国援佛大学新校区项目举行开工仪式》，中华人民共和国驻佛得角共和国大使馆经济商务参赞处，http://cv. mofcom. gov. cn/article/zxhz/201706/20170602597262. shtml。

⑥ 《驻佛得角使馆举行赴华警务培训班学员送行招待会，佛内政部长出席》，中华人民共和国驻佛得角共和国大使馆经济商务参赞处，http://cv. mofcom. gov. cn/article/zxhz/201704/20170402559221. shtml.

国刑事警察学院派遣4名专任教官和2名翻译于6月17日至9月18日，赴佛执行援外培训任务，日均课时7个小时以上，培训佛警务人员数量达101人次，达到预期工作效果，为佛国家警察系统现代化和专业化建设做出贡献，得到佛政府及警察部门的一致赞誉。

在农业和粮食援助方面，中国为佛得角提供了农产品加工中心，并在佛得角遭遇旱灾时提供紧急粮食援助。2017年3月，中国援助佛得角农产品初加工中心项目竣工移交。该项目占地800平方米，包括厂房建设和加工设备，用于农产品的清洗、挑选、分拣、冷藏等，将改善当地传统农业输送方式，提高当地农民收入。[①] 2017年12月，中佛两国政府签署中国援佛得角粮食援助项目政府间交接证书。应佛得角政府请求，2017年5月29日、30日中佛两国政府分别签署换文，中方同意为佛方提供一批紧急粮食援助。该援助项目下物资于当年11月运抵佛得角普拉亚港，并完成清关提货工作。2017年佛得角遭遇严重旱灾，使本就缺粮的佛得角雪上加霜。中国此次提供紧急粮援可谓“雪中送炭”，也是落实习近平主席在“一带一路”国际高层论坛提出粮援举措的具体行动。[②]

五　佛得角对中葡论坛的积极参与

佛得角是中葡论坛的创始成员国，自2003年以来参与了全部五届部长级会议，体现了佛得角对中葡论坛的重视，同时为中葡论坛的发展做出了贡献。

对于中葡论坛框架下的人力资源合作项目，佛得角相关部门也都积极派人参与。中葡论坛的人力资源培训主要以两种方式展开：通过中葡论坛

① 《杜小丛大使陪同佛得角总理席尔瓦参加中国援佛农产品初加工中心项目移交启用仪式》，中华人民共和国驻佛得角共和国大使馆经济商务参赞处，http：//cv. mofcom. gov. cn/article/zxhz/201703/20170302534974. shtml。

② 《中国、佛得角两国政府签署紧急粮食援助项目交接证书》，中华人民共和国驻佛得角共和国大使馆经济商务参赞处，http：//cv. mofcom. gov. cn/article/zxhz/201712/20171202682150. shtml。

（澳门）培训中心开展的研修班，以及由澳门政府提供的实习机会。自2011年成立至2016年，中葡论坛（澳门）培训中心（以下简称“培训中心”）在国家商务部、澳门各大院校及社团的协助下，总共举办了31期培训班。佛得角派遣相关政府人员和技术人员积极参加了培训中心为葡语国家提供的各项培训，如2013年6月由培训中心主办、澳门城市大学继续教育学院承办的“葡语国家旅游与会展产业研修班”；2016年7月由粤澳合作中医药科技产业园承办的“葡语国家传统医药领域合作研修班”等。另外，澳门特别行政区政府旅游局（以下简称“澳门旅游局”）还联合中葡论坛常设秘书处，合作为葡语国家旅游部门人员提供旅游培训和实习机会。2010年，澳门旅游局与佛得角签署了旅游合作谅解备忘录，前者每年联同中葡论坛常设秘书处展开本年度的旅游培训计划，为来自包括佛得角在内的葡语国家的旅游部门人员提供培训。培训内容包括到旅游局下辖部门实习、参与旅游学院工作坊活动，以及安排学员考察本地的旅游设施、历史文化遗产和旅游名胜等。

佛得角还积极参与历届中国与葡语国家企业经贸合作洽谈会，以及澳门和内地举办的各种贸易投资洽谈会。在首届中国—葡语国家经贸合作论坛期间，中国内地、澳门特区与包括佛得角投资推广署（CI）在内的7个葡语国家贸促机构和商会签订了《贸易促进机构/商会合作协议书》，同意在此框架下在葡语国家轮流举办“中国与葡语国家企业经贸合作洽谈会”。佛得角不仅积极参加了迄今为止全部13届洽谈会，还作为东道国举办了其中两届。2008年5月28～29日，第4届中国与葡语国家企业家经贸合作洽谈会在佛得角首都普拉亚举办。本届洽谈会由中国国际贸易促进委员会、澳门贸易投资促进局和佛得角投资推广署联合主办，主题为“中国与葡语国家之间的贸易与服务业的发展”。各国企业家共进行了195场洽谈活动，签署合作意向书5份。2017年6月16～17日，第12届中国与葡语国家企业家经贸合作洽谈会在普拉亚举办。来自中国内地、澳门特区及各葡语国家的400余名企业家代表参加了此次洽谈会。中国贸促会副会长张伟分别与安哥拉工商会和佛得角投资及出口促进局负责人就加强双方合作举行了工作会谈，并签署了两机构合作谅解备忘录。

佛得角各界对中葡论坛给予了高度评价，认为其在人员培训、经贸合作等方面起到积极作用，不过也有少数人士认为中葡论坛还存在不足。在接受中国社会科学院世界经济与政治研究所派出的第三方评估小组调研时，佛得角外交部官员何赛就指出，中葡论坛是崇高的、有意义的工作平台，在15年的发展历程中实现了支持中国与葡语国家经贸合作的目标和任务，中佛两国在文化、教育、基础设施、人员培训、高层访问等方面达成合作。佛得角投资与出口促进局局长表示，中国创建和发展中葡论坛，提供了一个很好的平台。佛得角财政部海关司的负责人则提到其本人曾到中国接受过多次培训，也更好地了解了中国的贸易环境。佛得角青年企业家协会会长也认为中葡论坛的培训活动组织得很好。同时，也有一些受访人士指出他们认为中葡论坛可能存在的问题。首先，佛得角受市场规模限制，很难达到中葡基金投资的规模门槛，而且基金要求的回报率过高。其次，经贸洽谈会通常难以取得实质性成果。

佛得角作为中葡论坛的创始成员国，15年来积极参与了论坛的各项活动，而且近年来不断加强与中国的友好合作，在中葡论坛中发挥了重要作用。佛得角相对特殊的地理位置和历史渊源造就了其一些不同于其他葡语国家的优势，例如：距离非洲大陆、欧洲大陆都比较近，地处“21世纪海上丝绸之路”沿线，公民思想开放、素质较高，营商环境良好，以及具有贸易平台优势等。因此，佛得角的海洋经济战略可以与中国的“一带一路”倡议对接，作为中葡论坛框架下推动“一带一路”倡议的示范项目。另外，佛得角在海洋经济、清洁能源、旅游业等方面具有投资潜力，可吸引中国及葡语国家的企业在这些领域开展合作，并充分利用佛得角的区位优势拓展国际业务。

B.14
几内亚比绍共和国

宋 爽*

摘 要： 2017~2018年，几内亚比绍两易政府总理，阿里斯蒂德斯·戈梅斯在2018年4月当选新一任总理。经济在2017年保持增长势头，但各项社会发展指标仍处于全球落后水平，在教育培训、医疗卫生、基础设施等方面存在较大提升空间。中几比在政治、经贸、发展、医疗和农业等领域展开广泛合作，援几比政府板丁渔业码头、西非沿海公路比绍至萨芬路段等重要项目协议相继签署。值中葡论坛成立15周年，几比各界给予高度评价，肯定了论坛在基础设施建设、人力资源培养等方面的成果。

关键词： 政府更迭 经济增长 社会落后 中葡论坛

一 政治形势

长期以来，几内亚比绍均以政局不稳著称。现任总统瓦斯自2014年6月就职以来已经先后6次解散政府、重新任命总理，政府基本处于瘫痪状态。在其于2015年8月解散由几佛独立党主席佩雷拉为总理的政府后，几内亚比绍各方因任命总理问题分歧不断。2018年1月30日，几佛独立党高级官员奥古斯托·安东尼奥·阿图尔·席尔瓦被总统瓦斯任命为总

* 宋爽，中国社会科学院世界经济与政治研究所，助理研究员。

理，成为佩雷拉卸任后瓦斯任命的第5位总理。然而，仅3个月后席尔瓦便辞职了。2018年4月16日，总统瓦斯又任命阿里斯蒂德斯·戈梅斯为政府总理。戈梅斯是几佛独立党高级官员，曾于2005年11月至2007年4月任总理一职。此次任命是几内亚比绍各主要党派，尤其是几佛独立党和社会革新党在西非国家经济共同体洛美峰会期间达成的共识，符合《科纳克里协议》。该协议于2016年10月由几内亚比绍各党派领导人、民间社会和宗教团体代表在几内亚首都科纳克里举行会谈后签署，要求政府总理一职人选须得到几内亚比绍各党派的同意，以便顺利组建政府，举行立法选举。

长期政局不稳导致几内亚比绍的行政体系效率低下，官员只顾眼前利益、腐败丛生。根据透明国际发布的2017年度“全球清廉指数”（Corruption Perception Index，CPI）排名，几内亚比绍在180个国家中排名第171位，该指数主要反映全球各国商人、学者及风险分析人员对世界各国腐败状况的观察和感受。根据世界银行的国家政策与制度评估（CPIA）数据库，在公共部门透明度、问责性和腐败评级指标下，几内亚比绍2017年在83个国家中排第71位。几内亚比绍政府对国家的管理和整治乏力，难以为经济和社会发展提供有利的环境保障。如在农业领域，农业资源的开发长期得不到解决，渔业资源则由于官员腐败和滥捕问题造成巨大浪费。

二　经济形势

2017年，几内亚比绍经济继续保持增长势头。根据国际货币基金组织和世界银行的数据，2017年几内亚比绍的国内生产总值（GDP）约为13.5亿美元，世界排名第177位，较2016年上升一位；GDP增长率为4.9%，世界排名第29位，在葡语国家中增速最快；人均GDP为1665.6美元，世界排名第173位，较2016年上升两位。宏观经济方面，2017年通货膨胀率为2.2%，较2016年上升0.5个百分点；就业率为67.3%，较2016年提升

0.1个百分点。财政方面，2017年的财政收入为1432.9亿西非法郎（以下简称“西法”），占GDP的18.5%；财政支出1545.6亿西法，占GDP的21%；财政赤字为112.7亿西法，占GDP的比重降至1.4%。

对外经济联系方面，根据世界贸易组织（WTO）统计数据，2017年几内亚比绍商品贸易进出口总额为6.12亿美元。其中，商品进口金额为2.84亿美元；商品出口金额为3.28亿美元。该年服务贸易进出口总额为1.02亿美元。其中，服务贸易进口0.82亿美元，出口0.2亿美元，分别较2016年下降38%和41%。联合国贸发会议（UNCTAD）数据显示，几内亚比绍2017年吸引外商直接投资的流量金额为1655万美元，较2016年下降31%；吸引外资存量金额达到1.91亿美元，较2016年增长25.3%。根据世界银行的数据，2016年几内亚比绍接受官方发展援助和官方援助共计1.99亿美元，来自经合组织（OECD）成员国的双边援助净流入1.57亿美元。

农业是几内亚比绍的主要经济支柱，2017年农业、渔业和林业的附加值在GDP中占比高达49.2%。几内亚比绍是世界主要的腰果生产国之一，腰果不仅是其最主要的出口产品，也是最大的经济收入来源。继2017年4月部长会议通过了腰果中介机构管理法、腰果销售法、腰果国内销售法和腰果国外销售法等四个腰果法令后，2018年4月几内亚比绍政府制定了腰果收购价格，并采取措施降低了腰果销售成本，例如将2018年的腰果销售许可证费从2017年的500万西法降至150万西法，并为腰果运输车辆发放特别通行证，保证该国各地的腰果顺利运到首都，多家商业银行承诺将为销售商提供资金，确保2018年腰果销售顺利进行。① 此外，几内亚比绍的农业种植以水稻为主，不过技术比较落后，只能实现一年一季。根据世界银行数据，2016年几内亚比绍的谷物产量为22.5万吨，每公顷产量仅为1426.4千克，分别较2015年提升7.7%和5%；谷物种植用地仅为15.8万公顷，还有进一步开发的空间，但需要解决淡水区的洪水治理问题和高原区的荒漠

① 《几比政府采取积极措施推动腰果销售出品》，中华人民共和国驻几内亚比绍大使馆经济商务参赞处，http://gw.mofcom.gov.cn/article/jmxw/201808/20180802780657.shtml。

化治理问题。

几内亚比绍还拥有丰富的渔业资源，发放捕鱼许可证和渔产品出口是其重要的外汇收入来源。几内亚比绍的渔业年捕捞量可达30万吨~35万吨，其沿海地区以捕鱼为业的人口有4000~5000人，每年发放捕鱼许可证收入约为920万美元。近年来，随着几内亚比绍渔业的开放，该海域的捕鱼竞争日益激烈。过度竞争导致产量有所下降，例如在水深10米至100米的海域，原来的捕鱼量可达1500~2000吨/船，而近年则下降至1000~1500吨/船。[①]

三　社会形势

动荡的政局使几内亚比绍的社会发展受到制约，各项社会发展指标均处于全球落后水平。在联合国开发计划署（UNDP）发布的《2018年人类发展指数和指标报告（HDI）》中，几内亚比绍2017年的人类发展指数为0.455，排名第177位（共189个国家），较2016年下降两位。根据世界银行发布的国家政策和制度评估报告（CPIA），几内亚比绍2017年在社会包容和平等政策方面的综合得分为2.3分，在公共部门管理和制度方面的综合得分为2分，均排名第71位（共82个国家）。实际上，几内亚比绍在教育和人力资源、医疗卫生、文化体育等方面都还存在较大提升空间。

几内亚比绍政府近年对教育事业越来越重视，国内各项教育发展指标虽有所改善，但总体而言仍处于全球较低水平。2017年，几内亚比绍学龄儿童预期受教育年限为10.5年，25岁以上人口受教育平均年限为3年，均较2016年有所上升。2006~2016年，几内亚比绍的成人（15岁及以上）识字率仅为45.6%；2012~2017年，政府教育支出约占GDP的2.1%。[②] 由于国家经济困难和家长无力负担子女的教育经费，加上开学时间的延误以及连续的停课，几内亚比绍的中高等教育普及率很低。2018年1月，几内亚比绍

① 参见对中水集团远洋股份有限公司的调研数据。

② 联合国开发计划署发布的《2018年人类发展指数和指标报告（HDI）》。

共和国教育部统计局局长奥古斯托·马丁斯就指出，克瓦梅·恩克卢马国立中学2017学年失去了3000余名学生。该校往年7～12年级大约有5000名学生，而2017年只有不到一半。因为缺少学生，该校许多教室被闲置。[①] 常年拖欠教师工资也是几内亚比绍教育事业面临的尴尬处境。2017年11月，教师工会副主席埃乌塞比奥·科宣布，如果政府仍然不尊重双方签署的最后一个谅解备忘录，广大教师将抵制2017/2018新学年开课。该谅解备忘录经几内亚比绍教师工会与政府协商后于2017年6月5日签署，政府承诺对教师的薪酬做出调整并支付其拖欠工资，但是政府迟迟未履行承诺。[②]

几内亚比绍的医疗卫生条件也逐渐得到改善，不过仍有很大提升空间。2016年，几内亚比绍非健康寿命预期为13.5%[③]；2007～2017年，每万人所拥有的医生仅为0.5人、医院病床数仅为10张，甚至在非洲也处于较低水平。[④] 根据世界银行的数据，几内亚比绍的人均健康支出约为40美元，健康支出占GDP的比重在7%左右。其中，政府支出的金额和份额远低于私人支出的部分，国内一般政府人均卫生支出仅为12美元，占GDP的比重略高于2%。几内亚比绍的医院人才十分欠缺，也因此受到政府的格外重视。2017年2月，40名比绍医学院学生获得毕业证书，公共卫生部部长巴赖出席了毕业典礼并向毕业学生颁发毕业证书。比绍医学院是古巴劳尔·迪亚兹阿圭列斯医学院的分学院，该学院分别在该国的比绍、巴法塔、加布和曼索阿等行政区设有分院，毕业学生将获古巴医学学士学位。[⑤] 此外，几内亚比绍政府也越来越重视环境卫生对人民健康的影响。2017年11月，环境与可

---

① 《几内亚比绍克瓦梅·恩克卢马国立中学2017学年失学率超过一半》，中华人民共和国驻几内亚比绍大使馆经济商务参赞处，http://gw.mofcom.gov.cn/article/jmxw/201808/20180802780653.shtml。

② 《几内亚比绍教师因被拖欠工资威胁抵制新学年开课》，中华人民共和国驻几内亚比绍大使馆经济商务参赞处，http://gw.mofcom.gov.cn/article/jmxw/201711/20171102664014.shtml。

③ 非健康寿命预期：预期寿命与健康预期寿命之间的相对差异，以非健康寿命占出生时预期寿命的百分比表示。

④ 联合国开发计划署发布的《2018年人类发展指数和指标报告（HDI）》。

⑤ 《比绍医学院毕业40名医学本科生》，中华人民共和国驻几内亚比绍大使馆经济商务参赞处，http://gw.mofcom.gov.cn/article/jmxw/201702/20170202515484.shtml。

持续发展部部长安东尼奥·塞里福·恩巴洛表示，政府正与相关公司合作从德若格罗垃圾场回收垃圾。随意焚烧垃圾所形成的烟雾会引发哮喘、支气管炎和肺炎等疾病，严重危害周围人群的健康。①

几内亚比绍政府也加强了能源和基础设施方面的社会公共支出，但是电力短缺的问题仍未得到明显改善。2017 年 11 月，国际货币基金组织代表奥斯卡·梅利亚多对几内亚比绍当局在公共财政管理方面做出的承诺和努力给予了积极评价。国际货币基金组织驻几内亚比绍代表处第四次报告认为，该国经济总体向好，例如，首都主干道阿米尔卡·卡布拉尔和国家独立战争大街能看到在建的两家宾馆、安图拉区已建成的水泥厂以及曼索阿的杧果加工厂等。梅利亚多还充分肯定了非洲开发银行和世界银行帮助几内亚比绍建设的两个燃油发电厂，使首都比绍的电能进一步增加到 45 兆瓦。② 不过，几内亚比绍缺电现象仍然严重。在世界银行发布的《2017 年全球营商环境报告》中，几内亚比绍在“获取电力”指标下仅排名第 182 位（共 190 个国家参与排名），虽较 2016 年上升一位，但仍处于全球电力供应最差国家的行列。2017 年 11 月，该国水电公司（EAGB）技术总监阿尔贝托·达席尔瓦证实，该公司目前面临部分地下电网损坏、电力销售系统瘫痪以及供电能力不足的问题。从 10 月中旬开始，因地下电网损坏，比绍市大部分街区都处于黑暗之中，加之财务困难，发电机组因缺乏保养出现一系列故障，以及电力销售系统瘫痪等，比绍市供电能力下降。③

四　中国与几内亚比绍的外交关系

中国与几内亚比绍建交 30 多年，双方在政治、经贸、发展、医疗和农

① 《几内亚比绍环境部长重申政府对垃圾回收的决心》，中华人民共和国驻几内亚比绍大使馆经济商务参赞处，http：//gw. mofcom. gov. cn/article/jmxw/201711/20171102664017. shtml。

② 《国际货币基金组织代表对几比公共财政管理表示赞赏》，中华人民共和国驻几内亚比绍大使馆经济商务参赞处，http：//gw. mofcom. gov. cn/article/jmxw/201711/20171102668431. shtml。

③ 《几内亚比绍首都缺电现象严重》，中华人民共和国驻几内亚比绍大使馆经济商务参赞处，http：//gw. mofcom. gov. cn/article/jmxw/201711/20171102664015. shtml。

业等领域展开了广泛的合作。在双边政治关系方面，2017 年以来两国都派代表出访了对方国家，几内亚比绍高级官员更多次来华访问。2017 年 3 月，中国外长代表、外交部非洲司司长林松添访问几内亚比绍，分别拜会了总统瓦斯、总理恩巴洛、议会第一副议长科雷亚、外长马卢以及几内亚比绍主要政党领导，双方就落实中非合作论坛约翰内斯堡峰会成果、全面深化两国各领域友好互利合作、党际交流合作以及共同关心的国际和地区问题等充分交换意见，达成广泛共识。[①] 2017 年 12 月，几佛党主席佩雷拉、社革党主席南贝阿来华出席中国共产党与世界政党高层对话会。2018 年 9 月，几内亚比绍总统瓦斯来华出席中非合作论坛北京峰会。

在双边经贸关系方面，主要是中国向几内亚比绍出口产品，直接投资很少。2017 年，中国与几内亚比绍双边贸易额 3406 万美元，同比增长 59%。其中，中国向几内亚比绍出口 3366 万美元，主要出口机电产品、高新技术品、纺织品等；几内亚比绍向中国出口 40 万美元。

在发展援助方面，中国继续向几内亚比绍提供援助以支持其基础设施建设。2017 年 7 月 25 日，中国政府援几内亚比绍政府板丁渔业码头项目签署协议，并于 2018 年 10 月 31 日举行开工仪式。该项目对推动当地经济和社会发展、促进渔业生产、增加就业以及对抗贫困等具有重要意义。[②] 2018 年 1 月，中国中渔环球海洋食品有限公司为几内亚比绍政府在布巴克岛免费安装了一台 6 吨的制冰机组，之后又与该国渔业部签订承诺书，为当地免费建造一套水产品加工冷藏综合设施。[③] 2018 年 9 月 20 日，中国政府援几内亚比绍政府西非沿海公路比绍至萨芬路段项目签署协议。该条公路从比绍机场到萨芬，建成以后将大力推动该国经济发展，造福

① 《中国外长代表、非洲司司长林松添访问几内亚比绍》，中华人民共和国外交部，https：//www. mfa. gov. cn/web/wjbxw_ 673019/t1443299. shtml。

② 《援几内亚比绍板丁渔业码头项目开工仪式在比绍隆重举行》，中华人民共和国驻几内亚比绍大使馆经济商务参赞处，http：//gw. mofcom. gov. cn/article/jmxw/201811/20181102802898. shtml。

③ 《中国公司将为几内亚比绍修建鱼货加工厂》，中华人民共和国驻几内亚比绍大使馆经济商务参赞处，http：//gw. mofcom. gov. cn/article/jmxw/201808/20180802780656. shtml。

当地人民。①

在医疗卫生合作方面，中国政府继续向几内亚比绍派驻医疗队，并援助重要药械。2017 年 5 月 5 日，中国政府援几内亚比绍第 16 批医疗队赴曼索阿医院进行了三个多小时的义诊，就诊人数 150 多人，努力为当地高血压、疟疾、糖尿病、HIV 感染等患者解除病痛。② 2017 年 5 月 17 日，中国政府向比绍中几比友谊医院援助药物和器械③；5 月 31 日，中国政府向几内亚比绍卡松果医院援助药械。④ 2018 年 7 月 24 日，中国政府向几内亚比绍政府援助了一批该国紧缺的药械，帮助改善当地医疗卫生水平和人民就医条件。⑤ 2018 年 7 月 31 日，中国政府援几内亚比绍政府“光明行”眼科白内障复明手术项目在该国首都西蒙·门德斯医院启动。此次“光明行”活动，中国专家组除了在当地免费实施白内障复明手术外，还捐赠了一批眼科手术设备和药品，同时为当地眼科医护人员进行专业技术培训，为民众传授眼睛保健知识等。⑥

在农业发展和援助方面，2017 年中国政府继续派驻农技专家在当地提供技术指导，也在几内亚比绍受灾期间提供粮食捐助。2017 年 6 月 20 日，为支持总统瓦斯提出的“大力发展水稻农业”倡议，中国援几内亚比绍农业技术专家组抽调精干力量组成技术专班，前往总统家乡卡莱基塞开展水稻

---

① 《援几比比绍至萨芬路段项目实施协议签字仪式在比绍举行》，中华人民共和国驻几内亚比绍大使馆经济商务参赞处，http://gw.mofcom.gov.cn/article/jmxw/201809/20180902791175.shtml。

② 《第 16 批中国援几比医疗队赴曼索阿区开展义诊活动》，中华人民共和国驻几内亚比绍大使馆经济商务参赞处，http://gw.mofcom.gov.cn/article/jmxw/201706/20170602597079.shtml。

③ 《中国政府援几内亚比绍政府药械交接仪式在比绍举行》，中华人民共和国驻几内亚比绍大使馆经济商务参赞处，http://gw.mofcom.gov.cn/article/jmxw/201705/20170502577924.shtml。

④ 《我援几内亚比绍卡松果医院药械交接仪式顺利举行》，中华人民共和国驻几内亚比绍大使馆经济商务参赞处，http://gw.mofcom.gov.cn/article/jmxw/201706/20170602585081.shtml。

⑤ 《中国政府援几内亚比绍政府药械交接仪式隆重举行》，中华人民共和国驻几内亚比绍大使馆经济商务参赞处，http://gw.mofcom.gov.cn/article/jmxw/201808/20180802780755.shtml。

⑥ 《中国援几内亚比绍“光明行”项目惠及几比民众》，中华人民共和国驻几内亚比绍大使馆经济商务参赞处，http://gw.mofcom.gov.cn/article/jmxw/201808/20180802780756.shtml。

种植技术培训，为当地种植户送去良种、肥料和农药，并进行田间现场指导和技术指导培训。2017 年 6 月 29 日，中国援几内亚比绍农业专家应 Fá-Mandinga 军垦农场请求，前往该农场帮助修复农业机械。2017 年 11 月，在几内亚比绍遭受旱涝和受灾群众急需粮食的关键时刻，中国政府向几内亚比绍政府及时捐赠粮食。

五　中葡论坛与几内亚比绍的发展

从 2003 年到 2018 年，中国—葡语国家经贸合作论坛（澳门）（以下简称“中葡论坛”）已经走过了 15 个年头。作为中葡论坛的创始成员国，几内亚比绍参与了全部五届部长级会议，体现了其对中葡论坛的高度重视，也在论坛中发挥了重要作用。

对于中葡论坛框架下的人力资源合作项目，几内亚比绍相关部门也都积极派人参与。中葡论坛的人力资源培训主要以两种方式展开：通过中葡论坛（澳门）培训中心开展研修班，以及由澳门政府提供实习机会。中葡论坛（澳门）培训中心（以下简称“培训中心”）于 2011 年 3 月在澳门挂牌成立，致力于提高中国与葡语国家在人力资源开发领域的合作水平，涉及语言教学、旅游会展、中小企业能力建设、公共行政管理、传统医药领域、基础设施建设、服务贸易等众多方面，几内亚比绍均派遣相关人员参加。另外，澳门特别行政区政府旅游局（以下简称“澳门旅游局”）还联合中葡论坛常设秘书处，合作为葡语国家旅游部门人员提供旅游培训和实习机会。2010 年，澳门旅游局与几内亚比绍签署了旅游合作谅解备忘录，后者每年都会选派人员参加澳门旅游局的实习。经初步统计，在中非、中葡合作论坛支持下，几内亚比绍每年赴华培训的人员达 200 余名。

几内亚比绍还积极参与历届中国与葡语国家企业经贸合作洽谈会，以及中国内地和澳门特区举办的各种贸易投资洽谈会。在首届中国—葡语国家经贸合作论坛期间，中国内地、澳门特区与包括几内亚比绍私人投资促进局在内的七个葡语国家贸促机构和商会签订了《贸易促进机构/商会合作协议书》，同意在此框架下在葡语国家轮流举办“中国与葡语国家企业经贸合作洽谈会”。迄今为止，中国与葡语国家企业经贸合作洽谈会已经分别在与会国举办了13届，几内亚比绍相关机构均积极参与。2016年4月，第11届中国与葡语国家经贸洽谈会在几内亚比绍首都举办。会议期间，来自中国、几内亚比绍、葡萄牙、莫桑比克、佛得角、东帝汶的政府、企业和经贸促进机构代表共计280余人进行了洽谈，共签署了11项合作协议。

对于中葡论坛对几内亚比绍的支持作用，该国各界均给予了高度的评价，但也有少数相关人员认为还有提升的空间。在接受中国社会科学院世界经济与政治研究所派出的第三方评估小组调研过程中，计划和地区一体化部国务秘书就表示几内亚比绍学习他国的发展经验是很有必要的，而中葡论坛为此提供了很好的空间；经济财政部国务秘书也认为，中国—葡语国家论坛使各葡语国家开放、诚恳地参与共同合作机制，论坛几乎每年都会签署一些项目，涉及基础设施建设、人力资源培养等方面，成果丰硕。就具体领域而言，几内亚比绍驻论坛代表认为中国对该国政府大楼、司法大楼和友谊医院等项目的援助和赠予，使他们受益很多；农业部部长指出中国派驻的技术援助组帮助该国改进稻米种植的技术，使稻米的产量和质量得到提升；旅游部一位部门负责人表示在澳门的学习令他开阔了视野，回国后有很多东西可以实践和模拟。不过，也有少数受访机构认为中葡论坛的各项机制仍有改进空间，主要涉及：论坛的培训缺乏有效性、论坛宣传力度不够、经贸合作项目少等方面。

从在中葡论坛中的作用来看，15年来几内亚比绍积极参与了论坛的各项活动，在论坛合作机制中发挥了创始成员国的积极作用。不过，由于几内亚比绍政局不稳、经济落后、官员贪腐、政府效率低下、人力资源欠缺等，在中葡论坛框架下几内亚比绍主要扮演援助接受国的角色，中国与几内亚比绍目前尚不具备开展互利互惠双边合作的条件。特别是在经贸合作中，目前中国和几内亚比绍的双边贸易仍以中国出口为主，而中资企业对当地的投资更是受到政治环境和制度缺陷的种种限制。

B.15 莫桑比克共和国

安春英*

摘　要： 2018年，莫桑比克执政党莫桑比克解放阵线党与该国最大的反对党莫桑比克全国抵抗运动之间政治权力之争比较激烈，尤其体现在市政选举的博弈方面。大选前的莫桑比克，社会治安环境堪忧，高失业率加大了政府维稳压力。与此同时，莫桑比克经济持续低迷，政府财政入不敷出。在对外关系方面，莫中在双边和中葡合作论坛多边平台的推动下，在政治、经济、人文等领域关系更为密切。

关键词： 莫桑比克　政治形势　失业率　经济低迷　莫中关系

由于临近2019年大选，以及受累于经济低速增长之困，2018年莫桑比克政治经济形势趋紧，出现复杂性局势。在此情势下，莫桑比克重视发展与中国的双边关系及推进莫中务实经济合作，以期提振国内经济形势，以发展促稳定。

一　大选前政治与安全形势

在非洲，民族国家建构并未完成，加之政府治理出现的一些问题，每当大选临近之时，选举暴力事件增多，给国家政治发展与社会稳定带来负面影

* 安春英，中国社会科学院西亚非洲研究所编审，研究方向为非洲经济、非洲减贫与可持续发展问题。

响，对于莫桑比克而言亦如此。由此，2019 年即将举行的大选成为 2018 年影响莫桑比克政治与安全走势的最重要因素。

（一）反对党抵运与执政党解阵党斗争激烈

莫桑比克反对党包括莫桑比克全国抵抗运动（Renamo，以下简称“抵运”），莫桑比克民主运动党（MDM），和平、民主与发展党（PDD），民主联盟（UD）和工党（PT）等，其中，抵运是莫桑比克第二大党，在 1994 年议会选举中获得 112 个议席，且是该国最大反对党。该组织自 1976 年成立以来，就与莫桑比克解放阵线党（Partido Frelimo，以下简称“解阵党”）进行了旷日持久的内战。1992 年，莫桑比克内战结束，双方达成停火协议，但抵运保留了武装部队。2013 年，解阵党与抵运双方发生暴力冲突事件。2014 年 10 月大选后，抵运中止同莫桑比克政府的对话，双方冲突有所升温。2016 年，反对党抵运启动与政府的和平谈判，双方于 2017 年 5 月签署无限期停火协议。

2018 年对于反对党抵运与执政党解阵党来说都是不平静的一年。一则莫桑比克需进行市政选举；二则国内出现总统、全国议会、地方议会选举前的政治博弈。就前者而言，2018 年的市政选举制度进行了改革，政府下放了部分权力，即市政长官通过选举当选，而非通过任命就职，这也是反对党抵运与执政党解阵党长期斗争的结果。而在抵运与政府和谈后首次举行的市政选举之前及过程中，莫桑比克首都及其他多个城市已出现选举暴力事件。9 月，当选举委员会宣布禁止两名候选人竞选首都马普托市市长之后，当地随即发生局部骚乱。9 月 19 日，在赞比西亚省（Zambezia）首府克利马内（Quelimane）的克利马内机场（UEL）外，支持反对党抵运的人员举行了示威游行，抗议该党候选人被禁参选行为以及支持现任克利马内市市长，同时声援其他未被允许参选的潜在候选人，后遭警察驱散。同月，在索法拉省（Sofala）栋多市（Dondo）、太特省（Tete）穆塔拉拉镇（Mutarara）的 Nhamayabue，反对党抵运与执政党解阵党支持者也发生了暴力冲突。10 月 1 日，在莫桑比克南部加扎省（Gaza）比莱尼镇（Bilene）的反对党莫桑比克民主运动党总部，出现纵火事件。在这样紧张的局势下，10月10日莫桑比克举行了市政选举，其结果是：解阵党在全国53个市中胜选数量达44个①，也就是说，执政党解阵党取得明显领先优势。对此，反对党抵运并不认同上述选举结果，指责解阵党在楠普拉省（Nampula）莫纳波镇（Monapo）、赞比西亚省上莫洛奎镇（Alto Molócué）、太特省莫阿蒂泽镇（Moatize）、马普托省（Maputo）首府马托拉市（Matola）等地的选举获胜都存在舞弊情况，并威胁退出与解阵党的和谈。此事件加剧了两党之间的敌对情绪，政治稳定风险有所上升。

（二）宗教极端组织引发的暴力袭击事件增多

在莫桑比克，除了抵运这一该国最大的反政府武装以外，还有一些宗教极端组织，如圣训捍卫者（Ansar al-Sunna）。该组织系伊斯兰极端宗教团体，建有清真寺和宗教学校，其成员主要来自德尔加杜角省（Cabo Delgado）的莫辛布瓦达普拉亚（Mocimboa da Praia）、马科米亚（Macomia）、帕尔马（Palma）和楠加德（Nangade）等地区。该组织不仅宣扬宗教极端思想，还频繁制造暴力袭击事件。2017年10月5日，该组织约30名成员突袭莫辛布瓦达普拉亚的3个警所，抢夺枪支，烧毁警车。11月30日，该组织对莫桑比克东北角德尔加杜角省帕尔马县的两个村庄（Mutumbati村与Megulo村）发动暴力袭击，造成2人死亡、4人受伤，大量房屋、商铺与一座教堂遭破坏。12月17日，这伙伊斯兰极端武装分子又突然袭击了德尔加杜角省沿海小城莫辛布瓦达普拉亚的警方快速干预部队（RIU），造成1人死亡、5人受伤。2018年1月13日，德尔加杜角省帕尔马县的一个村庄（Olumbe）遭袭，造成5死11伤，数所房屋被焚毁。2018年1月15日，楠加德县（Nangade）医疗保健中心遭极端组织武装分子袭击，造成2死1伤，药品与车辆被劫。此外，伊斯兰极端武装组织还频繁袭击莫桑比克北部地区的基础设施，包括重要油气设施等，给该国造成人员、财产损失，恶化了当地的治安环境。

---

① EIU，*Country Report*：*Mozambique*，November 29th，2018，p. 20.

（三）失业率高企加大政府维稳压力

从影响就业的长期因素看，莫桑比克产业结构低度，制造业产值在国内生产总值中所占比例偏低，如何发展劳动密集型产业始终是政府面临的重大问题。而从短期因素看，受2016年以来全球经济持续低迷因素的影响，该国近几年经济增速较2010～2015年下降约一半，国内就业问题日益突出。世界银行网上相关数据显示，2017年，莫桑比克全国劳动力总数为1289.9万人，而15至24岁青年失业率高达42.7%。[①] 青年人大量失业，若遇到一些不如意情境，极易引发社会冲突事件。

发展是解决一切问题的总钥匙。2018年，莫桑比克人均国内生产总值仅为472美元[②]，尽管较2017年有所提升，但仍与2016年前数据存在较大差距（见图1）。如何增加民众收入、改善民生，需要政府持续付出艰辛的努力。

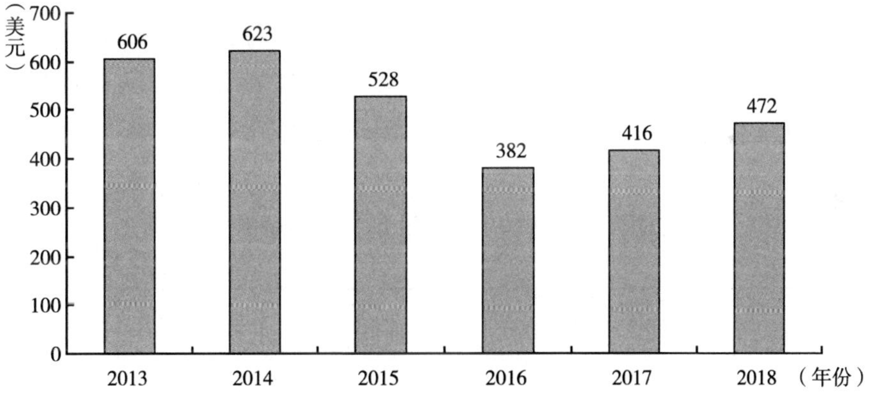

图1　2013～2018年莫桑比克人均国内生产总值

资料来源：世界银行网上数据库，https：//data. worldbank. org/country/mozambique？ view = chart，最后访问时间：2018年12月12日。

---

① 参见世界银行网上数据库，https：//data. worldbank. org/country/mozambique？ view = chart，最后访问时间：2018年12月12日。

② IMF，"Republic of Mozambique，" Country Report No. 18/65，March 2018，p. 20.

二　外债重压下的经济形势

2018年，莫桑比克未能走出经济低迷的阴霾，经济保持低速增加，加之外债高企的重压，该国经济发展需要注入新动能，带动其尽早走出“寒冬”。总体来看，2018年莫桑比克经济形势呈现以下特点。

（一）国内生产总值缓慢提升

经历十几年强劲的经济增长期，莫桑比克经济在2016年出现拐点，这其中既有国际大宗商品价格走低的外部因素，也有国内天然气开发投资力度减缓的因素。鉴于此，莫桑比克政府一方面采取增税减支、加快推进工业化进程等措施；另一方面积极吸引外资，重振该国经济发展。2017年7月，莫桑比克总理卡洛斯·多罗萨里奥宣布成立投资和出口促进局（APIEX）[①]，以期进一步促进外国直接投资和扩大对外出口。此外，自2017年以来，莫桑比克正式启动北部鲁伍马盆地（Rovuma）海上天然气4区块项目，以投资拉动经济增长。从表1可以看出，2018年该国国内生产总值较2017年有所上升，由123亿美元上升至144亿美元；经济增长率由2017年的3.7%微降至2018年的3.5%。

表1　2014～2018年莫桑比克主要经济指标

单位：亿美元，%

	2014年	2015年	2016年	2017年	2018年
国内生产总值	170	148	109	123	144
经济增长率	7.4	6.6	3.8	3.7	3.5
农业增长率	3.7	3.1	2.6	2.1	3.8
工业增长率	7.8	12.4	5.4	8.5	5.5
服务业增长率	9.0	6.7	4.1	1.5	2.1
年均通货膨胀率	1.1	-1.1	23.7	5.6	4.0

资料来源：EIU, *Country Risk Service*: *Mozambique*, February 2018, p. 18。

① 莫桑比克投资和出口促进局（APIEX）由原来的投资促进中心（CPI）、特别经济区办公室（GAZEDA）和出口促进局（IPEX）合并后成立，是该国工业和贸易部下属机构。

与此同时，政府实行货币宽松政策，本币梅蒂卡尔贬值，减缓通胀压力，国内食品市场供应充足，由此使莫桑比克的通货膨胀率由2016年的23.7%陡降至2017年的5.6%，2018年继续保持低通胀，有利于稳定国内消费市场的价格。

（二）对外贸易规模有所增长，但处于逆差态势

莫桑比克具有外向型经济的特点，通过出口铝锭、煤炭、烟草、对虾等原料产品换取外汇。同时，该国需要进口机械设备、汽车、石油、粮食等产品，满足国内市场消费需求。因此，莫桑比克的贸易规模在很大程度上受到相关产品国际市场价格波动的影响。2018年，国际铝产品价格看好，由2017年的每吨1968.2美元上升至2137.5美元。在国际贸易条件改善的情况下，2018年商品出口额和进口额都有小幅提升（见图2），贸易逆差6100万美元。

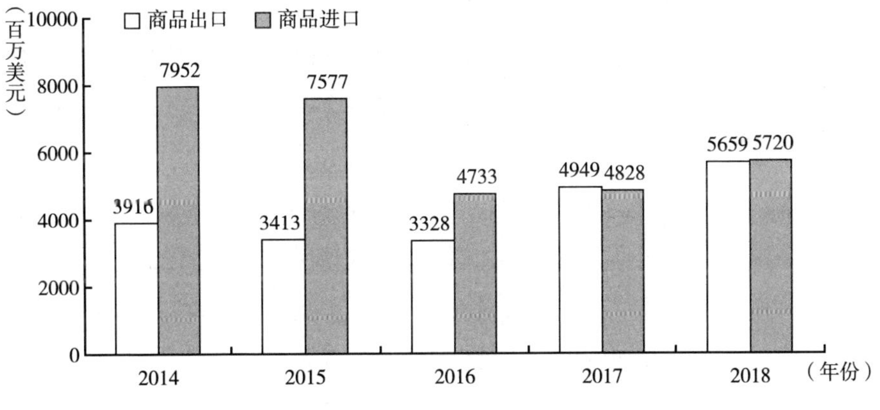

图2　2014～2018年莫桑比克对外贸易情况

资料来源：EIU，*Country Risk Service*：*Mozambique*，February 2018，p. 20。

莫桑比克的主要贸易伙伴国情况如下。以2017年为例，该国出口目的地分别为印度（占全部出口总额的26.8%）、荷兰（23.3%）、南非（15.9%）、新加坡（3.4%）及其他国家（30.6%）；进口来源国分别是南

非（占全部进口总额的38.8%）、中国（7.3%）、阿联酋（7.1%）、印度（6.5%）及其他国家（40.3%）。①

（三）政府财政收支状况依然严峻，外债压力持续上升

莫桑比克政府的财政收入主要来源为国家税收、商品出口创汇等收入，支出则用于国内经常项目和资本项目等，包括政府日常运作、投资、商品和服务支出等。2018年，由于该国主要出口商品铝的国际市场价格上扬及国内税收收入增加，2018年政府财政收入总额为2140亿梅蒂卡尔（约合31亿美元），比2017年增加252.9亿梅蒂卡尔（约合3.7亿美元）。同年，莫桑比克采取缩减国家预算内政府公职人员在购、租房，公共用车燃料，通信以及其他方面的支出津贴等办法，努力减少政府日常支出。尽管如此，2018年财政支出仍达到2665亿梅蒂卡尔（约合39.2亿美元），比2017年增加306.6亿梅蒂卡尔（约合4.5亿美元）。从政府财政收支差额看，2018年财政赤字扩大至524.5亿梅蒂卡尔（约合7.7亿美元）。由于西方经援暂停，莫桑比克收到的国际援助有所减少，政府财政收支状况恶化。2018年，莫桑比克外汇储备24亿美元，可提供3.5个月的商品和服务出口。②

近年，莫桑比克财政入不敷出的状况直接导致政府偿债能力降低，使该国难以支付其外债到期利息，债务风险高企。从莫桑比克的债务结构看，长期债务占88%，短期债务占12%，且主要是官方债务（2018年官方债务占总额的85.9%）。莫桑比克债务负担沉重（见表2），主要表现在以下四方面：其一，2018年莫桑比克负债率（年末债务占当年国内生产总值的比例）为67.0%，虽然比2016年（94.2%）和2017年（74.1%）有所下降，但仍远远高于30%的国际警戒线，这说明莫桑比克的外债规模已超过国力所能承受的限度；其二，从债务率（指外

---

① EIU, *Country Report*: *Mozambique*, November 29th, 2018, p. 12.

② EIU, *Country Risk Service*: *Mozambique*, February 2018, p. 20.

债余额与当年外汇总收入之比）来看，2018 年莫桑比克债务率为 156.2%，已非常接近国际上的 165% 的参照系数，这说明莫桑比克偿债能力十分低下；其三，从偿债率（指当年的还本付息额与当年外汇总收入之比）来看，2018 年莫桑比克偿债率为 12.7%，虽低于国际 20% 的警戒线，但数值仍然偏高；其四，从国际储备占外债总额的比例（它是衡量一国资信和对外清偿力的重要指标）来看，2018 年为 23.2%，低于国际经济界一般认为的国际储备额占一国外债总额 50% 的适度指标。从上述指标看，莫桑比克债务风险较高，严重影响了国内经济发展和外资的流入。

表 2　2014 ~ 2018 年莫桑比克负债情况

	2014 年	2015 年	2016 年	2017 年	2018 年
外债总额(百万美元)	8695	10056	10481	12010	12396
负债率(%)	51.2	67.5	94.2	74.1	67.0
债务率(%)	176.2	227.6	250.2	177.2	156.2
偿债率(%)	3.8	7.3	11.8	12.7	12.7
国际储备占外债总额的比例(%)	37.1	25.8	20.2	24.4	23.2
人均债务(美元)	319	357	357	346	339

资料来源：EIU，*Country Risk Service*：*Mozambique*，February 2018，pp. 22 – 23。

综上，由于莫桑比克国内需求疲弱、投资不振，经济增长仍缺乏动力。2023 年，随着莫桑比克天然气的出口，该国经济增速将大大提高，届时该国经济有望重回高速增长期。

三　稳步推进的中莫关系

自 2016 年 5 月中莫双边关系提升为全面战略关系以来，中莫在政治、经济、人文等领域关系更为密切。

（一）加强双边政治交往，进一步巩固和深化政治互信

2018 年中莫双方通过各层级互访，凝聚发展共识。2018 年 5 月 12 ~ 15 日，中国全国人大常委会委员长栗战书应邀对莫桑比克进行正式友好访问。其间，栗战书分别与莫桑比克总统纽西和议长马卡莫进行了会谈，提出与莫方加强治国理政经验交流、开展“一带一路”框架下互利合作与共同发展、支持莫方走自主可持续发展道路等方面的意愿。9 月 4 ~ 6 日，中国副检察长邱学强访问莫桑比克，加强与莫方司法部的合作和交流，就预防和打击涉及两国公民的犯罪活动等内容进行会谈。此外，6 月 7 日，浙江省义乌市官方代表团也到访莫桑比克，通过与莫方相关人员进行面与面的交流，探讨加强双方自由港、物流、贸易等领域交流与合作的路径。

与此同时，莫方也加强了对华友好访问。2018 年 6 月 15 ~ 16 日，莫桑比克土地、环境和农村发展部部长科雷亚访华，与中方就生态环境合作等议题交换意见，双方并签署《关于林业合作的谅解备忘录》。2018 年 9 月 3 日，中非合作论坛北京峰会在北京隆重召开。莫桑比克总统纽西重视论坛机制在推动双边关系中的重要平台的作用，应邀参会。中国国家主席习近平在 9 月 1 日会见了到访的莫桑比克纽西总统，双方在会谈中就加强执政党建设经验分享，扩大在投资、贸易、农业、工业、教育、文化、媒体等方面交流合作达成共识。会见后，中莫两国元首共同见证了双边合作文件的签署。2017 年 9 月 11 日，中华人民共和国首席大检察官、最高人民检察院检察长曹建明会见了来北京参加第 22 届国际检察官联合会年会暨会员代表大会的莫桑比克总检察长比阿特丽丝·布西莉，并签署双方检察机关合作谅解备忘录。上述双边互动交往，加强了中莫双方的政治互信，释放出积极信号，为密切双边各领域合作创造了良好的政策环境与合作基础。

（二）抓住“一带一路”新机遇，扩大双边互利经济合作

莫桑比克被视为中国正在推进的“21 世纪海上丝绸之路”在非洲大陆的自然延伸，也是中非产能合作重点国之一。尤其是，中莫双方已签署《关于开展

产能合作的框架协议》和《关于开展经贸合作区建设的谅解备忘录》等重要经贸合作文件，有力地推进了双方在贸易、投资、劳务承包、援助等方面的务实合作。

在贸易方面，2017 年，中国与莫桑比克进出口商品总额为 18.54 亿美元，与 2016 年（18.59 亿美元）基本持平（见表 3）；其中，出口和进口额分别为 13.26 亿美元、5.28 亿美元。2018 年，在中莫双方的共同努力下，双边贸易总额、出口和进口额整体呈上升之势。1～9 月，中国与莫桑比克进出口总额达 19.42 亿美元，环比上升 46.7%，其中中国从莫进口 4.70 亿美元，环比上升 21.6%；对莫出口 14.72 亿美元，环比上升 57%。[①] 中国主要对莫桑比克出口工业制成品，包括机械及运输设备、纺织品、鞋类、谷物、金属制品等；而莫桑比克则向中国出口木材、铁矿砂、农产品等。

表 3　2013～2017 年中莫双边贸易情况

单位：百万美元

	2013 年	2014 年	2015 年	2016 年	2017 年
中国进口	451	1650	452	479	528
中国出口	1190	1960	1941	1310	1326
进出口总额	1641	3620	2393	1859	1854

资料来源：中国海关总署统计数据。

在投资方面，据中国商务部统计，2017 年中国对莫桑比克非金融类直接投资流量 11747 万美元，比 2016 年 4425 万美元有显著提升（见图 3）；截至 2017 年底，中国对莫桑比克非金融类直接投资存量为 8.7 亿美元[②]，现为莫桑比克最大的投资来源。农业、能源、矿产、房地产开发、酒店、汽车装配、零售业是中企在莫桑比克的主要投资领域。为增进中莫双方对投资商机的深度认知，双方相关部门或企业采用投资推介会形式，宣介投资机遇。例如，2018 年 3 月，

① 参见中国—葡语国家经贸合作论坛（澳门）常设秘书处网站，http://www.forumchinaplp.org.mo/trade-between-china-portuguese-speaking-countries-nearly-us109-0-bln-in-january-september-2018/? lang=zh，最后访问时间：2018 年 12 月 14 日。

② 《2017 年度中国对外直接投资统计公报》，中华人民共和国商务部，http://images.mofcom.gov.cn/fec/201810/20181029160824080.pdf，最后访问时间：2018 年 12 月 14 日。

莫桑比克代表在浙江省杭州市举行的“对非投资合作企业对接会·杭州”活动上，向中国企业推介了该国的大型投资项目，包括马卢阿纳（Maluana）高科技工业园投资项目；7月，湖北省组织了该省十几家粮油企业远赴莫桑比克，举办了2018年中国湖北粮油产品推介暨合作洽谈活动，促进了中莫在粮食种植、加工、贸易等方面的合作。当然，中莫产能合作需要具体的投资项目来推进。2018年，中企在莫桑比克亦有相关投资。例如，2018年5月，85%的资金来自中企的莫桑比克楠普拉省纳卡拉市的马亚亚水泥厂正式开业，该厂雇用了60名员工，其中当地雇员有48人。据悉，该厂投产后每年可产出25万吨水泥①，由此可降低当地水泥的市场价格，居民可从中受益。8月，中国河南国际合作集团有限公司投资3500万美元，在马普托附近投资建设萨比水厂，将使当地65万人享用莫桑比克的公共供水网络。② 9月2日，中国与莫桑比克公司在北京签署八项投资协议，用于投资莫桑比克的基础建设、工业、电信、农业和金融服务，包括中国土木工程集团在博阿内（Boane）和马拉夸内（Marracuene）兴建工业园区、中国中铁国际集团有限公司在加扎省的林波波河谷和雄圭内（Chongoene）港口之间建设一体化铁路系统、华为与莫桑比克移动网络运营商Celular合作等投资协议。10月，中国鼎盛矿产资源有限公司启动在加扎省希布托区的重砂矿项目。11月，中国钰意实业有限公司首次在莫桑比克水域进行鱼捕，就成功捕获359吨甲壳海鲜和鱼类，且与莫桑比克政府签订了为期五年的渔业活动协议。③ 这些投资项目将有助于莫桑比克产业升级，产生良好的经济效益和社会效益。

---

① 参见中国—葡语国家经贸合作论坛（澳门）常设秘书处网站，http：//www. forumchinaplp. org. mo/chinese - owned - cement - plant - opens - in - mozambique/? lang = zh，最后访问时间：2018年12月14日。

② 参见中国—葡语国家经贸合作论坛（澳门）常设秘书处网站，http：//www. forumchinaplp. org. mo/chinese - contractor - starts - building - mozambican - waterworks/? lang = zh，最后访问时间：2018年12月14日。

③ 参见中国—葡语国家经贸合作论坛（澳门）常设秘书处网站，http：//www. forumchinaplp. org. mo/%e7%b9%81%e9%ab%94%e4%b8%ad%e6%96%87 - %e4%b8%ad%e5%9c%8b%e6%bc%81%e6%a5%ad%e5%85%ac%e5%8f%b8%e5%9c%a8%e8%8e%ab%e6%a1%91%e6%af%94%e5%85%8b%e6%b0%b4%e5%9f%9f%e9%80%b2%e8%a1%8c%e9%a6%96%e6%ac%a1/? lang = zh，最后访问时间：2018年12月14日。

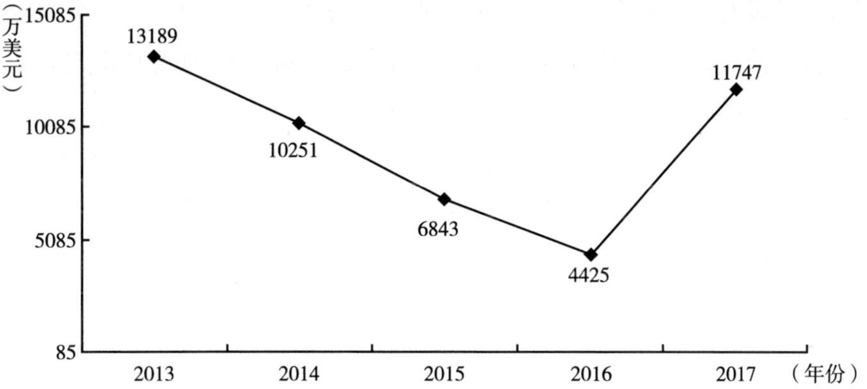

图 3　2013 ~ 2017 年中国对莫桑比克非金融类直接投资流量情况

资料来源：《2017 年度中国对外直接投资统计公报》，中华人民共和国商务部，http：//images. mofcom. gov. cn/fec/201810/20181029160824080. pdf，最后访问时间：2018 年 12 月 14 日。

在工程承包方面，非洲地区是中国对外承包工程业务的传统市场，业务范围覆盖整个非洲大陆。其中，莫桑比克是中国对非劳务承包业务较多的国家。2017 年，中国企业在莫桑比克市场新签合同额 6. 0 亿美元，同比增长 48. 5%，居全非第 23 位；同年，完成营业额 11. 1 亿美元，同比下降 16. 8%，居全非第 11 位。[①] 中国企业在莫桑比克业务主要集中在一般建筑、水利建设和交通运输建设等领域，主要参与企业有中国建筑集团有限公司、安徽省外经建设（集团）有限公司、中国路桥工程有限责任公司等。近年莫桑比克经济低迷和支付困难等因素，影响了中国企业在该国工程承包业务的发展。尽管如此，中莫双方仍尽力进行资金安排，在基础设施领域展开合作。例如，中国路桥在完成马普托—卡藤贝大桥项目后，2018 年 8 月 2 日启动承建萨韦河新大桥的项目，新桥需时三年，总造价 9830 万美元；安徽外经 10 月 4 日破土动工承建加扎省希布托区商业开发项目，面积达 8. 4 万

---

① 参见《中国劳务承包发展报告 2017 ~ 2018》，中华人民共和国商务部，http：//fec. mofcom. gov. cn/article/tzhzcj/tzhz/upload/dwcbgc2017 – 2018. pdf，最后访问时间：2018 年 12 月 14 日。

平方米，设有一家超市、一家有45间客房的酒店、一家餐厅、多家商店及一个休闲公园；中国航空国际建设投资有限公司则于10月5日正式启动莫桑比克加扎省的雄圭内（Chongoene）新机场项目。

在援助方面，中国对莫桑比克的援助注重推动该国的减贫与改善民生。公共医疗卫生涉及民生，一直是中莫两国合作的优先领域。2017年12月11日，中国援莫桑比克贝拉中心医院儿科楼项目交付使用，中方还为这座新楼配备了相关医疗设备，该项目有助于改善当地医疗诊治条件。为解决当地饮水安全问题，2018年8月1日，中国援莫桑比克打井项目开工仪式在马普托省纳马沙区举行，这是落实双方在2016年签署的在马普托省和加扎省援莫打井202口的协议，此举会满足当地居民尤其是村民的基本用水需求。此外，为应对2017年10月莫桑比克因水灾而出现的缺粮问题，中国政府在2018年2月向莫方捐赠了7000吨大米，助其渡过难关。

（三）全方位深化人文交流，旨在提升当地能力建设水平

在缩小莫桑比克与世界其他国家数字鸿沟方面，2018年5月15日，中莫双方正式启动了卫星电视计划，为当地500个村庄接入卫星电视信号，包括政府的办公楼、医院、学校、社区中心、村民家庭等。该项目由四达时代莫桑比克分公司具体实施，为长期闭塞的非洲农村村民打开了解世界的窗口。

在人力资源开发合作方面，2018年5月2～11日，粤澳中医药科技产业园与莫桑比克卫生部共同举办了“莫桑比克卫生部—粤澳合作中医药科技产业园2018中医药特色疗法（初阶）培训班”，主要提供中医基础理论、诊断和中医技法的专业培训，为当地培养中医人才，莫桑比克卫生部下属的11个省市公立医院共计32名医生及理疗师参加了培训。[①] 2018年11月，在莫桑比克蒙德拉内大学孔子学院及南京农业大学的支持下，中方为来自莫桑比克加扎省的29名农业局官员和一线农业技术人员举办了为期5天的农业

① 参见《“莫桑比克卫生部—粤澳合作中医药科技产业园2018中医药特色疗法（初阶）培训班”今年继续在莫桑比克成功举办》，粤澳合作中医药科技产业园网站，http://www.gmtcmpark.com/sohw-1612.html，最后访问时间：2018年12月14日。

培训，以水稻栽培与培育技术为主。

在文化互鉴方面，中国驻莫桑比克使馆、蒙德拉内大学孔子学院于2017年10月共同发起了“我眼中的中国”摄影比赛，2018年3月7日隆重的颁奖盛会在中国驻莫桑比克使馆举行。6月30日，中国在莫的企业、餐馆、茶室参加了莫桑比克文化和旅游部在马普托市举办的第一届国际文化节活动，全面展示了中国书法、功夫、歌舞、餐饮、茶艺、画脸谱、剪窗花等特色文化。7月17~20日，南京艺术团在马普托希萨诺国际会议中心举行了文艺演出。8月31日，中国驻莫桑比克使馆在当地举办了“茶韵中国”主题文化交流活动。颇具特色的文化互动，为密切中莫两国人文交流发挥了积极作用，有助于促进双方民心相通。

四 莫桑比克对中葡论坛的积极参与

“中葡论坛”于2003年10月创立，其决策机构是中葡论坛部长级会议，每三年举行一次，发布未来三年中国与葡语国家促进经济和贸易合作关系合作计划及相关重要领域。至2018年，已分别于2003年10月、2006年9月、2010年11月、2013年11月和2016年10月举行了五届部长级会议。从表4可以看出，莫桑比克政府高度重视这“一对多”多边合作平台，派遣该国主管经贸事务的部长参加。在第五届部长级会议上，莫桑比克总理卡洛斯·阿戈什蒂纽·多罗萨里奥出席论坛，充分体现了他看重中葡论坛的作用与发展前景。

表4 莫桑比克参与历届中葡论坛部长级会议情况

届次	举办时间	莫方政府代表
第一届	2003年10月12~14日	工业和贸易部部长卡洛斯·阿尔贝托·桑帕约·穆尔加多
第二届	2006年9月24~25日	能源部部长萨尔瓦多·南布雷特
第三届	2010年11月13~14日	工业和贸易部部长阿曼多·伊隆加
第四届	2013年11月5~6日	外交与合作部部长巴洛伊；工业与贸易部部长阿曼多·因隆加
第五届	2016年10月11~12日	总理卡洛斯·阿戈什蒂纽·多罗萨里奥

资料来源：参见中葡论坛常设秘书处网站，http：//www.forumchinaplp.org.mo/?lang=zh。

2004 年 3 月，中葡论坛常设秘书处召开的首次例会通过了《常设秘书处章程》。此后，每年召开一次，其主要职责是制定执行经贸合作行动纲领的年度计划，并总结上一年计划执行情况，以及讨论其他与论坛相关的事宜。莫桑比克在中葡论坛常设秘书处派驻了代表，参加每年度的秘书处例会。

中国与葡语国家企业经贸合作洽谈会作为中葡论坛促进葡语系国家经贸投资合作的重要平台，每年举办一次。莫桑比克分别于 2007 年和 2014 年举办了两次。2007 年 4 月 18 ~20 日，第三届中国与葡语国家企业经贸合作洽谈会在马普托举办，莫桑比克总理出席洽谈会开幕式。中国内地和澳门特区、安哥拉、佛得角、葡萄牙经贸机构等代表及 650 多名企业家参加。此次洽谈会除了开展投资机会推介与经验交流研讨会以外，还安排了 160 场商业配对活动，涉及建筑、金融、服务、旅游、贸易、医药等行业[①]，达到了预期效果。2014 年 8 月 26 日，第十届中国与葡语国家企业经贸合作洽谈会再次在马普托举办。莫桑比克总理瓦基纳、莫桑比克出口促进局主席马卡林格出席开幕式。来自中国、安哥拉、巴西、佛得角、几内亚比绍、葡萄牙、东帝汶的官员及企业家代表 460 余人参会。其间，各国和地区企业共进行 500 多场配对洽谈，并签署了 5 份合作协议，涉及商会及企业间合作协议、投资、建筑工程及农产品加工等。[②] 值得注意的是，在 2016 年 10 月举办的中葡论坛第五届部长级会议上，与会国达成了《中国—葡语国家经贸合作论坛（澳门）关于推进产能合作的谅解备忘录》。为落实此项会议成果，莫桑比克于 2017 年 6 月 14 日在马普托举办了“中国—葡语国家产能合作论坛”，中莫政府官员和企业家出席了项目对接会，为中国内地省份与莫桑比克进行优势产能对接创造了合作平台。

---

① 《“中国与葡语国家企业经贸合作洽谈会”闭幕》，网易新闻，http：//news. 163. com/07/0423/04/3CO40H6U000120GU. html，最后访问时间：2018 年 5 月 23 日。

② 《第十届中国与葡语国家企业经贸合作洽谈会在马普托召开》，中华人民共和国商务部，http：//www. mofcom. gov. cn/article/i/jyjl/k/201408/20140800714464. shtml，最后访问时间：2018 年 5 月 23 日。

此外，莫桑比克还积极参加了中葡论坛下的各类专题研修班，如“中国与葡语国家经济管理研修班”“葡语国家公共行政管理研修班”“葡语国家中小企业能力建设研修班”以及其他相关活动。这类活动大致有以下三种。一是经贸推介会，如 2015 年 12 月举办的“莫桑比克商机工作坊”、2018 年 5 月扬州举办的“扬州—澳门·葡语国家产能合作对接会”等；二是各类会展，如“2015 年澳门国际环保合作发展论坛及展览”、“江苏—澳门·葡语国家工商峰会”、在“澳门葡语系国家和地区酒类及食品展示中心”设立了莫桑比克展厅等；三是促进中葡文化交流活动，如“葡韵嘉年华”及“中国—葡语国家文化周”、葡语国家运动会等活动。

纵观中葡论坛建立以来中莫经贸合作关系的发展，中莫贸易额显著提升，中莫双边贸易额由 2003 年的 7171 万美元上升到 2017 年的 18.54 亿美元，但贸易不平衡现象持续存在；澳门平台作用凸显，已有部分澳门企业到莫桑比克探寻商机，如粤澳中医药科技产业园自 2015 年以来已在当地成功举办了多届针对当地公立医院系统的医生和理疗师的中医技法专业培训，并于 2017 年 9 月帮助 2 家澳门中成药企业完成了在莫桑比克的注册工作；投资合作领域不断拓宽，既包括传统投资项目，也涉及高科技新兴产业领域；援助由扶贫济困向提升自我发展能力转变，双边经济关系日益密切。当然，中莫经贸合作是在双边多种机制性合作平台共同推动并形成合力情势下进行的，其中也有中葡论坛的参与和推动。

B.16
葡萄牙共和国

张　敏*

摘　要： 2018年葡萄牙政局保持稳定，执政党社会党继续得到左翼集团、葡萄牙共产党、葡萄牙绿党的议会支持，政府2019年的财政预算方案可以顺利通过。经济增长前景看好，2018年经济增长得益于内需拉动、出口增长和欧盟资金的支持。劳动力市场形势明显好转，失业率已降至2004年以来的最低水平。中国国家主席习近平时隔8年对葡萄牙的正式国事访问，进一步加强了两国全面战略伙伴关系，未来将构建“海洋伙伴关系”、共建“21世纪海上丝绸之路”。

关键词： 葡萄牙　政局稳定　经济复苏　中葡关系　海洋伙伴关系

一　葡萄牙政局稳定，左翼集团党积极寻求执政之路

2018年葡萄牙政局保持稳定。本届政府由少数派中间偏左的社会党（PS）执政，自2015年11月组建以来，由安东尼奥·科斯塔（Antnio Costa）出任政府总理，政府的各类议案等一直得到执政党之外的三个小党派左翼集团（BE）、葡萄牙共产党（PCP）和绿党（PEV）的议会支持。执政三年多来，葡萄牙政府积极应对债务危机的后续影响，通过一系列结构改

* 张敏，中国社会科学院欧洲研究所研究室主任、研究员、博士生导师，兼任中国社会科学院西班牙研究中心主任，主要研究方向为欧洲经济、科技创新等。

革，摆脱了经济衰退并努力创造推动经济复苏的发展环境，2017 年和 2018 年经济持续保持强劲增长态势，刺激居民消费和公共投资，拉动了内需和出口，这让外界逐渐打消了对本届政府是否具有政治凝聚力、能否稳定执政等种种顾虑。除了经济上取得成效外，政府还积极应对诸多社会政治环境等方面的各类突发事件，如在 2017 年 6 月和 10 月葡萄牙中部和北部遭遇严重森林大火，当时灾情十分严重，政府不得已从环境治理层面上努力找到森林管理漏洞问题，内政部部长德索萨（Constança Sousa）因未能妥善处理森林大火而饱受批评，于 2018 年 10 月 18 日引咎辞职。

本届政府在经济、政治、环境等多方面有所作为，赢得了选民的支持，巩固了执政地位。2017 年 10 月 1 日社会党赢得了地方选举，选民支持率达 40%。相比之下，主要的反对党社会民主党（PSD）的表现却不佳，导致该党领袖佩德罗·帕索斯·科埃略被迫辞职。目前社会民主党的支持率约为 28%，保守党派人民党（CDS-PP）的支持率约为 7%。在反对党内部分裂严重的情况下，一些小党派的选民支持率也在上升，左翼集团和葡萄牙共产党得票率分别达到了 7% 和 9%。此次地方选举的结果表明，葡萄牙社会党尽管是议会微弱多数派，但仍掌握执政大权，赢得了选民支持，预计可以稳定执政到 2019 年 10 月本届任期结束。目前预测，下届大选社会党可以稳定获得 39% ~42% 的选票，而主要的反对党社会民主党的选民基础仍在削弱，预测结果显示其支持率仍在下跌，或许在 24% ~27%。

本届政府得到了三个党派的支持，其中之一是葡萄牙左翼集团，从现在起该党对于积极争取进入下一届政府积极谋划，努力寻求执政之路。2018 年 11 月 11 日，左翼集团全国代表大会再次确认了卡塔里娜·马丁斯（Catarina Martins）在未来两年作为该党国家协调人或领导人地位。马丁斯高票赢得党内支持，在全部 584 个参会代表中，投票支持率高达 78%，支持者为 457 人，在未来两年内她有意带领左翼集团进入联合政府。本次代表大会还选举产生了左翼集团高层政治局，负责该党的所有战略决策。为能参与联合执政，马丁斯及该党高层官员推出了一项温和政治战略，明确未来的具体政策与优先目标，并不再坚持以往的欧洲怀疑论立场。

左翼集团发表“通向未来联合政府之路”的宣言，其中明确了温和政策议程，改革建议和优先事项，其中有一些问题是该党寄希望能在现执政期的最后几个月内加以解决的。优先目标包括改革医疗保健制度的法律框架；调整人口政策，对男女同工同酬实行立法；积极应对气候变化，改革公共交通政策；在能源部门解决因私有化和能源收入税所引发的新问题；左翼集团认为最为紧迫的是要创建一个国家透明机制，对葡萄牙劳动法进行改革也是左翼集团的政策重点，但这项改革思路与社会党的观点存在较大分歧。本次大会的闭幕式上，马丁斯呼吁选民支持左翼集团进入下一届政府内阁。她对该党进入内阁持乐观态度，这是因为，经过最近几年对执政党的议会支持，该党已经具备了执政经验并做好了执政前的准备。该党执行委员会也认为，该党不仅在外部支持执政党，对国家的立法产生影响，实际上意味着直接参与了执政。本届党代表大会透露出了明显信号：该党已经不再满足于立足外部提供议会支持，他们希望联合赢得大选，并与社会党组成联合政府，成为内阁党派，直接参与执政。

为赢得更多选民支持，左翼集团从意识形态、价值观方面也在逐渐向政治中心靠拢，有意偏离其之前的激进左翼的政党定位。该党将欧洲右翼民粹主义政党力量的上升和巴西总统选举中雅伊尔·博索纳罗的胜利视作政治激进主义过程，即政治中心力量趋于空心化的过程；该党将自己看作一个可以填补政治中心角色的政党，将尝试从激进左翼向中间政党靠拢。这种调整意味着政党趋于温和化，其表象特征之一是该党在欧盟的新定位。之前左翼集团对欧盟成员国举行全民公决、葡萄牙可能退出欧盟以及取消财政公约的提议都是束之高阁、搁置不议的，现在马丁斯提议应该“改进”财政公约，她还将重新谈判公共债务排除在该党的优先事项清单之外。左翼集团从政策目标、对外形象等战略调整，旨在寻求联合政府之机会，防止社会党的下一届选民支持率超过43%，因为一旦超过了这一比例，社会党可以单独执政。社会党对此保持冷静态度，静观事态的变化，同时仍在努力争取更多选民支持，为下一届可能赢得议席绝对多数，争取在不依赖其他党派支持的前提下，开创一党独立执政新局面。

二　经济复苏步伐加快，旅游业形势喜人

自2017年以来葡萄牙经济复苏出现较好势头，拉动了投资与出口，2017年实际GDP增长率为2.6%，高于2016年的1.5%。私人消费旺盛，成为拉动经济增长的主要因素，对外贸易对经济增长的净贡献率保持中性平稳，2018年实际GDP增长率预计略有放缓至2.1%，2019年增速继续减缓至1.9%，经济周期性增长效应将逐渐减弱。

投资增长态势明显，从2016年的1.6%提升至2017年的10%左右，但投资在GDP中所占的比重仍然较低，约为16%。2017年投资的增长势头大大强于2016年，2018年设备投资步伐放缓，2019年将再次呈现增长势头。投资增长带来了2017年葡萄牙最大的汽车厂产量的大幅增加。2017年建筑业投资也出现强劲增长，但仍未能达到危机之前的投资速度。当前葡萄牙投资主要来自公司盈利、银行借贷的逐渐恢复以及执行欧盟项目所带来的大量资金。

葡萄牙是欧盟结构与投资基金（European Structural and Investment Funds, ESI）的受益国之一，预计到2020年葡萄牙从欧盟获得的资金将达到258亿欧元，相当于2014~2018年年均2%的GDP，占葡萄牙公共投资总额的77%。截至2017年12月31日，葡萄牙已经到账的欧盟项目资金为总额的65%，大约8500家企业获得了资助，1000多家企业可以制造新产品，450家企业与研究机构开展产学研合作。欧盟投资加大了葡萄牙对儿童活动场所或托儿所的基础设施建设投入，可以多容纳32000名儿童入托，改善了约270万人的医疗服务条件，7.6万名高校学生获得了奖学金，1.7万成年人可以参与职业教育和培训课程等，加大了葡萄牙教育投入等。欧盟对葡萄牙的结构与投资基金资助中，大约26亿欧元是通过各种金融工具提供的，相比2007~2013年，这一融资规模提高了5倍。由此可见，ESI有助于解决葡萄牙经济结构政策上的各种挑战，推行针对葡萄牙国家发展的政策建议，融资范围覆盖到研发和研究与企业的协同，改善中小企业的融资，鼓励创业和

创新，增加就业岗位，提高妇女参与就业的比例，提高职业培训与劳动力市场之间的相互关联性等诸多方面。

与此同时，葡萄牙充分利用欧盟战略投资基金（The European Fund for Strategic Investments，EFSI）。到2017年12月，葡萄牙在欧盟战略投资基金下的资金达到了19亿欧元，估计可以吸引或撬动私人和公共资金达到55亿欧元。已经批准了18个项目，主要集中在基础设施和创新领域，其中包括6个多国项目。通过欧洲投资银行（EIB）的融资金额达到了11亿欧元，大约可以撬动31亿欧元投资。在中小企业项目方面，目前已经与金融公司签署了10个协议，通过欧洲投资基金可以实现融资23亿欧元，2000家以上小公司或创业初期的公司可获得资金支持。①

在旅游业和汽车业大发展的形势下，2017年货物和服务贸易形势较好，对外出口保持强劲态势。2018年1～8月，葡萄牙商品对外出口额为490亿欧元，增幅6%，总进口额为620亿欧元，增幅为8%，贸易逆差为130亿欧元。② 在以对外出口为导向的汽车业进口零配件的大量需求拉动下，进口贸易也保持增长，在可见的未来预期内，随着财政状况的好转，主权债务评级上升，对外支付的利息减少，经常账户将会略有盈余。在投资、出口保持较好增长等形势下，经济活动将会日趋活跃，但经济增长也面临一系列潜在风险，比如，生产率增长逐渐由强转弱、人口老龄化发展趋势、为数不多的高附加值的生产部门、相对较低的劳动力技能以及资本市场收益率下降等因素，均对未来的潜在经济增长率产生削弱作用。

旅游业在葡萄牙服务贸易中作用越来越大。近年来葡萄牙旅游形势大好，2018年7月，在希腊举办的2018年世界旅游大奖颁奖典礼上，葡萄牙

① European Commission, "Country Report Portugal 2018, Including an In-Depth Review on the Prevention and Correction of Macroeconomic Imbalances," P. 15, Brussels, 7. 3. 2018, SWD (2018) 220 final, https://ec.europa.eu/info/publications/2018-european-semester-country-reports_en.

② Eurostat: "October 2018 Euro Area International Trade in Goods Surplus €14.0 bn," 197/2018 - 17 December 2018, https://ec.europa.eu/eurostat/documents/2995521/9450398/6-17122018-BP-EN.pdf/bc64c471-a677-4f4d-ac9d-4e72d2639690.

连续两年被世界旅游大奖评为欧洲最佳旅行目的地。葡萄牙不仅荣获旅游界奥斯卡、欧洲最佳旅行目的地，葡萄牙首都里斯本还被评为欧洲最佳旅行目的地。与里斯本共同竞争的欧洲最佳旅行目的地的城市包括荷兰的阿姆斯特丹，西班牙的巴塞罗那，英国的伦敦，法国的巴黎，意大利的罗马和威尼斯。本次葡萄牙共揽得 36 个奖项，其中包含五枚大奖。① 2018 年葡萄牙荣获的奖项包括：欧洲区 20 项②，葡萄牙区 15 项，以及地中海区 1 项。

三　公共财政、货币波动及2019年财政预算方案

公共财政状况的好转得益于经济强劲增长以及利息支出的下降。核心预算赤字率从 2016 年占 GDP 的 2.0% 下降到了 2017 年占 GDP 的 1.4%。2018 年和 2019 年期间，核心和结构性预算赤字率保持在 GDP 的 1.4%，减少的利息支出部分可以用来弥补基本支出和个人可支配收入税的下降。2019 年的核心预算赤字率有可能略有下降，大约占 GDP 的 1.2%。公共债务占 GDP 的比重从 2017 年的高位逐渐下降，2017 年葡萄牙公共债务占 GDP 的比重已经下降到了 126.4%，2018 年将继续下降到 124.1%，2019 年将下降

① 葡萄牙获得的这五枚大奖分别是：首都里斯本当选欧洲最佳旅行目的地；里斯本港口连续三年赢得最佳游轮港口奖；位于阿罗卡的 Passadiços do Paiva 步道则荣获欧洲最佳旅游项目开发奖和欧洲最佳探险旅游奖；葡萄牙马德拉岛连续第二年获得最佳岛屿目的地奖；葡萄牙旅游局获得欧洲最佳旅游局奖项。

② 欧洲区 20 项奖是：1. 2018 年欧洲最佳旅游目的地：葡萄牙；2. 2018 年欧洲最佳旅行目的地的城市：里斯本；3. 欧洲最佳旅游发展项目：Passadiços do Paiva（阿罗卡联合国教科文组织全球地质公园）；4. 欧洲最佳飞往非洲航空公司：TAP Air Portugal；5. 欧洲最佳飞往南美航空公司：TAP Air Portugal；6. 欧洲最佳套餐式度假村：Pestana Porto Santo All Inclusive Beach & Spa Resort；7. 欧洲最佳海滨休闲酒店：Hotel Quinta do Lago；8. 欧洲最佳精品酒店：Vila Joya；9. 欧洲最佳邮轮港：里斯本；10. 欧洲最佳设计酒店：1908 Lisboa Hotel；11. 欧洲最佳家庭度假村：Ria Park Hotel；12. 欧洲最佳航空杂志：*Up Magazine*（TAP Air Portugal）；13. 欧洲最佳岛屿度假村：Palácio de Belmond Reid；14. 欧洲最佳海岛旅游目的地：马德拉群岛；15. 欧洲最佳休闲度假村：Conrad Algarve；16. 欧洲最佳奢侈休闲度假村：Vila Vita Parc；17. 欧洲最佳会议酒店：Ria Park Hotel；18. 欧洲最佳别墅度假村：Dunas Douradas Beach Club；19. 欧洲最佳旅游局：葡萄牙旅游局（Visit Portugal）；20. 欧洲最浪漫度假村：Monte Santo Resort。

到121.1%，在较高的名义GDP增长率、较低的利息支出等形势下，短期内基本预算将会出现盈余。2018～2023年葡萄牙主要经济指标预测数据见表1。

表1 2018～2023年葡萄牙主要经济指标预测数据

单位：%

	2018a	2019b	2020b	2021b	2022b	2023b
GDP	2.1	2	1.7	1.8	1.7	1.9
私人消费	2.3	2	1.9	1.7	1.8	1.9
政府开支	0.8	0.8	0.6	0.5	0.5	0.6
固定资本总投资	4.3	4.3	4.5	3.3	2.9	3.1
货物和服务出口	3.9	3.8	3.6	4.3	4.2	4.1
货物与服务进口	4.4	3.7	4.3	3.9	4.2	3.9
内需	2.4	2	2.1	1.7	1.8	1.9
农业	-3	1.2	1.5	1.2	2	2
工业	2.2	2	1	1.4	2.5	2.5
服务业	2.2	2	1.9	1.9	1.4	1.8

注：a表示英国经济情报社预估数据，b表示英国经济情报社预测数据。

资料来源：EIU，*Country Report*，Portugal，December 2018。

葡萄牙是欧元区成员国，欧元为单一货币。2018年欧元币值随着欧元区成员国政治形势和国际形势的变化出现一些波动。随着欧元区经济复苏加强和量化宽松预期减弱，以及欧洲政治风险减弱，美国政治风险上升，欧元在2017年底反弹。在2018年2月初，欧元兑美元汇率最高接近1.25∶1，由于意大利组建了持民粹主义、欧洲怀疑论的政府，欧元兑美元汇率在5月下旬降至1.16∶1，并在6～7月保持并接近这一水平，8月中旬降至1.13∶1。欧元在9～10月恢复了一些价值，但在11月再次下跌，并将继续承受意大利政治风险和美国货币紧缩的压力。[①] 预计自2019年下半年起，欧元兑美元汇率将开始走强，前提是该地区的复苏将继续，而美国的增长势头将放缓。

葡萄牙执政党在三个外部党派的议会支持下，2019年葡萄牙政府预算

① EIU，*Country Report*，*Portugal*，November 2018.

方案应该可以顺利通过。该预算的核心内容是将公共投资增加7亿欧元，主要用于医疗和教育领域，大型基础设施项目总投资为11亿欧元，包括新建5家医院和铁路基础设施改造与升级。试点项目的组成部分，包括投资扩建现有的医院外的医疗保健网络和为11家公立医院建立新的融资系统，旨在减少财政拖欠和提高效率。提高最低养老金补贴水平，推出一项新的提前退休计划、增加部分家庭的福利补贴；对购房有困难的家庭提供补贴，作为到2024年可以消除家庭住房贫困差距的措施之一。

四　就业率增长、社会贫困问题有所缓解

经济增长带动了葡萄牙劳动力市场形势的好转，就业增长幅度较大，失业率也大幅下降，从2016年的11.2%下降至2017年的9%，创下了2004年以来的最低水平，低于欧元区平均失业率，最新数据显示，2017年8月至2018年8月，葡萄牙的失业率从8.4%降至6.7%，失业人数为34.7万人。[①] 2017年新增就业岗位15万个，就业增长率达到3.3%，增速快于GDP，就业率从2016年的70.6%提高到2017年的73.0%（年龄在20~64周岁），仅略微低于2008年金融危机之前的就业率水平（2008年为73.4%）。[②] 经济持续复苏减少了对外移民，但过去一段时期向外移民造成的劳动力短缺，带来的人口发展不平衡，尤其是高技术劳动力短缺问题依然存在。

尽管劳动力市场形势好转，但工资却是适度增长，在就业快速增长的形势下，名义工资与消费价格通胀率保持同步增长。劳动市场并不活跃，因为

---

① Eurostat, "October 2018, Euro Area Unemployment at 8.1% EU28 at 6.7%," 184/2018 - 30 November 2018, https://ec.europa.eu/eurostat/documents/2995521/9422707/3-30112018-BP-EN.pdf/fb7929c7-5c59-4a28-ba16-46a0beb188dc.

② European Commission, "Country Report Portugal 2018, Including an In-Depth Review on the Prevention and Correction of Macroeconomic Imbalances," P.6, Brussels, 7.3.2018, SWD (2018) 220 final, https://ec.europa.eu/info/publications/2018-european-semester-country-reports_en.

多数公开招聘的就业岗位都是低于平均工资水平的岗位，预计未来工资将会出现适度增长，主要出现在与旅游相关的服务业和住宅建筑业。2017～2018年名义工资有望增长，实际工资将有可能与生产率增长相挂钩，目前的经济增长周期将对未来工资上涨带来一定的压力，尤其是对于高技能就业岗位的行业，届时社会各界对工资上涨的呼声会较高。

随着经济形势好转和就业岗位的增多，葡萄牙的贫困指数得到改善，社会排斥或者濒于贫困者的比率从2015年的26.6%下降到25.1%，与欧盟平均水平23.5%相接近，赤贫人口率从9.6%下降到了8.4%。收入不平等状况有所改善，但相比欧盟平均水平而言，不平等现象依然较为严重。2016年葡萄牙20%最为富裕人口收入是20%最为贫困人口的5.9倍，这一比例自2015年以来趋于下降，2017年降至5.7倍。

五　对外关系：中国与葡萄牙双边关系

（一）加强中国与葡萄牙全面战略伙伴关系

2018年，中国与葡萄牙双边关系上了新台阶。继G20阿根廷峰会之后，中国国家主席习近平于2018年12月4日开启对葡萄牙的正式国事访问，这是时隔8年中国国家主席再次访问葡萄牙，也是十九大胜利召开之后，国家主席习近平首次访问欧洲。此次访问是中葡两国即将迎来建交40周年庆典的前奏，对于中葡关系具有承前启后、继往开来的历史意义，推动中葡关系跨入新台阶、迎来新时代，为中欧关系发展注入新活力，为“一带一路”开辟新空间。中葡两国不断携手，共同谱写“21世纪海上丝绸之路”新篇章。

在中葡经济合作中，共同发展“蓝色经济”也是一大亮点。中国和葡萄牙各自拥有漫长的海岸线和丰富的海洋资源，是开展海洋经济合作的天然伙伴。共建“21世纪海上丝绸之路”，为中葡两国深化海洋经济合作提供了新契机。2017年中葡两国签署关于建立“蓝色伙伴关系”概念文件及海洋合作联合行动计划框架，葡萄牙成为欧盟内首个与中国正式建立“蓝色伙伴关系”的国家。12 月 3 日，在访问葡萄牙前夕，习近平在葡萄牙《新闻日报》发表题为《跨越时空的友谊 面向未来的伙伴》的署名文章中提到，要积极发展“蓝色伙伴关系”，鼓励双方加强海洋科研、海洋开发和保护、港口物流建设等方面的合作，发展“蓝色经济”，让浩瀚海洋造福子孙后代。

在双边关系中，经贸投资合作稳步发展。中葡设有经贸混委会制度，迄今已举行 9 次会议，双边贸易额从 1979 年建交时的 20 万美元，扩大到 2017 年的 55. 8 亿美元，目前中国是葡萄牙在亚洲第一大贸易伙伴，葡萄牙是中国对欧投资第五大目的地国。2017 年以来葡萄牙经济增长前景看好，投资环境的不断改善和优化，吸引了更多的国际资本，中葡双边投资活动日趋活跃。截至 2018 年 10 月底，葡在华投资项目达 255 个，实际投入 2. 1 亿美元；中国对葡的各类投资金额超过 90 亿欧元，涵盖能源、通信设备、金融、水务、保险、医疗健康等多个领域。①

近几年葡萄牙旅游越来越热门，各国游客数量急剧增长，其中，中国游客尤为明显。葡萄牙国家统计局发布的最新数据显示，2017 年赴葡萄牙的中国游客首次突破 20 万人次，达到 25. 6 万人次，增长率达 40. 7% 。入境葡萄牙的中国游客数量近两年呈爆炸式增长态势。此外，中国游客在葡萄牙过夜数量达 415882 人次，同比增长 35. 6% ，比 2016 年增长了 109240 次。宜人的气候、令人惊叹的美景美食以及相对较低的物价水平，均是吸引中国游客的主要因素，2017 年中国游客平均每天在葡萄牙花费 642 欧元，远高于美国人的平均 506 欧元/天和安哥拉的 252 欧元/天。2018 年中国赴葡萄牙旅游的人数有望继续维持高增长，预计可达到每年接纳 100 万名中国游客。

---

① 张敏：《这个“陆止于此，海始于斯”的欧洲国家，如何成为了中国的好伙伴?》，人民日报海外网，2018 年 12 月 5 日，https：//baijiahao. baidu. com/s? id = 1618999644454450429&wfr = spider&for = pc。

（二）葡萄牙参与中葡论坛情况

2018年是中国—葡语国家经贸合作论坛（澳门）（以下简称“中葡论坛”）创建15周年，中葡论坛委托中国社会科学院对中葡论坛运行机制及存在问题进行评估。葡萄牙作为该论坛的成员之一，中葡论坛成立以来，葡萄牙政府重视中葡论坛的作用，先后参加了五届部长级会议，尤其是最近一次的部长级会议，参会规格最高，2016年葡萄牙总理科斯塔执政以来首次访华并出席第五届部长级会议。2003年10月，葡萄牙共和国政府代表、总理助理部长若泽·刘易斯·法赞达·阿尔诺·杜阿尔特率团赴中国澳门参加中葡论坛第一届部长级会议。2006年9月，葡萄牙共和国公共工程、交通和通讯部部长马里奥·利诺率团赴中国澳门参加中葡论坛第二届部长级会议。2010年11月，葡萄牙共和国贸易、服务与消费者保护国务秘书费尔南多·塞拉斯盖罗率团赴中国澳门参加中葡论坛第三届部长级会议。2013年11月，葡萄牙共和国贸易、服务与消费者保护国务秘书费尔南多·塞拉斯盖罗率团赴中国澳门参加中葡论坛第四届部长级会议。2016年10月，葡萄牙共和国经济部部长率团赴中国澳门参加中葡论坛第五届部长级会议。

2003年举办了中葡论坛举行了首届中国—葡语国家经贸合作论坛，此后洽谈会在葡语国家轮流举行，洽谈会机制已经连续被写入中国—葡语国家经贸合作论坛经贸合作行动纲领，成为中国与葡语国家企业磋商对话和务实合作的有效平台。葡萄牙分别于2006年4月10日和2010年6月23日，在首都里斯本举办了第二届、第六届企业经贸合作洽谈会，推动了葡萄牙与中国内地、澳门以及其他葡语国家之间企业界的联系。

为了推广和宣传中葡合作基金的作用及运作方式，2015年6月16日，中葡合作发展基金推介会在里斯本举行。商务部副部长高燕与葡对外投资贸易局副主席莫加杜共同出席推介会并致辞。会上，中葡论坛常设秘书处和中葡基金管理公司相关负责人分别介绍了论坛和基金的有关情况。葡萄牙企业代表50余人参加了推介会。

2016年4月7日在葡萄牙举行了“中国—葡萄牙—澳门特别行政区企

业商机论坛”，中国驻葡萄牙大使蔡润出席并讲话。本次活动是中葡论坛框架下的经贸合作推广活动，由葡萄牙贸易投资促进局、中国国际贸易促进委员会和澳门特别行政区贸易投资促进局联合举办。葡萄牙外交部国际化国务秘书奥利韦拉、贸易投资促进局主席弗拉斯基略等政、商界代表以及中国国际贸易促进委员会、澳门企业家代表团共百余人出席。

2016 年 11 月 15 ~ 16 日，第一届“中国—葡萄牙商务论坛”在葡萄牙首都里斯本举办，本届论坛由葡萄牙葡中工商会和葡萄牙工业协会基金会发起主办，得到了葡萄牙政府和中国驻葡萄牙大使馆的支持。论坛包括商务会议、投资与贸易会展和给中葡优秀企业颁奖这三大环节。

中葡论坛推动了中国与葡萄牙地方经贸合作的开展。2017 年 2 月 27 日，举行了“常州—里斯本双边经贸文化合作洽谈会”。本次洽谈会由常州市人民政府主办，澳门驻里斯本经济贸易办事处、葡语国家城市联盟和至善有限公司协办。洽谈会介绍了常州投资环境及西太湖工业园区的情况，展示了常州传统文化。常州市人民政府副市长方国强、澳门驻里斯本经济贸易办事处主任柯天莲、葡语国家城市联盟秘书长维塔·拉马略、葡萄牙对外投资贸易局主任玛利亚·戈麦斯出席并致辞。

截至 2018 年 3 月，中葡论坛常设秘书处一共在澳门召开了 13 次例会，葡萄牙驻华大使及该国派驻中葡论坛常设秘书处代表参加了全部 13 次例会。在人力资源合作领域，自中葡论坛建立以来，共计有 7000 多名葡语国家政府部门负责人、技术人员来到中国内地和澳门特区参与人力资源合作活动。2011 年中葡论坛（澳门）培训中心在澳门成立以来，中葡论坛培训中心每年举办 5 ~ 6 期研修班。截至 2017 年，总共举办了 36 期，共有 900 多名学员参加。葡萄牙参与培训的人员（包括政府官员和技术人员）为 134 名，有的前往澳门参加，也有的到其他国家参加，例如，到东帝汶参加海水养殖方面的培训。

B.17
圣多美和普林西比民主共和国

王洪一*

摘　要： 本文主要介绍圣多美和普林西比2018年的政治、经济形势，并介绍了圣普与中国的关系。在政治现状部分介绍议会选举和成立新政府的情况，分析了执政党民主独立行动党失败的原因，并对圣普今后政治走势进行评估；在经济部分则介绍圣普2018年面临的困难，政府为走出经济困境采取的措施和取得的成果，以及2019年发展态势。在与中国关系部分介绍了双方的高层来往，签署的协议，以及目前两国进行中的大型项目。

关键词： 圣多美和普林西比　中国　双边关系

2018年圣多美和普林西比（以下简称“圣普”）举行了议会选举，执政党虽然仍然维持第一大党地位，但反对党解放运动—社会民主党（MLSTP—PSD）赢得了另外两个小党的支持，成功组阁，反对党领袖热苏斯被任命为总理。圣普经济形势有所好转，新政府延续了前政府压缩财政投资、改善经济环境的措施，经济增速有望得到缓慢提升。圣普新政府继续发展与中国的全方位合作，两国合作项目取得先期成果。

---

* 王洪一，中国社会科学院西亚非洲研究所副研究员。

一　圣普形成两党平衡的执政态势

2018年圣普政治生态发生重大变化。民主独立行动党（ADI）的集权行为遭到民众和反对党的抵制，虽然在议会选举中继续占据第一大党的地位，但失去了执政地位。

（一）圣普举行立法选举

2018年10月7日，圣普举行了议会大选，反对党形成联盟，力争获得议会多数。全国民众投票踊跃，角逐主要发生在4个党派之间。10月8日，宪法法院宣布初步选举结果，现执政党民主独立行动党在议会55个席位中占相对多数，获得25议员个席位。虽然保持了第一大党地位，但是比上次选举减少了8席。反对党解放运动—社会民主党紧随其后，赢得23席，比上次选举增加了7席。民主统一党—思索小组、变革民主运动力量—自由党、公民与发展民主联盟（PCD-MDFM-UDD）获得5个席位。最后2席由圣普独立公民运动党（MCISTP）获得。特罗瓦达总理则声称民主独立行动党获得26个议席，超过了议会半数，反对党只获得了22个议席，认为反对党选举舞弊，统计结果有误，要求重新统计选票。

2018年11月8日，特罗瓦达总理针对选举结果表示异议之后，圣普发生民主独立行动党的支持者发起的游行示威和抗议活动，警察进行阻止并向人群开枪，造成多人受伤。由于圣普曾经在2018年6月发生未遂军事政变，暴力活动在国内外一度引起恐慌，国际社会呼吁圣普各党派保持克制。

2018年10月19日，宪法法院公布了立法选举（议会选举）的最终结果，与初步统计结果一致。最终计票结果（见表1），此次选举登记选民总数97240人，投票选民78617人，占80.8%。民主独立行动党在此次议会选举中获得32805票，占41.81%。解放运动—社会民主党获得31634张选票，占总票数的40.32%。PCD-MDFM-UDD获得7451张选票，占9.5%。独立公民运动党获得2.11%的选票。

表1　2018年圣多美和普林西比议会选举结果

政党名称	选票数	得票率	席位	变化
民主独立行动党 Independent Democratic Action	32805	41.81	25	-8
圣多美和普林西比解放运动—社会民主党 Movement for the Liberation of São Tomé and Príncipe/Social Democratic Party(MLSTP/PSD)	31634	40.32	23	7
民主统一党—思索小组、变革民主运动力量—自由党、公民与发展民主联盟 Democratic Convergence Party (PCD)-Force for Change Democratic Movement-Liberal Party (MDF M)-Union of Democrats for Citizenship and Development(UDD)	7451	9.5	5	-1
圣多美和普林西比独立公民运动党 Movement of Independent Citizens of São Tomé and Príncipe (MCISTP)	1659	2.11	2	新党派
人民加强党 People's Strength Party	823	1.05	0	新党派
社民运 Social Democratic Movement/Green Party	499	0.64	0	0
圣多美人党 Party for All Santomerese	224	0.29	0	新党派
共计			55	

资料来源：圣普最高选举委员会数据。

（二）反对党成功组阁

虽然圣普总统来自民主独立行动党，但由于圣普事实上实行的是总理制，总统当选后不能代表党派立场。圣普总理拥有实际国家权力，因此政党斗争的最终目标是夺取总理位置。在议会选举结果宣布后，按照宪法规定，由于没有任何一个政党议会席位超过半数，总统卡瓦略首先委托第一大党——民主独立行动党组阁。由于第二大党和第三大党已经结成了谋求执政的联盟，民主独立行动党只能寻求与第四大党结盟。第四大党独立公民运动党在议会获得席位的两位候选人是富商，都是从解放运动—社会民主党分裂出来的。两人与民主独立行动党隔阂较深，在选举前即与第一大反对党——解放运动—社会民主党以及其他反对党结成了政治联盟，因此拒绝了民主独立行动党的组阁要求。11 月 22 日，由解放运动—社会民主党推荐的民主统一党议员戴尔芬（Delfim Neves）击败了民主独立行动党，当选新任议长。11 月 25 日，特罗瓦达推荐的继任人也宣布拒绝承担组阁任务，民主独立行动党最终组阁失败。前执政党的一系列失败打击了总理特罗瓦达的信心，他随后向民主独立行动党辞去了党内职务。

2018 年 11 月 29 日，鉴于民主独立行动党组阁失败，总统埃瓦里斯托·卡瓦略签署法令，任命圣多美和普林西比解放运动—社会民主党主席若热·博姆·热苏斯（Jorge Bom Jesus）为政府总理，并委托其组阁。法令说，鉴于目前国民议会中各政治力量之间的相互关系，并考虑到国家的最大利益，决定任命热苏斯为总理。热苏斯早期在法国图卢兹从事语言学研究，曾经任圣多美和普林西比驻联合国教科文组织代表、政府教育、文化和培训部部长。2018 年 7 月当选为圣多美和普林西比解放运动—社会民主党主席。总统卡瓦略的中立立场得到了国内外的支持，最终平息了国内的政党争执。

2018 年 12 月 3 日，热苏斯总理组成了圣普历史上的第 17 任内阁。新政府由 12 名部长和 2 名国务秘书组成。内阁成员来自解放运动—社会民主党，以及民主统一党、自由党、公民与发展民主联盟三个政党组成的联盟。

从目前圣普的政治发展态势来看，尽管反对党联盟组阁成功，但解放运动—社会民主党在议会中处于相对劣势，执政地位脆弱，在国内外政策上需要与第一大党——民主独立行动党协调立场，圣普形成了两党平衡的政治格局。因此，国际社会普遍认为，圣普的内外政策立场都不太可能出现大的变革。同时，圣普的下一届总统选举将于 2021 年 7 月举行，现任总统卡瓦略有资格谋求连任，民主独立行动党仍然是第一大党，而且卡瓦略执政经验丰富，有很大可能赢得连任。解放运动—社会民主党为了巩固执政党地位，会极力争取总统位置，因此会顺应民心，很可能会修正前执政党的国家体制改革措施。圣普未来的政党斗争将更趋激烈。

（三）民主独立行动党失利的原因

第一，民主独立行动党独揽大权，迫使反对党形成了较为巩固的联盟。尽管国小民弱，但圣普曾经长期动荡，政党林立，政党影响力过于依赖领袖人物，政治力量过于分散。民主独立行动党2014年赢得议会选举并组阁，2016年又赢得总统大选，成为圣普有史以来最为强势的政党。民主独立行动党不断收拢权力，几乎控制了全部国家机构。为了进一步挤压反对党，2017年以来，民主独立行动党在司法、行政、军事等多个领域采取威慑等手段，并强行表决通过了宪法修正案，建立新的宪法法院。特罗瓦达总理还发起国家体制改革，推迟地方选举，改组全国选举委员会（NEC），进一步进行权力集中。民主独立行动党对国家体制大刀阔斧的改革，引发国内极大争议，反对党指责执政党违反宪法，危害国家民主制度，不断发起工会罢工、游行示威等抗议活动。

第二，经济增长乏力，国民掀起抗议浪潮。首先，没有兑现选举时发展经济的承诺。总理特罗瓦达在2014年竞选中提出大幅度改善国民经济运行环境，吸引外资，创造就业，减少贫困，改善民众生活。由于近几年国际经济形势动荡，圣普受到较大冲击，总理特罗瓦达建设国际贸易和物流中心的政策落实缓慢，政府财政赤字高企，外汇紧张，失业率虽然略有缓和，但仍然高达12%。国际社会认为，圣普目前最大的改善仅限于部分投资环境的改善，尚未对经济基本面造成显著影响。[①] 其次，为了平衡国家财政，降低债务压力，政府在出口下滑的背景下，对进口货物加以限制，致使物价不断升高（2018年为7%），国民生活水平受到影响。民众普遍存在不满情绪，不断兴起反对执政党的浪潮。由于民主独立行动党的支持者主要是贫困群体和社会下层，民众生活下降，严重削弱了民主独立行动党的执政基础。最

① 参见世界银行发布的2019全球营商环境报告（Doing Business 2019），http：//www.worldbank. org/content/dam/doingBusiness/media/Annual-Reports/English/DB2019-report _ web-version. pdf。

后，不顾及社会反对声音，强行通过财政紧缩政策。政府决定削减所有公共实体的燃料分配，限制官员、国有公司和公共部门机构工作人员的补贴和福利，以司法手段追索国有公用事业公司欠款，收缴国企与政府有关的非报酬转移。总理特罗瓦达制定的压缩行政开支的政策，影响了政府行政和公务员的实际利益，使得民主独立行动党失去了政府内的部分支持，还造成民主独立行动党的内部分歧。

第三，指责西方支持未遂政变，恶化了国际形象。圣普曾经是葡萄牙的殖民地，国家政治深受葡萄牙以及欧洲国家的影响，主要贸易伙伴都是法国、葡萄牙等欧洲国家。而且，圣普没有独立的金融主权，其货币发行权归葡萄牙国家银行负责，外汇储备由葡萄牙保管，货币汇率和利率也由葡萄牙国家银行确定。在此背景下，圣普历届领导人都高度重视与葡萄牙及欧洲国家的关系。2018 年 6 月 20 日，圣普警方抓捕了一名中士和一名前部长、国会议员、解放运动—社会民主党的政治局委员古斯塔（Gaudencio Costa），指责两人谋划发动军事政变，刺杀总理特罗瓦达。圣普总理特罗瓦达在缺乏证据的情况下称西方国家可能参与其中，指出可能有两名来自中非共和国的法国雇佣军涉案。① 在此后的审理过程中，圣普法院认为警方证据不足，释放了古斯塔。由于圣普历史上多次发生军事政变，也曾确有西方国家牵涉其中，总理特罗瓦达的指责在西方引起一定反响，但随着调查的深入，西方舆论发生反转，致使特罗瓦达的国际形象受损。

二　经济保持缓慢增长

圣普人口不到 30 万，国内生产总值约为 5 亿美元，是世界上最不发达的国家之一。圣普财政收入大部分依赖外部援助，国民经济的支柱是农业和旅游。2018 年可可收入略增 3%。由于可可占圣普出口总量的 75%，而

① 青年非洲杂志，https：//www. jeuneafrique. com/583625/politique/coup-detat-a-sao-tome-et-principe-les-dessous-de-loperation-aguia/。

51%的人口从事农业，圣普经济呈现缓慢增长态势。

2018年上半年，特罗瓦达政府致力于实施2030年转型议程，推行新增值税法、争取国际援助、吸引外资。同时，政府实施国际货币基金组织支持的改革，例如扩大税基，以司法手段追缴拖欠税款，加强税务管理，建立燃油价格自动调整机制，减少国有公司累积的欠款，取得了一定成效。

第一，政府积极争取西方的外国援助。圣普继续执行与葡萄牙签署的总额5750万欧元（约合6200万美元）的五年援助合作协议，2018年的财政收入得到了基本保障。政府继续执行与联合国开发计划署签署的总金额1300万美元的2017～2021年合作协议，并积极从国际货币基金组织和世界银行协调额外贷款。2018年，外国援助占圣普财政开支的47%。

第二，2018年政府继续加大基础设施投入，发展出口和转口贸易。为增加投入，政府财政赤字占国内生产总值的比重由2017年的2.2%扩大到2.7%，鼓励对大型基础设施项目进行投资，优先推动现有机场候机楼扩建或替换，对圣安东尼奥港进行现代化改造。同时积极拓展对荷兰、西班牙和法国的出口，出口额2018年较2017年增加49.6%。

第三，努力改善商业环境，吸引葡萄牙、安哥拉等葡语国家的外来投资。根据世界银行最近发布的“营商环境报告”指数，虽然圣普在司法程序质量和获得信贷方面仍是世界上表现最差的国家之一，但执行合同方面比2017年有大幅度提高。全球190个国家和地区中，圣普营商环境排名第170位；在参加排名的52个非洲国家中，圣普排第40名。[①] 莫·易卜拉欣基金会发布的《2018年易卜拉欣非洲国家治理指数（IIAG）报告》则显示，圣普国家治理指数得分为59.2分，增长2.3分，在54个非洲国家中排第12位。在4个方面中，安全和法制指标虽然下降1.0分，但67.3分的得分仍属较高水平，排第7位。可持续经济机会指标居第33位，得分41.4分，增加了2.9分，表现出一定的改善。人类发展指标明显改善，提高了9.3分，得分为64.9分，居第11位。作为圣普最主要的投资来源国，安哥拉的投资规模有所增加。

① 世界银行国别报告，http：//www. worldbank. org/en/country/saotome/overview。

第四，政府大力发展旅游业，鼓励外国公司投资酒店行业，改善旅游业的接待条件。大力从欧洲、亚洲和非洲国家吸引游客，2018 年接待外国游客约 1.3 万人次。

第五，继续推动石油开发项目。圣普海上石油资源丰富，但最有潜力的区块与尼日利亚跨境共享。2018 年 10 月，圣普总理特罗瓦达邀请尼日利亚外长访问圣普，双方同意减少分歧，建立一个巡逻部队的共同委员会。在 JDO 区块的海上石油开发项目上，共同商讨圣普欠下的 2670 万美元问题（用于支付开发资金的 40%）。

圣普新政府组成后，继续遵循世界银行和国际货币基金组织的经济改革建议，实施新增值税法，努力实现经济多元化，优先考虑国内创造就业机会计划。但是，其一由于圣普财政过度依赖援助，其二可能会弱化前政府建设地区商业和贸易中心的计划，其三政府节约开支的做法遭到了行政部门的抵制，这三大因素意味着圣普新政府财政收入手段较以往有所减少，只能通过财政改革、减少贫困和改善商业环境来改善经济形势。因此，预计 2019 年度，圣普基础设施建设、公共投资、旅游业发展相对平稳，估计 2019 年度预算赤字占 GDP 比例会保持较高水平，由 2018 年的 2% 上升为 3%。政府债务将略有下降，但仍居高不下，2019 年约占 GDP 的 64%。由于进口商品价格下降，加上圣普本币升值，因此通货膨胀率有可能出现下降。预计年通胀率将从 2018 年的 7.9% 降至 2019 年的 6%。由于服务业在国际贸易中的盈余增加，加上进口商品贸易额的下降，经常项目赤字会出现收缩，预计经常项目赤字占 GDP 的比重将从 2018 年的 15.9% 下降到 2019 年的 13.1%。就业形势将有所改善，失业率从 2018 年的 11.7% 下降到 2019 年的 11.5%。汇率将略微上扬，由 2017 年的 1 美元兑换 22 多布拉升值到 21 左右。总体来看，实际 GDP 平均增长率为 4.6%，较 2018 年 4% 有所提高。远低于世界银行制定的实现经济增长 6%，尽快脱贫，成为中低收入国家目标。①

① EIU，http：//www.eiu.com/home.aspx.

三 继续深化与中国合作

圣普与中国复交两年来，两国关系得到快速提升。2018 年，两国高层交往频繁，陆续签署了经济、文化、投资等领域的多项协议。同时，两国在基础设施建设、医疗卫生、抗疟、农牧、旅游和人文等领域的交流合作取得全面进展。中国在圣普投资项目快速实施，一些项目已经结出早期成果，机场改扩建、社会住房等项目筹备工作进展顺利，圣普大学孔子学院正在加紧筹建。

第一，双方高层交往频繁。2018 年 1 月，外交部部长王毅新年伊始即首访圣普，会见了圣普总统卡瓦略、总理特罗瓦达、外长博特略等圣普主要领导人。在会见总统卡瓦略时，王毅表示，中方赞赏圣普重申坚定奉行一个中国政策，中圣普复交完全符合两国和两国人民利益。圣普成为中非合作论坛和中葡经贸合作论坛的新成员，将极大拓展圣普对外开展交往合作的空间，为加强中圣普友好合作提供了新的重要平台。在两国领导人关心下，两国各层级交往全面加强，各领域合作全面展开，各方面力量汇聚到恢复和重建中圣普友好合作上来，实现了重要的“早期收获”。

2018 年 9 月 5 日，国家主席习近平在人民大会堂会见圣多美和普林西比总理特罗瓦达。[①] 习近平指出，中非合作论坛北京峰会取得成功，有力证明了几乎所有非洲国家都是中国的好朋友。我们欢迎圣多美和普林西比回到中非友好合作大家庭。2016 年 12 月中圣普复交以来，两国各领域合作取得丰硕成果，充分证明双方复交完全符合两国人民根本利益。中方赞赏总理先生坚持一个中国原则，积极推动对华友好合作，中国将是圣普发展道路上值得信赖的好朋友、好伙伴，我们愿支持圣多美和普林西比的经济社会发展，继续同圣普在涉及彼此核心利益和重大关切问题上相互支持。芝麻开花节节高。我们相信两国关系在一个中国原则基础上一定会不断迈上新台阶，造福

① 新华社，http：//www. xinhuanet. com/world/2018 -09/05/c_ 1123385316. htm。

两国人民。特罗瓦达表示，热烈祝贺北京峰会取得成功，这是圣多美和普林西比首次参加峰会，我们期待同各方一道，为构建更加紧密的中非命运共同体做出贡献。圣多美和普林西比钦佩习近平主席提出的中非合作举措，感谢中国始终坚定地同非洲人民站在一起。事实证明，圣普同中国复交的决定完全正确。圣多美和普林西比坚定恪守一个中国原则，致力于与中国建立紧密关系，愿深化双方经济社会领域互利合作，助力圣普的发展。2018 年 9 月 5 日晚，国务院总理李克强会见特罗瓦达，并共同见证了两国《关于合作设立圣多美和普林西比大学孔子学院的协议》的签署。

2018 年 12 月 3 日，国务院总理李克强致电热苏斯，祝贺他就任圣多美和普林西比总理。李克强在贺电中表示，中圣普复交以来，两国关系快速发展，双方政治互信不断加深，各领域合作全面展开，成果惠及两国人民。中方愿继续同圣普方一道努力，落实好中非合作论坛北京峰会成果，推动中圣普全面合作伙伴关系不断取得新进展。

第二，双方重点项目取得首期成果。2018 年 12 月 29 日，由中国公路工程咨询集团有限公司参与项目管理的商务部援外项目“中国援圣多美和普林西比道路整修和社区排水紧急项目”竣工典礼在圣多美市隆重举行。该项目系中国与圣普复交以来第一个竣工的成套项目，仅用 10 个月的时间实现竣工，体现了中方推动圣普经济发展、解决圣普实际困难的诚意。圣普总理热苏斯、中国驻圣普大使王卫出席仪式并为该项目揭牌。仪式上，双方一致表示该项目是中圣普友谊和合作的最新成果和例证，为新政府改善民生提供了重要帮助，为圣普实现可持续发展提供了重要支持。王卫大使表示，中国将继续与圣普方开展合作，以落实中非合作论坛“八大行动”计划为契机，推动两国各领域务实合作，携手共进，共同构建日益紧密的命运共同体。该项目管理企业为中国公路工程咨询集团有限公司，工程总承包企业为华山国际工程公司。项目建设内容包括对三段总长 11.123 千米的道路进行修复升级，部分路段增设交通安全及排水设施，同时新建两处总长 2.571 千米的排水系统。该项目显著改善了所在地区的交通、市政状况和居住环境。

第三，两国人文社会领域的交流日益频繁。2018 年 1 月 1 日，圣普华人商会成立，标志着中国和圣普的民间商业联系进一步深入。2018 年 2 月 3 日《中华人民共和国政府与圣多美和普林西比民主共和国政府关于互免持外交、公务护照（特别公务护照）人员签证的协定》正式生效，显示出双方友好合作关系的进一步加强。2018 年 8 月，圣普驻华使馆正式开馆。2018 年 8 月 17 日，由援圣普医疗队、农牧业技术援助专家组、疟疾防治技术援助专家组和相关企业代表组成的代表团访问普林西比自治区。中国医疗队为当地 50 多名患者进行了义诊，农技组开展了该地区首例猪疝气示范手术及农牧业实用技术培训，抗疟组与当地抗疟部门进行了深入技术交流，分享中方有益经验。2018 年 8 月 21 日，获得 2018 年度中国政府奖学金的 35 名圣普留学生启程赴中国深造。8 月 30 日，由商务部主办、海南省商务厅商务培训中心承办的援外项目“2018 年圣多美和普林西比旅游业发展培训班（国家形象宣传培训）”结业典礼在中共海南省委党校举行。来自圣多美和普林西比的 18 名学员参加了为期 21 天的培训班学习。2018 年 10 月 29 日，参加首届中国国际进口博览会的圣多美和普林西比企业家代表团启程赴华，并于 30 日抵达上海。该代表团由圣普贸易、工业、农业和服务业商会（CCIAS）组派，共有 5 名成员，分别来自农业、旅游、商务服务和建筑等领域。圣普商会在首届中国国际进口博览会服务贸易展区有两个展位，着重展示了圣普旅游资源、服务和特色美食。圣普驻中国大使伊莎贝尔·多明戈斯率政府代表团出席了博览会相关活动。

第四，新政府与中国密切合作。2018 年 12 月 28 日，中国驻圣普大使王卫会见圣普新任教育和高等教育部部长罗德里格斯。罗德里格斯表示，中方一直以来对圣普提供的无私帮助，教育是国家发展的基石，圣普方希望与中方进一步加强合作，通过政府奖学金、孔子学院等项目，加大人才培养和人员交流力度，为圣普发展源源不断提供栋梁之材，为两国关系培养更多的友好使者。2018 年 12 月 27 日，中国大使会见新任农业、渔业和农村发展部部长多斯拉莫斯。多斯拉莫斯对中方技术援助和培训成效表示满意和衷心感谢，圣普将与中方密切配合，做好短中长期规划，进一步加强两国在农牧渔业领域的合作。2019 年 1 月 7 日，王卫大使拜会圣多美和普林西比新任司法、公共管理和人权部部长科雷亚，双方就两国司法、公共管理、人权等领域的交流合作广泛交换了意见。[①] 圣普新政府成立伊始，就与中国政府密切沟通，共商合作事宜，显示了对双边关系的高度重视，为双方今后的互利友好合作展现了光明前景。

① 中国驻圣普使馆信息，http：//st. chineseembassy. org/chn/。

B.18

东帝汶民主共和国

唐奇芳*

摘　要： 2017年是东帝汶独立15周年和首次完全自行组织总统和议会选举的大选年。大选平静顺利举行，但少数派政府未能顺利施政，只能来年解散议会重新选举。但东帝汶政治和社会秩序整体稳定，《2030年可持续发展议程》和经济多元化持续推进，社会发展指标得到提高。与澳大利亚的海上划界达成一致，发展受到国际伙伴的有力支持。东帝汶加入亚投行并与中国签署“一带一路”合作谅解备忘录，中、东合作迈上了新的历史台阶。

关键词： 独立15周年　大选　《2030年可持续发展议程》　海上划界　“一带一路”

2017年是东帝汶恢复独立15周年。15年来，东帝汶在政治改革、经济发展、社会民生、国际交往等各领域取得了举世公认的成就。目前，该国将《2030年可持续发展议程》作为国家发展的核心主题，与包括中国在内的国际伙伴合作，坚定地向各项可持续发展目标努力。

一　大选平稳举行　少数派政府遇阻

2017年也是东帝汶真正意义上的大选年。3月20日和7月22日，东帝

* 唐奇芳，中国国际问题研究院副研究员，国际关系博士，主要研究方向为中国—东盟关系、中日关系及东亚地区合作。

汶分别举行了总统选举和议会选举，均是独立以来的第四次选举，也都是联合国维和部队在2012年撤离东帝汶后首度举行。因此，这是首次完全由东帝汶自行组织安排的大选，在该国政治史上具有重要意义。

东帝汶政府高度重视这两场选举，从各方面为其进行了周密准备。在硬件上，政府加快施工进程，于1月28日实现国家选举委员会主楼竣工，为即将到来的两场大选服务。在程序上，政府制定了各种选举条例规则，包括候选人推选规则、“国民议会议员选举监督、观察和媒体报道条例”、海外举行议会选举的技术程序、投票中心的组织和运作、投票程序、计票和结果表规则、竞选活动和材料条例。在参与度上，政府在2016年12月选民登记开始时就开展声势浩大的全国宣传运动，鼓励选民积极登记，而且还在里斯本、悉尼和达尔文等城市提供选民登记和投票服务，这是居住在国外的东帝汶人第一次能够在大选中投票。在透明度上，东帝汶政府邀请欧盟、美国、澳大利亚等国际伙伴派遣数百名代表在选举期间进行观察。在安全性上，政府努力保持选举期间政治与社会两方面的平稳。为此，阿劳若总理于2月初专门会见高级公务员，共同探讨如何维持大选期间的公共管理秩序。

在政党官员和国际观察员的监督下，此次总统大选和议会选举均顺利进行。参加选举登记的选民共有约76万人，选民投票率很高。根据观察员和选举委员会的事后反馈，这是东帝汶历史上最平静的选举，整个竞选、投票和计票过程中没有发生严重事件。

总统大选的角逐主要在东帝汶独立革命阵线党（Fretilin）主席卢奥洛（Francisco Guterres Lu-Olo）与民主党候选人孔塞桑（Antonio da Conceicao）之间进行。最终，卢奥洛以57%的得票率胜出，于5月20日正式就职。

对实行议会民主制的东帝汶来说，7月的议会选举更加关键。此次选举共有20个政党和1个政治联盟登记参选，国民议会的65个席位是根据每个政党在全国获得的票数分配的。但是，只有获得总票数4%以上的政党才能取得席位。获得半数席位（33席）以上的政党可以单独组阁，否则只能与其他政党组成执政联盟。

8月初计票结果公布，议会两个最大政党——独立革命阵线党和重建全国大会党（CNRT）分别获得35%（23席）和34%（22席）的选票，均未达到单独组阁要求。最终，独立革命阵线党只得与民主党联合组阁，宣布成立第七届宪政政府。但这一执政联盟在议会只占30席，是一个少数派政府。

接下来，东帝汶进入新老政府过渡阶段。8月4日，政府在外交部大会堂举行交接仪式。9月15日，新任总理马里·阿尔卡蒂里和第七届宪政政府的11名成员在帝力的总统府向卢奥洛总统宣誓就职，总理还兼任发展与体制改革部部长。10月6日，新政府在部长会议上批准了《第七届宪政政府执政计划》，提出要“建设更加包容、公平、繁荣、人人机会均等的东帝汶”。10月16日，阿尔卡蒂里总理向国民议会提交了执政计划，遭到重建全国大会党和人民解放党（PLP）等反对党否决。11月20日，政府紧急审议预算修正案的请求也被议会拒绝。同日，反对派议员还提出了一项谴责政府的动议。第七届宪政政府刚刚成立便陷入僵局，最后卢奥洛总统不得不在2018年1月26日宣布解散国民议会，重新选举。

在国家大选的同时，东帝汶的各项政治改革也在按照规划推进。

村镇等基层行政机制建设继续完善。在2016年的全国地方政府选举后，东帝汶政府对其行政职能进行跟踪评估。通过数据调查，政府发现一些村子的人口数量不足以支持有效的公共服务，就合并重组了10个新的村子，并在6月进行领导人补选。

司法改革的成果在各领域的立法完善和更新上得到逐步体现，如关于私营部门的商法和关于婚姻的民法等。这些成果离不开法律改革与司法部门委员会（LRC）的研究和建议。该委员会于2017年1月下旬开始对本国法律现状进行问卷调查，调查对象是各政府部门。3月初各部提交问卷调查结果和部门报告，随后LRC向政府提交全国报告。非正式司法体系（即在法外解决争端的手段）第一阶段和第二阶段的诊断于2017年上半年进行，并于7月底提交最终报告。

电子政府建设有了比较明显的进展。2月，东帝汶政府批准了“信息与通信技术国家政策”，并成立信息通信技术研究所，负责管理属于政府和其他公共实体的网络，通过电子政府更好为国家现代化和经济多样化服务。4 月，东帝汶采用 Asycuda World 计算机系统作为本国电子单一窗口的创建平台。这个海关数据自动化系统在 90 个国家使用，通过简单、现代和透明的程序，使政府更好地控制边界。5 月，东帝汶政府首次发放电子护照，这一利用生物识别技术的护照还嵌入数字面部图像和身份识别，在便利出入境手续的同时有效保护公民身份信息。

东帝汶政治改革和体制建设的成就得到国际社会的广泛认可。透明国际于 2017 年 1 月 25 日发布的“2016 年腐败感知指数”显示，东帝汶的情况有了显著改善，在 176 个被评估国家中的排名从第 123 位跃升至第 101 位，上升了 22 位，得分从 28 分提高到 35 分。[①] 经济与和平研究所（Institute for Economics and Peace）6 月 1 日发布的《2017 年全球和平指数》报告，承认东帝汶处于“高度和平状态”，与新加坡、挪威、英国等国列在同一类别，在 163 个国家中排第 53 位。[②]

二　2030年议程与经济多元化持续推进

2017 年，《2030 年可持续发展议程》和经济多元化仍然是东帝汶经济发展的两大关键。

结合这两大关键，东帝汶政府在庆祝独立 15 周年之际，于 5 月 21 ~ 23 日举办了一系列会议和活动。其中关于《2030 年可持续发展议程》主要活动有两项：一是“2030 议程全球会议：脆弱与受冲突影响国家的可持续发展目标路线图”，瑞典、塞拉利昂等国高级代表，联合国和东盟高级官员以及学术界、公民社会和私营部门代表，讨论了“和平作为可持续发展前导”、“脆弱和受冲突影响国家可持续发展路线图”以及 2030 年议

① 参见“Corruption Perceptions Index 2016,”透明国际官网，http://cpi.transparency.org/。

② 参见“Global Peace Index 2017”，经济与和平研究所，http://visionofhumanity.org/app/uploads/2017/06/GPI17 – Report.pdf。

程“不让任何人掉队”的有效伙伴关系的项目，会后发表了《帝力公报》。二是正式启动“落实可持续发展目标——2030 议程东帝汶路线图”，该文件阐述了在东帝汶执行可持续发展目标所必需的步骤、方法和体制协调，是将 17 个可持续发展目标与本国国情相结合后的本土化，“创造了一条符合国家发展计划的明确道路”。[①]

经济多元化则主要体现为“可持续发展目标时代的经济多元化”主题活动。活动内容包括一项突出东帝汶的商业机会和私营部门活动的展览，最重要的是推出了首份《东帝汶 2017 年投资指南》。该指南不仅提供了东帝汶的经济形势、税收法律和劳工问题等关键信息，也给出了如何在东帝汶经商的建议。该指南认为，东帝汶的自然资源、可持续发展承诺、美元货币、改革方案、国际一体化和税收制度，是吸引外来投资的六大主要因素。东帝汶具有潜力的资源除了石油、天然气和其他矿产资源外，还有温带、亚热带和热带气候的原始景观，以及农业、林业和水产养殖的商机。

为了促进私营部门发展，鼓励经济多元化，东帝汶政府加强法律体系建设，批准、更新了多项重要相关法律。2017 年 3 月 27 日，东帝汶议会通过《商业企业法》。该法简化了中小企业的注册手续，删除了过时内容，为商务活动提供了法律框架。4 月 25 日，议会批准新的《私营投资法》，给所有投资者带来了更好的投资环境，而且为那些符合额外要求的投资者提供特殊待遇，同时也促使东帝汶符合东盟国家的立法一致性。此外，东帝汶部长会议还核发了《仲裁、调和与调解法》《关于恢复和破产业务的立法授权法（草案）》《商业注册法》等，都是东帝汶政府一揽子改革的组成部分，为的是给“经济活动的高效运作创造有利环境”。[②]

东帝汶政府还采取多种措施，为以中小企业为主的私营部门提供服务。

---

① 参见“Government launches Roadmap for Implementation of 2030 Agenda,”东帝汶政府网站，http：//timor－leste. gov. tl/？ p＝18005&lang＝en。

② 参见“Government delivers on reforms to support private sector growth,”东帝汶政府网站，http：//timor-leste. gov. tl/？ p＝17690&lang＝en。

首先，成立专门服务机构。2017 年 1 月 17 日，东帝汶批准成立“企业家登记和审核服务”，作为真正的一站式服务公共机构，将专门提供商业登记和其他必要的服务，以促进最佳的商业和投资环境。其次，加强公私部门间的机制化联系。1 月，政府与东帝汶商会签署一项为期三年的合作议定书，旨在促进公共部门和私营部门之间的交流及东帝汶商业环境的发展，并为加入东盟和 WTO 做准备。7 月，公共部门和私营部门之间的第三次全国讨论在帝力举行，会议探讨了与东帝汶银行系统信贷获取有关的问题。最后，解决中小企业最紧迫的问题。东帝汶中小企业发展最大的问题是资金不足，而且在获得商业贷款上面临各种困难。为解决这一问题，东帝汶政府做了多方工作。比如，3 月在包考举办“中小企业商务规划、管理和信贷”培训，教其如何从东帝汶国家商业银行申请贷款。5 月，东帝汶政府通过“中小企业信用担保计划”，由东帝汶中央银行负责管理和执行。根据规定，东帝汶股份占 75% 以上的企业和个体经营者申请商业贷款可以获得国家担保，最大担保比例可以达到 70%。这将大大提高中小企业获得商业贷款的可能性，增强企业竞争力。

旅游业作为东帝汶经济发展的五大支柱之一，对经济多元化的意义十分重大。近年来，东帝汶一直致力于制定全面的旅游发展战略，将本国打造成具有全球竞争力和吸引力的旅游目的地。3 月 7 日，东帝汶政府批准了《国家旅游政策》。政策制定了 2030 年东帝汶旅游产业发展目标：①海外游客收入达到每年 1.5 亿美元；②旅游业就业人数达到 1.5 万人；③每年访问东帝汶国际旅客达到 20 万人，平均停留 4 天。[①] 该政策认为，旅游业的发展应该是小步的、渐进的和可持续的，以“最大化积极影响，缓解旅游的潜在负面影响”。《国家旅游政策》与此前出台的东帝汶旅游品牌设计和官方旅游网站相配合，构成了该国旅游发展战略的框架，为旅游业实际、高效和可持续增长提供了保障。

---

① 参见“Government approves National Tourism Policy,”东帝汶政府网站，http://timor-leste.gov.tl/?p=17564&lang=en。

与此同时，东帝汶也采取具体措施为旅游业发展创造良好条件。5月，东帝汶通过《国家民航政策》，既为旅游发展提供交通上的支持，也有助于提升东帝汶在海外的积极形象。东帝汶政府准备将帝力港打造成邮轮专用港口，大力发展邮轮接待项目。2017年P&O邮轮公司等机构多次组织东帝汶游览，每次有近2000名游客，为当地带来明显收益。

农林渔业也是东帝汶促进经济多元化的重点方向。东帝汶政府鼓励发展以罗非鱼为代表的水产养殖，2月完成了113个罗非鱼育苗池的建设，并给予青年创业者年利率6%的优惠贷款进行罗非鱼养殖。为了给本国品牌农产品之一的咖啡扩大知名度，东帝汶在10月下旬举办了2017年东帝汶咖啡节。该国500多公顷的咖啡种植园正在逐步恢复，实现产品提质增量。

尽管将经济多元化列为经济发展的首要任务，东帝汶并未减少对油气产业的重视。4月7日，东帝汶与澳大利亚Nepean公司签署两个陆上油气区块的勘探开采协议，标志着该国大规模陆上油气勘探计划的开始。这两个区块位于东帝汶西南部，面积约2000平方千米，被认为具有很好的开采前景，未来将投入6000万美元到1亿美元，进行二维地震调查、环境评估和钻探等工作。同时，其他矿产的开采潜力也受到关注。为了发展采矿业，3月东帝汶成立国家采矿企业Murak-rai Timor-Leste。该企业是完全公共资本的商业公司，将负责未来东帝汶采矿业的内外合作。

东帝汶还从软件和硬件两方面入手，解决经济发展的基础问题。软件方面，厘清土地所有权的法律地位，使东帝汶宪法规定的私有财产权落到实处。2月，东帝汶最终通过《不动产所有权特别制度》，即通称的“土地法”，于6月1日正式生效。此法创造了非正式产权的概念，并且承认社区所有权。按照其规定，未来在东帝汶获得土地有两种方式：一是建立国家土地登记制度，形成安全透明的房地产市场；二是对属于国家的资产进行盘点，以便进行更好的管理，并将其分配给那些无法获得土地的人。

硬件方面，一系列重要基础设施的开工和完工。6月，先是蒂坝港建设项目举行奠基仪式。港口将包括一个630米的双泊位设施和集装箱码头以及货运、海关和行政大楼，预计每年满负荷处理超过87万个集装箱。接着苏艾机场于6月20日举行落成典礼。该机场位于科瓦利马，包括1500米的跑道和新的机场设施，将大大促进南海岸的经济发展。

三　各项社会发展指标得到提高

东帝汶社会文化发展的核心任务，也是促进《2030年可持续发展议程》各项目标的落实。

实现卫生领域目标的主要渠道是推进“家庭健康计划”。目前，计划工作人员已经访问了94%的家庭，收集并注册了84%的个人信息。该计划利用现代技术安全保存健康数据的记录，已将82%的信息数字化。同时卫生站与医院之间网络化连接的系统也在不断扩大，该系统允许卫生保健专业人员之间安全共享信息，保存医生提供的药物记录，并支持库存管理。与此同时，东帝汶还在落实“连接母亲”项目，即利用手机将孕妇与医疗服务提供商联系起来，以提高健康怀孕、分娩和产后恢复的可能性。这是东帝汶的第一个移动健康项目，将在2018年底前覆盖全国。

为纪念2015年“家庭健康计划”启动，东帝汶政府将7月22日定为“国家健康日”，并为第一个健康日进行了隆重的庆祝活动。“家庭健康计划”实施以来，东帝汶的医疗卫生状况有了较为明显的改善。一方面，医疗基础设施建设快速推进。2015年以来，东帝汶政府在全国新建了57家医疗诊所，修复了22家医疗中心。2017年1月25日启用的包考市立医院规模较大，共有227位医护人员，可造福周边大片地区。另一方面，居民疾病发病指标快速下降。东帝汶报告的疟疾病例从2006年的223002例下降到2016年的95例，死亡人数从58例下降到0例。[①] 这意味着东帝汶正从“控制阶

---

① 参见“On World Malaria Day Timor-Leste celebrates major health achievement,”东帝汶政府网站，http：//timor-leste. gov. tl/？ p = 17766&lang = en。

段”向“消除阶段”过渡。东帝汶政府已开始实施“2017～2021年消除疟疾的国家战略计划”，该计划的目标是在2021年底之前阻断本土疟疾传播，防止在本土疟疾传播已经中断的城市重新发生，并实现本土疟疾零死亡。

为提升本国医疗水平，东帝汶还积极开展对外合作。2017年与印度、印尼等国签署协议，进行医疗设施、医学教育和培训等方面的合作。

教育领域最重要的活动是第三届全国教育大会。大会于5月15～17日召开，主题为“教育是巩固国家认同和发展的支柱”。结合庆祝东帝汶独立15周年，大会总结了2001～2016年东帝汶取得的重大进展，包括小学和中学入学人数增加64%，教师人数增加了一倍多，建立了772所学校。近年来，中等职业教育规模的扩大，学前教育国家基础课程和基础教育一、二期国家基础课程的制定与实施成为突出亮点。会议主要成果为《最后宣言》，其中提出了37项建议，涵盖了5个关键领域：国家教育课程；教师的管理和培训；管理、学校视察、教育基础设施和资源；公立和私立高等教育管理；家长、社区、私营部门和其他合作伙伴的参与。

扩大范围、面向就业仍然是东帝汶教育发展的主要方向。1月17日，东帝汶政府通过“包容教育国家政策”，旨在促进“东帝汶人人都能接受的教育，不受任何歧视”。内容包括鼓励辍学儿童重返校园，提供补习班，激发学生的个人才能等。2月23日，贝纳图理工学院在马努法西市正式成立。该学院是东帝汶政府直接设立的第一所高等教育院校，主要进行农业、畜牧和工程领域的技术教育，以便为东帝汶培养更多青年专业人才。学院首年招收了200多名学生，主要涵盖禽畜生产和土木工程专业。未来，学院还将开设机械工程、电气工程、食品和农产品、兽医和林业等课程。

对25岁以下人口占2/3的东帝汶来说，创造就业机会是国家可持续发展的重要目标。因此，东帝汶政府在7月提出“国家就业战略（2017～2030）”。该战略包含三大支柱：增加需求、改善供应和强化制度。其主要目标是创造新的就业机会、减少失业，并为将在今后几年进入劳动力市场的年轻人提供就业机会。

性别平等目标一直受到东帝汶的格外重视。5 月 10 日，东帝汶政府举行主题为“妇女和女孩是可持续发展的积极参与者”的全国会议，旨在将不同部门的代表聚集在一起，集思广益、分享观点，推动实现《2030 年可持续发展议程》两性平等目标。6 月 16 日，东帝汶政府启动了《2017～2021 年性别暴力国家行动计划》。此计划是在 2012 年计划的基础上，根据《反家庭暴力法》规定的管理权限进行修订，涵盖了预防基于性别的暴力、寻求司法保护和为受害者提供多部门服务。它还设立协调机制，以确保包括监测和评价在内的有效执行。两性平等也体现在东帝汶国家政策的方方面面。例如，法律规定议会选举中各党派的国会议员候选人至少有 1/3 必须是女性。在发布上述“国家就业战略”的同时，东帝汶政府专门强调了男女同工同酬的权利，指出“男女平等就业是实现包容性经济增长和社会发展的唯一道路”。为了促进这一目标的实现，东帝汶还与伙伴国合作，吸收国际经验。2 月，东帝汶与葡萄牙签署了《关于两性平等的技术合作议定书》的增编版。

儿童权益方面的主要进展在于立法和政府规划。2 月，东帝汶政府批准了《儿童保护法》草案。该草案明确了儿童是家庭和社区的共同责任，必须建立儿童保护服务网络。在儿童处于危险之中、父母或监护人未尽到保护责任以及没有条件开展保护儿童服务的情况下，可以进行司法干预。6 月 1 日，东帝汶政府启动了“2016～2020 年全国儿童行动计划”，旨在确保儿童在健康的环境中成长，获得充足的营养，身体健康，有机会上学并接受较好的教育，权利得到保护。

东帝汶社会安全网络建设进入落实阶段。《社会福利缴费框架法》于 8 月 1 日对公共部门和部分私营部门生效。根据规定，公共机构及所有雇员人数超过 100 的私营企业，须于 8 月底前加入缴费计划，国家工作人员须于 2017 年底前完成全部社保登记。此外，个人贸易商、自雇工人、公司经理和管理人员以及家庭佣工均可自愿加入。

作为安全领域的另一个重要方面，东帝汶在防灾救灾上也有良好表现。2月、3月间，东帝汶全境多处遭受极端天气灾害，狂风暴雨导致树木倒伏、房屋垮塌和山体滑坡，全国3死5伤。东帝汶政府反应迅速，及时组织救援队协作救助，社会团结部部长当天就赶到现场向灾民发放应急物资，并在事后为其提供用于修复房屋的建筑材料和援助资金。此外，东帝汶还对帝力—埃纳罗公路走廊项目沿线村民等易受灾害人群进行防灾培训。东帝汶已经初步形成自然灾害防护和救灾体系，通过国家灾害管理指挥部加强部际协调。

东帝汶对其他可持续发展目标也予以充分关注。在文化遗产保护上，2月东帝汶政府通过“文化遗产法律制度”，并在6月提出制定《文化遗产法律框架》。这些法律将为国家固定、流动和非物质文化遗产的清点、管理、保护和开发创造必要条件。为更好保护文化遗产，东帝汶于8月16日为国家图书馆举行奠基仪式，预计2019年竣工。国家图书馆将与全国各地较小的图书馆和教育部门联网，以促进学习，提高对文化遗产的认识。在海洋保护方面，东帝汶在5月的系列会议期间专门举办了关于可持续发展目标14（保护和可持续利用海洋和海洋资源以促进可持续发展）的活动。东帝汶周边海域是世界上生物种类最丰富的水域之一，极具生态价值，旅游业发展前景可观。

四　海上划界达成协议

2017年东帝汶外交的首要事项是与澳大利亚划定帝汶海的海上边界。由于根据《联合国海洋法公约》启动的强制调解程序到2017年9月结束，双方必须在此之前就划界达成一致。

1月10日，东帝汶宣布终止2006年与澳大利亚签署的《帝汶海特定海上安排条约》，将在三个月内生效。1月16～20日，东帝汶和澳大利亚在新加坡举行海上划界会议。1月24日，双方发表联合声明，表示将在9月调解进程结束时达成协议，并确认2017年4月10日终止《帝汶海特定海上安排条约》。接下来，双方相继在华盛顿、哥本哈根等地举行数轮会议，最终于8月底取得突破性进展，达成“全面一揽子协议”。协议中草拟了最终划定海上边界的条约，解决了“巨日升”油气田的法律地位问题，确定了“巨日升”的特别体制。① 随后，双方又于10月和11月举行两轮会议，探讨海上划界条约和“巨日升”开发的具体事项。至此，联合国体系下的强制调解进程圆满结束，东帝汶与澳大利亚的海上划界取得里程碑式的成果，等待下一步签署正式协议。

澳大利亚是东帝汶最重要的邻国，双边关系错综复杂，既唇齿相依，又恩怨纠缠。在进行海上划界谈判的同时，两国在各领域密切合作、频繁互动。3月8日，东帝汶与澳大利亚正式启动“人的发展伙伴关系项目”，为期十年。该项目涵盖医疗、性别平等、卫生、饮水、社会保护、残疾人和营养等领域，目的是提升东帝汶人口的健康状况和素养，促进可持续发展和持久的经济增长。4月25日，东帝汶举行澳、新军团纪念日庆祝活动，来自澳、新等国的退役及现役士兵出席，此前东帝汶还派出老兵代表团赴澳大利亚参加活动，纪念当年东帝汶被日本占领时期东帝汶士兵与澳、新战友在布里斯班等地并肩战斗。11月2~5日，阿尔卡蒂里总理对澳大利亚进行上任以来第一次海外工作访问。除了参加在珀斯举行的亚太地区会议，阿尔卡蒂里与特恩布尔还举行双边会晤，澳大利亚向东帝汶捐赠两艘船以加强该国南部海岸的巡逻能力，并确保船舶在未来30年的全面维修。

东帝汶与印尼的陆上划界也有进展。时隔15年，第二次东帝汶与印尼最终陆上划界高官会议于4月6~8日在帝力举行。两国尚未划定的两段边

① “巨日升”油气田是东帝汶与澳大利亚海上划界的主要分歧。据估算，该油气田天然气储量为1440亿立方米，凝析油的储量为2.26亿桶。2006年签署的《帝汶海特定海上安排条约》规定两国平分“巨日升”油气田的石油收益，但东帝汶须接受两国共同开发区东西区块内澳大利亚所享有的主权，且50年内不得提出海洋划界的议题。但2012年“澳大利亚间谍窃听事件”曝光，澳大利亚被指于2004年曾对东帝汶内阁办公室实施窃听，以在《帝汶海特定海上安排条约》谈判中获取商业优势。因此东帝汶认为该条约无效，于2013年将争端提交海牙常设仲裁法院。经过联合国的多方斡旋和裁定，双方最终于2016年就通过调解进程就此问题达成一致意见。

界为 Bijael Sunan/Oben 和 Noel Besi/Citrana 段，双方在会议上同意到边界进行联合勘查，并就保护当地的社会文化联系和社区福祉达成一致意见。

东帝汶与澳大利亚和印尼两大邻国的三方合作继续推进。8 月 10 日，东帝汶、印度尼西亚和澳大利亚次区域经济发展综合平台三边会议（即“东帝汶、印度尼西亚和澳大利亚增长三角”）在帝力举行。对东帝汶来说，该机制带来了一些实在的收益，如与印尼签订陆上连通协议，以及东帝汶工人在澳大利亚北领地参加农业和住宿行业季节性工作的机会。

与澳大利亚关系密切的新西兰同样受到东帝汶政府的重视。2 月 25 ~3 月 4 日，阿劳若总理访问新西兰，其间两国签署《关于发展的联合声明》。声明的主要内容是落实“新西兰援助计划”，为东帝汶的关键发展领域提供投资和支持，特别是发展私营部门、农业和旅游，提升教育的知识和技能，促进安全和司法改善。

葡语国家和东盟仍然是东帝汶外交的两大重要平台。葡萄牙是东帝汶重要的援助来源和发展伙伴，两国新签署了农业与流域治理方面的合作议定书。5 月底，东帝汶作为牵头国成立的“G7 +”组织向欧洲派驻正式代表，将在里斯本设立“G7 +”办公室。另外，东帝汶与佛得角互免普通护照签证，这项措施将便利公民的流动，有助于这两个葡语国家之间的文化、商业和学术交流。

尽管东盟还未启动东帝汶的加入程序，东帝汶在司法改革、营商环境等治理上已经按照东盟一体化的标准执行，并积极在东盟框架下开展外交活动。5 月 23 ~26 日，东帝汶派副外长苏亚雷斯出席在马尼拉举行的东盟地区论坛高官会议。苏亚雷斯在会上强调了抵御气候变化的重要性，并与关系密切的菲律宾、新加坡和新西兰等国代表进行了双边会谈。

作为百废待兴的冲突后新建国家，来自伙伴国和国际组织的发展援助依然是东帝汶重建经济体系、实现可持续发展目标的重要动力。1 月 18 日，马纳图托的新灌溉工程举行启用仪式。该工程由日本捐助，可覆盖 780 公顷稻田，造福 600 农户。1 月 20 日，欧盟通过联合国儿基会和世界粮食计划署分别向东帝汶捐款 132 万欧元和 72 万欧元，用于改善五岁以下儿童、孕妇和哺乳妇女的营养。[①] 3月30日，东帝汶与欧盟签署两项新的五年援助协议，分别涉及公共财政和农林领域，总金额6130万欧元。[②] “全球农业和粮食安全计划”资助东帝汶2100万美元，用于新的“可持续农业增产”项目。[③] 该项目于9月20日启动，将持续到2022年。3月底，东帝汶发表了《东帝汶援助管理效率政策》，总结如何透明、有效利用国际援助发展本国经济、提高人民生活水平。通过在“G7 +”中的作用和“新政”东帝汶的建设，东帝汶还将这些经验推广到其他国家。

为了扩大在国际社会的作用和影响，东帝汶一直积极参与各种多边机制。9月，东帝汶加入《成立世界知识产权组织公约》。3月，东帝汶政府决定增加国际复兴开发银行股份。6月，东帝汶政府批准签署《关于现行外贸制度的备忘录》，这是加入世界贸易组织进程的一部分。

五　中、东合作迈上新台阶

2002年东帝汶恢复独立后，中国是第一个与其正式建立外交关系的国家。5月15日，中国—东帝汶建交15周年庆祝招待会在北京举行，中国全国政协副主席齐续春，东帝汶开国总统、前总理夏纳纳出席并讲话。建交15周年来，两国政治互信不断加深，务实合作日益深化，中国积极支持东帝汶国家发展事业，两国关系堪称大小国家平等相待、互利共赢的典范。

5月19~20日，习近平主席特使、全国人大常委会副委员长张平在帝力出席东帝汶新总统卢奥洛就职仪式和东帝汶恢复独立15周年庆典，并会见卢奥洛总统。张平向卢奥洛转达了习近平主席的热烈祝贺和良好祝愿，表示中方愿同东帝汶继续努力，推动两国睦邻友好、互信互利的全面合作伙伴关

① 参见“European Union Supports the Ministry of Health's Nutrition Programme,”东帝汶政府网站，http：//timor-leste. gov. tl/？p = 17218&lang = en&n = 1。

② 参见“Timor-Leste Signs Two new Cooperation Agreements with the European Union,”东帝汶政府网站，http：//timor-leste. gov. tl/？p = 17817&lang = en&n = 1。

③ 参见“Government Launches ‘Increasing the Productivity of Sustainable Agriculture’ Project,”东帝汶政府网站，http：//timor-leste. gov. tl/？p = 18917&lang = en。

系不断向前发展。卢奥洛总统感谢中国长期支持东民族解放运动和国家建设，表示东帝汶支持并积极参与“一带一路”建设，愿同中方进一步加强各领域合作，不断提升两国关系发展水平。

2017 年 5 月，东帝汶时任规划与战略投资部部长夏纳纳率领由 5 名部长和 3 名副部长组成的高级别代表团参加“一带一路”国际合作高峰论坛。其间，两国政府签署了“一带一路”合作谅解备忘录，标志着中、东两国合作迈上了新的历史台阶，对东帝汶经济社会发展具有重要意义。3 月 23 日，亚洲基础设施投资银行（亚投行）理事会宣布批准东帝汶的加入申请。东帝汶政府发言人表示，“加入亚投行将加速我们融入地区一体化的进程”。东帝汶处于国家建设的初级阶段，亟须吸引外资、强化基础设施；同时，东帝汶地理位置得天独厚，是海上丝绸之路的重要沿线国家。因此，在东帝汶推进“一带一路”合作可谓顺时应势，符合双方最大的共同利益，潜力无穷。

对东援助是中国与东帝汶合作的主要形式，2017 年双方在医疗卫生和教育领域的合作成果较为引人注目。

7 月 13 日，中国驻东帝汶大使与东帝汶外长分别代表各自政府签署经济技术合作协定，以支持双方在医疗和教育领域开展合作。1 月 23 日，中国驻东大使与东卫生部续签医疗队协议，新一批医疗队（第七批）12 人到东帝汶进行为期两年的服务，中国还接受东帝汶医疗人员来华进行数月的专业培训。12 月 14 ~ 21 日，执行“和谐使命—2017”任务的中国海军“和平方舟”号医院船对东帝汶进行了为期 8 天的友好访问，取得圆满成功。全体医护人员夜以继日、不辞辛劳，共为东民众提供 7289 人次人道主义医疗服务。[①] 卢奥洛总统和阿尔卡蒂里总理先后参观“和平方舟”并实地考察医院船接诊东民众，对中国政府和人民的关怀和友谊深表感谢，期待“和平方舟”今后能再次应邀访东。

教育领域的中、东合作创了多个新纪录。6 月 9 日，帝力商学院举行

---

① 《中国海军“和平方舟”医院船首访东帝汶取得圆满成功》，外交部网站，2017 年 12 月 21 日，https：//www. fmprc. gov. cn/web/zwbd_ 673032/nbhd_ 673044/t1521375. shtml。

汉语课程开班仪式，这是东帝汶自1975年以来首次恢复汉语教育，该校为此专门设置了汉语教室及汉语文化中心。12月初，“2017年东帝汶机械电气维修职业教育培训班”和“2017年东帝汶旅游行业服务职业教育培训班”的50名东青年学员前往宁波参加培训。无论培训时间长度还是单次培训人数，此次都在中、东人力资源合作历史上创下了新纪录。[①]此外，2017年有17名东帝汶学生获得中国政府奖学金来华留学，也是历年来人数较多的。

其他援助项目涉及基础设施、警务和军事领域。在基础设施上，5月3日中国援东粮仓与粮食加工厂和援东数字电视地面传输系统两个项目在帝力举行换文仪式。粮仓项目将有效保障东粮食安全，为东广大农民带来福祉；数字电视项目有望成为传递知识信息，促进教育、贸易等的崭新门户。在警务合作上，8月到9月中华人民共和国公安部援东首批刑事技术培训班在帝力警察培训学校开办。中方选派7名优秀教官为东方25名刑侦骨干授课，并向东帝汶警方捐赠一批刑事勘察器材。在军事交流上，11月双方签署中国对东军事物资援助议定书。中国愿意，也有能力为东国防建设提供没有任何附加条件的实质性援助，协助东军逐步实现现代化和专业化的远景目标。

中国—葡语国家经贸合作论坛作为中国与东帝汶关系发展的重要平台，继续发挥桥梁作用，尤其是在文化交流方面。2017年10月第九届“中国—葡语国家文化周”活动期间，东帝汶艺术家表演的剧目《那赫比蒂》讲述了该国文化遗产中最具代表性的一个元素，展现如何根据当地风俗，举行仪式建立新家庭。2017年9月，东帝汶还派出艺术家参加了中葡论坛常设秘书处支持下在北京举办的葡语国家共同体语言及文化日庆祝活动。

---

① 《中国驻东帝汶使馆为东赴华培训班学员举办欢送招待会》，中国驻东帝汶大使馆网站，2017年12月6日，http：//tl. chineseembassy. org/chn/sgdt/t1517094. htm。

资　料

Materials

B.19
2017年葡语国家大事记

成　红*

1月

1月3日　巴西里约热内卢领区中资企业协会新年座谈会暨“金融支持中巴产能合作”研讨会在里约热内卢举行。国家开发银行、中国建设银行、中国信保、华为等金融机构和企业界代表共同为继续深化中巴合作建言献策。

1月4日　巴西本土最大的移动出行服务商99公司宣布与中国滴滴出行公司签订战略合作协议。根据协议，滴滴出行将对99进行投资，为其提供技术、产品等方面的战略支持，并将进入其董事会。

1月19日　一架小型飞机在巴西里约热内卢州附近海域坠毁，警方确认机上5人全部死亡，其中包括巴西反腐行动主审大法官特奥里·扎瓦斯基。

---

* 成红，西亚非洲研究所科研处处长、研究馆员。

2月

2 月 13 ~ 17 日 应全国人大常委会委员长张德江的邀请，莫桑比克议长维罗妮卡·马卡莫对中国进行访问。2 月 14 日，全国政协主席俞正声在北京会见了马卡莫议长。2 月 15 日，张德江委员长与马卡莫议长举行了会谈。会谈后两国签署了《中华人民共和国全国人民代表大会与莫桑比克共和国议会合作谅解备忘录》。

2 月 15 日 巴西卫生部公布，自年初爆发黄热病疫情以来，巴西确诊病例已达 243 例，因黄热病死亡 82 人。

3月

3 月 17 日 中国国务委员兼国防部长常万全在北京会见了几内亚比绍人民革命武装部队总参谋长纳恩坦。

3 月 19 日 新华社报道，巴西政府日前宣布转让 4 座机场运营权，以吸引投资、改善基础设施、创造就业。

3 月 20 日 莫桑比克总统、执政的莫桑比克解放阵线党主席纽西在首都马普托会见了应莫解阵党邀请访莫的中共中央政治局委员、北京市委书记郭金龙。访问期间，郭金龙还与莫解阵党总书记马沙瓦举行了工作会谈，与纽西总统共同出席了“北京之夜”文艺演出，并考察了有关双边合作项目。

3 月 29 日电 巴西—中国议员阵线成立仪式在巴西众议院隆重举行。巴中议员阵线是巴西国会的一个跨党派的组织，成立的宗旨是促进巴中两国关系的全面深入发展。

4月

4 月 3 日 中国驻圣多美和普林西比大使馆举行揭牌仪式。中国驻圣普大使馆临时代办王卫和圣普外交部长博特略出席仪式。1975 年 7 月 12 日，中国和西非岛国圣普建交。1997 年，圣普宣布同台湾当局进行所谓“建交”，中国政府随后中止了同圣普的外交关系。2016 年 12 月 26 日，中国与圣普发表联合公报，宣布即日起恢复中断近 20 年的大使级外交关系。

4 月 9 日 几内亚比绍一艘载有 20 多人的船只在罗沙岛附近海域发生沉船事故，造成至少 10 人死亡，另有十多人失踪。

4 月 11 日 巴西联邦最高法院大法官埃德松·法欣批准联邦总检察院调查多名政府部长和数十名议员，并公布了一份涉及 98 名被调查人的名单。

4 月 12 ~ 18 日 应国务院总理李克强邀请，圣多美和普林西比民主共和国总理帕特里斯·特罗瓦达对中国进行正式访问。4 月 12 日，国务院总理李克强在北京同来访的圣多美和普林西比总理特罗瓦达举行会谈。会谈后，两国签署了双方经济技术、人员往来、基础设施、旅游等领域多份双边合作文件。4 月 14 日，中国国家主席习近平在北京会见了特罗瓦达总理。

4 月 19 日 巴西中国和平统一促进会在里约热内卢举行成立 15 周年庆祝活动。

5月

5 月 15 日 全国友协与东帝汶驻华使馆在北京举办中国—东帝汶建交 15 周年庆祝招待会。

5 月 17 日 《人民日报》报道，巴西知名智库瓦加斯基金会近日在其法学院下成立了中巴研究中心，旨在发挥专业优势，为中巴企业界合作提供法律政策解读。

5 月 19 ~ 20 日 中国国家主席习近平特使、全国人大常委会副委员长张平在帝力出席东帝汶新总统卢奥洛就职仪式和东帝汶恢复独立 15 周年庆典，并会见卢奥洛总统。访问期间，张平还分别会见了东帝汶国民议会议长达科斯塔、规划与战略投资部长沙纳纳。

5 月 19 ~ 23 日 应毛里塔尼亚外交与合作部长比赫、佛得角外交部长塔瓦雷斯、马里外交与国际合作部长迪奥普、科特迪瓦非洲一体化和海外侨民部长库利巴利邀请，中国外交部长王毅对上述四国进行了正式访问。5月20日，佛得角总统丰塞卡和总理席尔瓦在普拉亚分别会见了来访的中国外交部长王毅。

5月21~31日 中国全国人大常委会副委员长、中国人权研究会会长向巴平措率领中国人权研究会代表团访问了巴西、智利和秘鲁三国。

5月30日 中国—巴西扩大产能合作基金启动仪式在巴西圣保罗市举行。

6月

6月1~9日 应尼日尔共和国、安哥拉共和国和赞比亚共和国政府邀请，国务委员王勇对三国进行访问。在安哥拉访问期间，6月5日国务委员王勇在罗安达会见安哥拉副总统维森特。期间王勇还会见了安哥拉国务部长科佩利帕，共同见证了两国合作文件的签署，考察了中信建设安哥拉社会住房项目凯兰巴·凯亚西一期工程，并出席中国银行罗安达分行开业仪式。

6月16日 第七届金砖国家农业部长会议在江苏南京召开。巴西农业部代表团出席会议。会议围绕“创新与共享，共同培育农业发展新动能”的主题进行了深入交流，通过了《第七届金砖国家农业部长会议共同宣言》和《金砖国家农业合作行动计划（2017~2020）》等成果文件。会议确定了今后五年金砖国家将重点在提高粮食安全保障能力、小农生产适应气候变化、科技创新与示范、农产品投资贸易以及农业信息技术应用五个领域加强合作。

6月16~20日 应外交部长王毅邀请，巴西外交部长阿洛伊西奥·努内斯·费雷拉对中国进行正式访问并出席金砖国家外长会晤。6月16日，中国国家副主席李源潮在北京会见了努内斯外长。

6月17日 葡萄牙中部地区发生森林火灾。6月18日，葡萄牙总理科斯塔表示，这是葡萄牙近年来最严重的一起森林火灾。火灾目前已造成62人死亡，50余人受伤。葡萄牙政府已宣布国家进入紧急状态，并从6月18

日开始举行为期三天的全国哀悼。

6月18日 中国—巴西高层协调与合作委员会下财金分委会第七次会议在上海举行。双方就当前全球背景下的中巴宏观经济形势与政策、结构性改革措施等议题进行了深入讨论，并对相关领域开展合作进行广泛探讨，合作领域包括在G20和金砖国家等多边框架下的合作、在新老多边开发银行的合作、双边税收政策协调与合作、投融资合作以及会计和审计监管合作等。会议期间，中巴双方达成多项重要共识，有力地推动了两国在财金领域的政策交流与务实合作，对于进一步推进中巴全面战略伙伴关系具有积极意义。中国财政部、外交部、中国人民银行、国家开发银行、进出口银行、中投公司以及巴西财政部、中央银行、证监会、巴西驻华使馆、巴西银行等部门和机构的高级官员出席会议。

6月19日 金砖国家外长会晤在北京举行。外交部长王毅主持会晤，巴西外长努内斯出席。会晤发表了《金砖国家外长会晤新闻公报》。同日，中国国家主席习近平在北京集体会见了金砖国家外长会晤外方代表团团长。

6月21日 比亚迪与巴西坎皮纳斯州立大学签署科技研发协议，为后者投资成立太阳能研发中心。根据协议，到2020年前，比亚迪巴西有限公司将投资500万雷亚尔（约合150万美元）用于太阳能产品的研究与开发。

6月23日 第三次金砖国家环境部长会议在天津举办。会议发表了《第三次金砖国家环境部长会议天津声明》，通过了《金砖国家环境可持续城市伙伴关系倡议》。巴西环境部门的代表出席会议。

6月26日 巴西总检察长罗德里戈·雅诺特以受贿为由，正式向最高法院起诉总统米歇尔·特梅尔。雅诺特在起诉书中称，特梅尔通过其前顾问、前众议员罗德里戈·罗沙·洛雷斯向企业收受贿赂。洛雷斯同时被起诉。

7月

7月3日 巴西工业、外贸和服务部公布的最新数据显示，2017年上半年巴西外贸顺差达362.19亿美元，较上年同期增长53.1%，创1989年公布外贸数据以来历史同期最高纪录。

7月6日　第二届金砖国家文化部长会议在天津举行。巴西文化部长代表、国际推广司司长阿当·穆尼兹出席会议。

7月7日　中国国家主席习近平在德国汉堡主持金砖国家领导人非正式会晤，发表引导性讲话和总结讲话。巴西总统特梅尔出席。

7月10日　《人民日报》报道，巴西地理统计局近日公布的数据显示，2017年6月，巴西涉及房租、供电、交通、食品等在内的价格均有不同程度下降，通胀率下降0.23%，是2006年以来首次出现通货紧缩现象。

7月10～12日　应葡萄牙议长罗德里格斯的邀请，中国全国人大常委会委员长张德江对葡萄牙进行正式了友好访问。7月10～12日应邀访问葡萄牙期间，张德江委员长在里斯本分别会见了葡萄牙总统德索萨、总理科斯塔，并与议长罗德里格斯举行了会谈，还出席了中葡直航通航仪式、中葡有关企业合作成果展。两国签署了《中国全国人民代表大会与葡萄牙议会合作谅解备忘录》。

7月11日　莫桑比克总统纽西在马普托会见了来访的国务委员兼国防部长常万全。同日，常万全还与莫桑比克国防部长姆图穆克举行了会谈。

正在巴西访问的中共中央书记处书记、全国政协副主席杜青林率领的中共代表团，在巴西利亚分别会见巴西参议院议长欧尼西奥·奥利维拉、巴西民主运动党总书记毛罗·洛佩斯等。

7月12日　巴西联邦法官塞尔吉奥·莫罗宣布，巴西前总统卢拉因贪腐和洗钱罪一审被判处九年零六个月有期徒刑。

7月13日　安哥拉副总统维森特在罗安达会见了正在安哥拉访问的国务委员兼国防部长常万全。

7月24日　第六届金砖国家工会论坛在北京开幕，这是工会论坛首次在中国举行。论坛以"可持续发展与工会作用"为主题，来自巴西、俄罗斯、印度、中国、南非的14个全国工会组织的领导人与会。在为期两天的论坛中，与会人员将围绕"可持续发展：劳动世界面临的机遇和挑战""推进2030议程：工会的历史任务”“开启新的金色十年：加强金砖国家劳动世界的交流合作”等议题，进行深入交流研讨，并形成《金砖国家工会论坛宣言》《金砖国家工会致金砖国家劳工就业部长会议联合声明》等文件，

7月26日 葡萄牙和中国首条直航航线杭州—北京—里斯本航线首航成功。

7月28日 第七次金砖国家安全事务高级代表会议在北京举行。中国国务委员杨洁篪主持会议。巴西总统府机构安全办公室主任埃切戈延出席。

8月

8月1日 2017年金砖国家经贸部长会议在上海开幕。会议将聚焦投资便利化、促进贸易发展、加强经济技术合作和能力建设、支持多边贸易体制等议题。巴西工业、外贸和服务部副部长马亚出席会议。

8月2日 巴西众议院全会对总统特梅尔涉嫌受贿案是否提交联邦最高法院审理举行投票，支持的票数未达2/3。这意味着该案不会被提交至最高法院，特梅尔将继续担任总统一职，而不会被迫暂时离职。

8月5日 南方共同市场创始国阿根廷、巴西、巴拉圭和乌拉圭在巴西圣保罗召开紧急会议，发表决议称因委内瑞拉触犯南方共同市场有关成员国和联系国民主承诺条款，决定中止委内瑞拉成员国资格，并将帮助委内瑞拉重建民主秩序。

8月16日 巴西总统府秘书长莫雷拉·佛朗哥邀请14家中国驻巴西企业代表座谈，探讨中资企业开拓巴西市场、升级互利合作方面的经验和设想。

8月24日 巴西弗鲁米嫩塞联邦大学金砖国家研究中心成立仪式在里约热内卢州尼泰罗伊市举行。巴西外交部官员、金砖国家外交使节、弗鲁米嫩塞联邦大学代表、巴西智库学者等近百人出席了仪式。这是首家由巴西公立大学创办的金砖国家研究中心，也是巴西第二家金砖国家研究中心。

8月31日至9月5日 应中国国家主席习近平邀请，巴西联邦共和国总统米歇尔·特梅尔对中国进行国事访问并出席金砖国家领导人厦门会晤和新兴市场国家与发展中国家对话会。

9月

9月1日 中国国家主席习近平在北京同来华进行国事访问并出席金砖国家领导人厦门会晤和新兴市场国家与发展中国家对话会的巴西总统特梅尔举行会谈。会谈后，两国签署了产能、电子商务、质检、电力、旅游、卫生、融资、文化体育等领域共十多项双边合作文件。同日，李克强总理与特梅尔总统举行了会晤。

中国中车青岛四方机车车辆股份有限公司与巴西圣保罗城际铁路公司签署8列共64辆城轨车辆供货合同，合同金额超过1亿美元。

9月2日 中国国务院副总理汪洋与巴西总统特梅尔在北京共同出席巴西投资机会研讨会闭幕式并发表主旨演讲。中巴企业家代表200多人参加闭幕式。闭幕式前，汪洋与特梅尔举行了双边会见。

9月3日 中国国家主席习近平在厦门国际会展中心出席金砖国家工商论坛开幕式，并发表题为《共同开创金砖合作第二个“金色十年”》的主旨演讲。巴西总统特梅尔出席开幕式。

9月3~9日 应中国国务院新闻办公室邀请，莫桑比克国家新闻办公室主任埃米莉亚·儒比莱乌·莫亚内率领该国新闻官员及主流媒体负责人一行在华进行了为期一周的参观访问。访问期间，代表团在京参观了中央电视台、中国外文出版发行事业局等中国主流新闻媒体、出版机构。在哈尔滨市，代表团考察了当地特色农业项目，参访北大荒博物馆、黑龙江省农业科学院等农业科研机构和企业，了解中国现代农业产业体系发展情况和农业科技创新的最新成就。9月5日，中共中央宣传部副部长、国务院新闻办公室主任蒋建国在京会见了代表团一行。

9月4日 金砖国家领导人第九次会晤在厦门国际会议中心举行。中国国家主席习近平主持会晤。巴西总统特梅尔出席。中国、南非、巴西、俄罗斯、印度五国领导人围绕“深化金砖伙伴关系，开辟更加光明未来”的主题，就当前国际形势、全球经济治理、金砖合作、国际和地区热点问题等深入交换看法，回顾金砖合作10年历程，重申开放包容、合作共赢的金砖精神，达成一系列共识，为金砖合作未来发展规划了蓝图、指明了方向。会晤发表了《金砖国家领导人厦门宣言》。

9月5日 新兴市场国家与发展中国家对话会在金砖国家领导人厦门会晤期间举行。会议由中国国家主席习近平主持，金砖国家成员国巴西联邦共和国总统特梅尔出席会议。

9月19日 葡萄牙首都里斯本市政府推行的共享单车网络正式投入运营。

9月26日 应安哥拉共和国政府邀请，全国政协副主席陈元作为国家主席习近平特使，赴安哥拉首都罗安达出席了当日举行的洛伦索总统就职仪式。同日，安哥拉总统洛伦索在首都罗安达会见了赴安出席其就职仪式的习近平主席特使、全国政协副主席陈元。

中国国务委员杨洁篪在北京会见来访的葡萄牙总统外事顾问塞奎拉。

9月28日 中国国家电网巴西美丽山±800千伏特高压直流输电工程项目在巴西里约热内卢换流站建设现场举行了开工仪式。这是中国国家电网在海外首个独立中标的项目。该项目的开工标志着中国和巴西在电力能源领域合作取得又一里程碑式成就。

10月

10月30日 由中国企业承建的安哥拉莫桑梅德斯铁路在完成为期两年的质保期维护和运营支持后，即日正式交付安哥拉政府。2015年9月11日，莫桑梅德斯铁路顺利实现初交工，进入为期两年的质保期。在此期间，承建方中国浩远集团完成铁路的运营支持、人员培训以及铁路线的维护保障。

11月

11月7日 执行“和谐使命—2017”任务的中国海军和平方舟医院船抵达莫桑比克首都马普托，开始进行为期8天的友好访问并提供人道主义医疗服务。这是和平方舟医院船首次访问莫桑比克。

11月9日 中国国务委员兼国防部长常万全在北京与佛得角国防兼外交部长塔瓦雷斯举行会谈。

11月13日 《人民日报》报道，在2017年厦门国际海洋周期间，国家海洋局局长王宏与葡萄牙海洋部长维托里诺在厦门共同签署了《中华人民共和国国家海洋局与葡萄牙共和国海洋部关于建立“蓝色伙伴关系”概念文件及海洋合作联合行动计划框架》，葡萄牙成为欧盟国家中第一个与中国正式建立“蓝色伙伴关系”的国家。双方将从海洋学术交流、合作研究、数据交换开始，寻求优势互补，逐步过渡到开展联合航次、建立联合实验室、海洋科学联合中心等。

11月15日 巴西总统米歇尔·特梅尔在新华网发表题为《巴西正重新走上正轨》的署名文章，阐述巴西政府为恢复经济增长所做的努力及取得的成果。

11月21日 中国—葡语国家经贸合作论坛（澳门）、中国澳门贸易投资促进局和里约热内卢市政府在里约举行中国—巴西企业经贸交流会，为两国企业家牵线搭桥，推动双方合作，探索商机。

11月27日 由中国澳门中华总商会策略研究委员会主办的“中国与葡语国家智库高峰会”在中国澳门举行。此次高峰会邀请了清华大学、中国人民大学、中国澳门大学、中国澳门理工学院等内地和中国澳门高校的专家，以及巴西、葡萄牙、安哥拉、莫桑比克等葡语国家智库的代表参加，共同围绕“发挥智库作用，建设好智库联盟和合作网路”的主题进行研讨。

12月

12 月 11 日　欧盟理事会发表声明宣布，25 个欧盟成员国加入了防务领域“永久结构性合作”，并提出在该机制下初步开展的 17 个防务合作项目。声明说，继 23 个欧盟国家 11 月 13 日签署联合协议达成在防务领域的“永久结构性合作”后，爱尔兰和葡萄牙近日也做出了加入的决定。这些欧盟成员国将更加紧密地开展防务合作。声明表示，上述 25 个欧盟成员国签署了政治协议，并同时提交了一份将在“永久结构性合作”机制下初步开展的项目清单，所列出的 17 个项目涵盖军事培训、网络安全、后勤支持、救灾和战略指挥等方面。预计这些项目将在 2018 年初被正式通过。

12 月 14 日　执行“和谐使命—2017”任务的中国海军和平方舟医院船抵达东帝汶首都帝力，开始对东帝汶进行为期 8 天的友好访问并提供人道主义医疗服务。这是和平方舟医院船首次访问东帝汶，也是中国海军舰艇第二次访问东帝汶。

12 月 17 日　东帝汶总统卢奥洛偕夫人希达莉亚登上中国海军和平方舟医院船参观，高度赞扬医院船为东帝汶民众提供的免费诊疗服务，并表示和平方舟首访东帝汶，增进了两国人民的友好交往，是两国深化合作的重要体现。

12 月 21 日　由中国国家电网公司与巴西国家电力公司联合中标的巴西美丽山 ±800 千伏特高压直流输电一期工程投运仪式在巴西米纳斯吉拉斯州埃斯特罗托换流站现场举行。巴西总统府秘书长、总统特别代表莫雷拉·弗朗哥，矿产与能源部部长费尔南多·科埃略，中国驻巴西大使李金章以及参建项目代表等共 200 余人出席投运仪式。作为国家电网公司在海外中标的首个特高压直流输电项目，一期工程是装机容量 1123 万千瓦的巴西第二大水电站——美丽山水电站的第一条送出工程。这条贯穿南北的“电力高速公路”，横跨 4 个州，穿越 66 座城市，输送距离 2076 千米，输送容量 400 万千瓦，总投资额达 60 亿雷亚尔（1 雷亚尔约合 2 元人民币）。

B.20 2014 ~2018年葡语国家主要经济指标

安春英*

表 1　2014 ~ 2018 年安哥拉主要经济指标

项目　　　　年份	2014	2015	2016	2017	2018
人口(百万)	26.9	27.9	28.8	29.8	30.8
GDP(百万美元)	126730	102621	95337	128336	107535
GDP 实际增长率(%)	4.7	3.0	-0.8	0.7	-0.7
人均 GDP(美元)	6592	6631	6428	6383	6205
通货膨胀率(%)	7.5	14.3	41.9	26.3	19.8
出口额(百万美元)	59170	33181	27589	34614	44218
进口额(百万美元)	28580	20693	14463	14463	15620
经常项目平衡(百万美元)	-3748	-10273	-3085	-633	2377
外债总额(百万美元)	28903	27991	35365	37202	37904
外汇储备(百万美元)	27032	23791	23672	17455	16500
汇率(1 美元兑宽扎)	102.86	135.32	165.90	165.92	316.21

说明：人均 GDP 数值按购买力平价计算，2018 年各项指标均为估计值。

资料来源：EIU, *Country Report*: *Angola*, January 2019。

---

* 安春英，中国社会科学院西亚非洲研究所编审，研究方向为非洲经济、非洲减贫与可持续发展问题。

表 2　2014～2018 年巴西主要经济指标

项目　　　　年份	2014	2015	2016	2017	2018
人口(百万)	202.8	204.5	206.1	207.7	209.2
GDP(亿美元)	24554	17997	17934	20516	18675
GDP 实际增长率(%)	0.5	-3.5	-3.5	1.0	1.2
人均 GDP(美元)	16307	15751	15250	15565	15850
通货膨胀率(%)	6.4	10.7	6.3	2.9	4.0
出口额(百万美元)	224098	190092	184453	208755	239615
进口额(百万美元)	48107	36946	30447	32815	191101
经常项目平衡(百万美元)	-101881	-59434	-23546	-10661	-15851
外债总额(百万美元)	556921	543397	543257	560166	570695
外汇储备(百万美元)	363551	356464	365015	373768	373979
汇率(1 美元兑雷亚尔)	2.66	3.9	3.26	3.28	3.82

说明：人均 GDP 数值按购买力平价计算，2018 年各项指标均为估计值。

资料来源：EIU，*Country Report*：*Brazil*，January 2019。

表 3　2014～2018 年佛得角主要经济指标

项目　　　　年份	2014	2015	2016	2017	2018
人口(百万)	0.526	0.533	0.54	0.546	0.553
GDP(百万美元)	1859.9	1574.9	1617.5	1827.1	1987.9
GDP 实际增长率(%)	0.6	1.1	3.9	4.0	4.2
人均 GDP(美元)	6244.7	6314.7	6564.0	6749.7	—
通货膨胀率(%)	-0.2	0.1	-1.4	0.8	1.4
出口额(百万美元)	253.3	149.2	148.4	173.2	237.9
进口额(百万美元)	857.4	630.7	691.0	773.2	968.7
经常项目平衡(百万美元)	-168.7	-78.7	-64.3	-54.4	-160.6
外债总额(百万美元)	1526.8	1526.3	1525.6	1528.7	—
外汇储备(百万美元)	510.9	494.5	572.7	577.8	753.0
汇率(1 美元兑埃斯库多)	83.03	99.39	99.69	97.29	93.2

说明：人均 GDP 数值按购买力平价计算，2018 年各项指标均为估计值。

资料来源：EIU，*Country Report*：*Cape Verde*，January 2019；世界银行网上统计数据库，http：//data. worldbank. org/country/cape－verde。

表4　2014～2018年几内亚比绍主要经济指标

项目＼年份	2014	2015	2016	2017	2018
人口(百万)	1.7	1.85	1.8	1.9	1.9
GDP(百万美元)	1109.0	1056.8	1126.1	1346.9	1511.1
GDP实际增长率(%)	2.5	4.8	5.6	4.9	3.9
人均GDP(美元)	1472.9	1543.3	1611.8	1665.6	—
通货膨胀率(%)	-1.5	1.4	1.7	2.2	1.5
出口额(百万美元)	166.0	252.2	274.3	328.1	347.1
进口额(百万美元)	214.2	206.9	224.3	283.5	330.1
经常项目平衡(百万美元)	18.3	38.3	10.6	-6.7	-38.4
外债总额(百万美元)	203.2	223.8	219.9	243.0	—
汇率(1美元兑西非法郎)	494.41	591.45	593.01	582.09	555.79

说明：人均GDP数值按购买力平价计算，2018年各项指标均为估计值；世界银行网上统计数据库，http://data.worldbank.org/country/guinea-bissau。

资料来源：EIU，*Country Report*：*Guinea Bissau*，January 2019。

表5　2014～2018年莫桑比克主要经济指标

项目＼年份	2014	2015	2016	2017	2018
人口(百万)	27.2	28.0	28.8	29.7	30.5
GDP(百万美元)	17000	14800	10900	12300	14400
GDP实际增长率(%)	7.4	6.6	3.8	3.7	3.5
人均GDP(美元)	1137	1190	1217	1246	1268
通货膨胀率(%)	1.1	-1.1	23.7	5.6	4.0
出口额(百万美元)	3913	3413	3328	4725	5346
进口额(百万美元)	7952	7577	4733	5223	5971
经常项目平衡(百万美元)	-5797	-5968	-4191	-2586	-3166
外债总额(百万美元)	8695	10056	10481	12010	12396
外汇储备(百万美元)	3220	2582	2081	3361	3142
汇率(1美元兑梅蒂卡尔)	33.6	45.9	71.4	59.00	61.17

说明：人均GDP数值按购买力平价计算，2018年各项指标均为估计值。

资料来源：EIU，*Country Report*：*Mozambique*，January 2019。

表 6　2014～2018 年葡萄牙主要经济指标

项目＼年份	2014	2015	2016	2017	2018
人口(百万)	10.4	10.4	10.3	10.3	10.3
GDP(百万美元)	230000	199500	204900	219300	238200
GDP 实际增长率(%)	0.9	1.8	1.5	2.6	2.1
人均 GDP(美元)	28732	29692	30615	32073	33665
通货膨胀率(%)	-0.2	0.5	0.6	1.6	1.2
出口额(百万美元)	62800	54400	61900	74700	67400
进口额(百万美元)	75400	64800	14700	17100	84600
经常项目平衡(百万美元)	100	200	1200	1200	-700
外汇储备(百万美元)	19700.7	19402.6	24989.8	26096.7	—
汇率(1 美元兑欧元)	0.75	0.90	0.90	0.89	0.85

说明：人均 GDP 数值按购买力平价计算，2018 年各项指标均为估计值；世界银行网上统计数据库，http：//data.worldbank.org/country/portugal。

资料来源：EIU，*Country Report*：*Portugal*，January 2019。

表 7　2014～2018 年圣多美和普林西比主要经济指标

项目＼年份	2014	2015	2016	2017	2018
人口(百万)	0.191	0.196	0.2	0.204	0.209
GDP(百万美元)	366.8	333.6	390.4	440.0	520.8
GDP 实际增长率(%)	6.8	4.0	4.0	5.0	4.0
人均 GDP(美元)	3056.5	3144.0	3243.7	3276.5	—
通货膨胀率(%)	7.0	5.2	5.4	4.2	7.9
出口额(百万美元)	17.2	11.3	13.6	11.3	16.9
进口额(百万美元)	144.6	118.9	119.1	125.1	152.1
经常项目平衡(百万美元)	-104.0	-68.7	-61.4	-73.2	-79.4
外债总额(百万美元)	7.46	7.46	7.46	7.46	—
外汇储备(百万美元)	63.5	72.9	63.2	64.5	66.4
汇率(1 美元兑多布拉)	18.5	22.1	22.1	21.7	20.7

说明：人均 GDP 数值按购买力平价计算，2018 年各项指标均为估计值。

资料来源：EIU，*Country Report*：*São Tomé and Príncipe*，January2019；世界银行网上统计数据库，http：//data.worldbank.org/country/ são tomé and príncipe。

表 8　2014～2018 年东帝汶主要经济指标

项目＼年份	2014	2015	2016	2017	2018
人口(百万)	1.2	1.2	1.3	1.3	1.3
GDP(百万美元)	4040	3100	3090	3220	2705
GDP 实际增长率(%)	-26.0	20.9	1.0	3.0	2.5
人均 GDP(美元)	6597.6	7878.7	7869.5	7213.0	—
通货膨胀率(%)	0.4	0.6	-1.2	1.1	2.6
出口额(百万美元)	15.5	18.0	20.0	16.7	—
进口额(百万美元)	764.2	652.9	558.6	681.2	—
经常项目平衡(百万美元)	106.2	224.8	-533.1	-339.1	—
外汇储备(百万美元)	311.5	437.8	281.0	544.4	—
汇率(通用美元)	1	1	1	1	1

说明：人均 GDP 数值按购买力平价计算，2018 年各项指标均为估计值；世界银行网上统计数据库，http://data.worldbank.org/country/timor-leste。

资料来源：EIU，*Country Report*：*Timor-Leste*，January 2019。

Abstract

Reports on the Development of Portuguese-speaking Countries (2017 - 2018) reviews and analyzes the socio-economic development of eight Portuguese-speaking countries including Angola, Brazil, Cape Verde, Guinea Bissau, Mozambique, Portugal, Sao Tome and Principe and Timor-Leste from 2017 to 2018 both individually and as a whole. The development and changes of economic and trade cooperation between China and Portuguese-speaking countries are discussed in both comprehensive and national reports.

With the support of macroeconomic data, the main part of the report comprehensively expounds the economic and social development of Portuguese-speaking countries under the influence of economic globalization from 2017 to 2018. The experience and challenges are summarized and analyzed vertically and horizontally through comparative methods. In 2017, the world economic growth showed a remarkable rebound and the developed economies presented a momentum of growth. The United States adopted unilateralism to aggravate Sino-US trade frictions. The gross domestic product of Portuguese-speaking countries reached US $ 2.43 trillion with an average growth rate of 1.72% and a substantial increase of 16.34% over the same period last year. The total economic output of Portuguese-speaking countries accounts for 3.01% of the total global economic output, also an increase over the previous year. Brazil and Portugal both celebrated a recovery growth and emerged from the plight of the economic at different levels. Portuguese-speaking countries in Asia and Africa maintained a stable but slow economic growth.

Friendship and cooperation between China and Portuguese-speaking countries have developed steadily. In December 2018, the Chinese president visited Portugal, and the two sides signed the memorandum of understanding to jointly promote the "One Belt and One Road" development. In August 2017, Brazilian

PresidentTemer visited China and attended the BRICS Summit in Xiamen. The exchange of visits between leaders of China and Portuguese-speaking countries has greatly promoted bilateral friendly cooperation. In 2017 and 2018, the total value of bilateral imports and exports of goods reached to 110 billion and 170 billion US dollars respectively, up by 20. 40% and 25. 31%. The cooperation between China and Portuguese-speaking countries has made considerable progress with the joint efforts of both sides. The multilateral spillover effect has been demonstrated by experts. With the expansion of economic and trade cooperation between China and Portuguese-speaking countries, trade and investment between Chinese local governments and Portuguese-speaking countries are becoming increasingly common. It is noteworthy that in recent years, the exchange of think-tanks between mainland China, Macao and Portuguese-speaking countries has become more and more active with a growing number of cooperative seminars, visits and publications.

Many concerns have been addressed in the newly added hot-topic section. What are the current hot issues in Portuguese-speaking countries? The overall development of the Portuguese-speaking countries in the economic, social and human fields has attracted much attention. These achievements include the discussion of bilateral and multilateral cooperation mechanisms between China and Portuguese-speaking countries, the study of development cooperation between China and Portuguese-speaking countries, the review of the origin and development of the community of Portuguese-speaking countries, the cultural exchanges between China and Portuguese-speaking countries, the economic development trend of Angola and Brazil, the economic development situation and the new government policy of Brazil after the formation of the new government, the exploration of diversified development path of Angola, etc.

The national reports analyze the development and changes in 2017 – 2018 as well as the cooperation between China and various Portuguese-speaking countries by comparing to the last two years. Despite the limited access torelated documents, the researchers managed to obtain valuable first-hand materials through on – the – spot investigations by themselves or other experts and scholars.

In 2017, the world economy became promising with a recovery growth. In

2018, the world economy witnessed many uncertainties because of the Sino-US trade frictions launched by the United States. The reform of the World Trade Organization was facing enormous challenges, and the economic and social development of Portuguese-speaking countries confronted difficulties. Nevertheless, Portuguese-speaking countries strived hard to overcome the hardship brought about by the depressed market prices in major commodity countries and continued to move forward. In 2017 and 2018, the trade between China and Portuguese-speaking countries achieved considerable growth. The enthusiasm of Chinese enterprises for investment in Portuguese-speaking countries has remained unchanged, which proves that the friendly relations between China and Portuguese-speaking countries are stable, the bilateral cooperation between China and Portuguese-speaking countries is effective, and the Economic and Trade Cooperation Forum between China and Portuguese-speaking Countries (Macao) has strong vitality.

In the future, the economic and social development of Portuguese-speaking countries can be promising and the friendly cooperation between China and Portuguese-speaking countries will embrace bright prospects.

Keywords: Portuguese-speaking Countries; Economic and Social Development; Cooperation of Economic and Trade

Contents

I General Report

Abstract: In the year of 2017, the Portuguese-speaking countries has kept relatively steady and slow growth of economic development. Brazil is recovering from recession, showing a mild growth of the economy. Portugal's 10-years sovereign debt crisis is under control, and the country showed a remarkable economic growth in 2017. The economic status of Portuguese-speaking countries in Africa and Asian is still under the effect of commodity prices falls. Poverty reduction became ever more important, since the population ofportugueses-speaking country has reached 282 million people. After the elections in Angola and Brazil, the society was stable, and the domestic and international policies of the two countries were receiving attention. President Xi Jinping held talks with Portuguese President Marcelo Rebelo de Sousa in Lisbon in December 2018, they signed a memorandum of understanding on the cooperation over the Belt and Road Initiative (BRI). This year marks the 15th anniversary of the establishment of The Forum for Economic and Trade Co-operation between China and Portuguese-speaking Countries (Macao).

Keywords: Portuguese-speaking Countries; Economy and Society Development; China-Portuguese-speking Countries; Relations of Economic and Trade

Ⅱ Special Reports

B.2 The Development Experience of the Sino-Portuguese Forum in the Past 15 Years and Its Enlightenment to the Future Development

Permanent Secretariat of the Forum for Economic and Trade Co-operation between China and Portuguese-speaking Countries (Macao) / 034

Abstract: The year of 2018 marks the fifteenth anniversary of the establishment of the Forum for Economic and Trade Co-operation between China and Portuguese-speaking Countries (the Forum). Over the past fifteen years, the Forum has made remarkable achievements in promoting economic and trade development, human resources cooperation and cultural exchanges between China and Portuguese-speaking countries, formed a series of innovative, unique and effective operational mechanisms and accumulated many successful experiences. During year of 2018, the Permanent Secretariat of the Forum held many symposiums on the fifteenth anniversary of the Forum. Leaders and experts who had participated in the establishment of the Forum and worked for the Forum were invited to review the development process of the Forum and make suggestions for the future development of the Forum. This paper thoroughly stipulates the development history of the Forum and expert recommendations, collates and summarizes the development experience of the Forum over the past fifteen years and provides some thoughts and enlightenments.

Keywords: Forum for Economic and Trade Co-operation between China and Portuguese-speaking Countries; Cultural Exchanges; Economic and Trade Co-orporation

Abstract: In the new era, the Service Platform between China and Portuguese-speaking Countries has been injected new vitality and enriched with new connotations by "Belt and Road" Initiative and Guangdong-Hong Kong-Macao Greater Bay Area Strategy. Macao should seize this opportunity to provide services for the formation of a new overall opening pattern in the Greater Bay Area. This report reviews the evolution of the concept of Greater Bay Area from regional cooperation to national strategy, summarizes the development status of Greater Bay Area and the key to the success of Greater Bay Area cooperation. This paper analyzes Macao's "one center, one platform, one base" development positioning in Greater Bay Area, and introduces the way in which Macao adds the elements of Greater Bay Area in the construction of Service Platform between China and Portuguese-speaking Countries. Finally, this paper puts forward that Macao should rationalize the top-level design and strengthen research in coordination with the development of Greater Bay Area.

Keywords: Belt and Road; Guangdong-Hong Kong-Macao Greater Bay Area; Macao; Service Platform between China and Portuguese-speaking Countries

Abstract: Macao is not only a prosperous city with its output per capita and per capita income ranking highly worldwide, but a macro economy. Since the return in 1999, Macao's economy has been developing fast thanks to the implementation of "One Country, Two Systems" and the strong support of the

Central government, so as to achieve stable society and significant improvement of livelihood. However, there are still restrictions such as the shortage of land, manpower and the industrial structure singleness during the development. The country has clearly proposed to "improve the appropriately diversified development of Macao's economy", the SAR Government has strived to promote the adjustment with positive results. When greeting a delegation from the Hong Kong and Macao Special Administrative Regions which made the trip to mark the 40th anniversary of the country's reform and opening-up, General Secretary Xi Jinping emphasized that for Hong Kong and Macao, "One Country, Two Systems" is the greatest advantage with reform and opening-up as the biggest stages. And it is a great new opportunity to co-build the "Belt & Road", the Guangdong-Hong Kong-Macao Greater Bay Area and other national strategies. Under the new situation, Macao should closely follow the changes of economic pattern at home and abroad, seize the chances of comprehensively deepening reforms and the acceleration of the "Belt & Road", greatly integrates the construction of the Guangdong-Hong Kong-Macao Greater Bay Area. The economic cooperation with mainland China and other regions should be deepened to resolve problems in development through greater openness and pragmatic cooperation, thus to promote the appropriately diversified development and the sustainable development of Macao's economy.

Keywords: Macao; Regional Cooperation ; Moderately Diversify ; Guangdong –Hongkong – Macao Greater Bay Area

Ⅲ Key Issues

Abstract: China and Portuguese-speaking countries enjoy a long history of friendship. Since the establishment of diplomatic relations between China and Guinea-Bissau in 1974, China has gradually built and developed partnerships with Portuguese-speaking countries and set up long-term and stable bilateral co-operation mechanisms. The Forum for Economic and Trade Co-operation between China and Portuguese-speaking Countries (Macao), launched in 2003, has embarked on a multilateral co-operation mechanism between China and Portuguese-speaking countries. The past 15 years have witnessed the increasingly mature cooperation mechanisms, closer intergovernmental co-operation, frequent exchanges of high-level visits and remarkable growth in trade and investment between China and Portuguese-speaking countries. Thus, fields of cooperation have been widened and achievements began to manifest itself. Going forward, the development of multi-bilateral co-operation between China and Portuguese-speaking countries will embrace more opportunities through the Belt and Road Initiative. As a connecting platform between China and Portuguese-speaking countries, the Macao Special Administrative Region (Macao SAR) will play an even more prominent role.

Keywords: China and Portuguese-speaking Countries; Cooperation Mechanisms; Forum Macao

Abstract: Compared with other international organizations featured by a community of language such as the Commonwealth founded in 1931 and the Francophone Community established in 1970, the Community of the Portuguese-Speaking Countries (CPLP) embodies distinct uniqueness. This study reviews the history and background of the creation of CPLP, its legal nature, main institutions, objectives and achievements and scrutinizes its value and uniqueness. In addition to an in-depth analysis of concepts of the CPLP, the study also comments on the role of the Forum for Economic and Trade Co-operation between China and Portuguese-speaking Countries (Macao).

Keywords: CPLP; Portuguese Language; International Governance; Multilateralism; Belt and Road

Abstract: With the deepening of the "Belt and Road" construction, the development cooperation between China and Portuguese-speaking countries (PSCs) developed steadily in 2017. China continues to conduct development cooperation in areas of agriculture, education, human resource and medical service in Asian and African PSCs. Meanwhile, China and PSCs have further strengthened development cooperation in the areas of infrastructure construction and technical cooperation, and innovated financing mechanism to enhance their capacity for independent development and the sustainability of economic and social development. In terms of the forms of development cooperation, China continues to strengthen development cooperation in various fields at the bilateral level with PSCs. Further more, China also actively participates in China and PSCs development cooperation under the multilateral framework. In particular, under the framework of the Forum for Economic and Trade Cooperation between China and PSCs, China and PSCs have achieved common development through multilateral collective deliberation and actions. In addition, China and PSCs continuously explored ways of trilateral cooperation and accumulated relevant experience to better meet the economic and social development needs of recipient countries and realize complementary advantages between donor countries. In the future, the development cooperation between China and PSCs will continue to upgrading under the "Belt and Road" framework. China will innovate ways of delivering and financing channels, improve aid efficiency, and promote countries to jointly explore development paths that are in line with their national conditions and sustainable development goals.

Keywords: Belt and Road; Development Cooperation; Forum for

Economic and Trade Cooperation between China and Portuguese-speaking Countries; Trilateral Cooperation

Abstract: This article intends to analyze and discuss the current situation of people-to-people and cultural exchanges between China and Portuguese-speaking countries. The people-to-people and cultural exchanges are considered one of the most important contents of Chinese foreign relations at the present stage, which, at the same time, require a positive response from the foreign side. In the context of the rise of China, promoting connectivity of peoples through people-to-people and cultural exchanges can provide effective support for political and economic exchanges. The article seeks to summarize the characteristics of the people-to-people and cultural exchanges between China and Portuguese-speaking countries at this moment, as well as to sort out and comment on people-to-people and cultural exchange between China and Portuguese-speaking countries through four aspects: personnel exchanges, language teaching, academic collaborations and visual arts.

Keywords: People-to-people and Cultural Exchanges; Mundial Communication; Portuguese-speaking Countries

Abstract: Brazil achieved 1 percent economic growth rate in 2017. However, in the face of three consecutive years of negative GDP growth and per capita GDP growth, the recovery of the Brazilian economy is still clearly insufficient. The Brazilian economy still faces many macro and structural problems and difficulties, such as insufficient investment in production and infrastructure, increasing unemployment, the tendency towards primary production of industrial structures, lack of endogenous economic growth, and large government debt. With the Brazilian election announced, right-wing candidateJair Bolsonaro won and will officially take office on January 1, 2019. The current global trade recovery provides a favorable external environment for Brazil's economy. But, how does the new government take advantage of this favorable external environment and what measures are being taken to deal with the fiscal reform and promote employment and social stability, in order to get the economy out of trouble as soon as possible. All are the first challenges that right-wing governments must face.

Keywords: Brazil; Economic Problems; Lack of Investment; Fiscal Reform; Employment Promotion

Abstract: The Special Report consists of four parts. The first part gives us an overview on the domestic economic and monetary policies in Angola from 2017 to 2018 together with an understanding of the general situation of the economic development in the country during the two years. At the same time, it makes an analysis of the trend of the country's domestic monetary policy. The second part tells about the importance of economic diversification in Angola, analyzing the reasons why such diversification is necessary and the direction of the economic reform. The third part discusses the ways and means for realizing the economic diversification from the aspects of agriculture, industry and tourism and indicates the advantages thereof. The reason why these three fields are taken for analysis is they have both advantages and disadvantages. For example, the agricultural development has already entered into a relatively mature stage through a large number of foreign investors that improve the production conditions and income while the tourism and industry have some weaknesses, for example, the poor infrastructure condition and increasing difficulties in the implementation. The last part briefly describes the influence of China's "The Belt and Road Initiative" on Angola as well as the future economic cooperation and development opportunities between the two countries.

Keywords: Angola; Monetary Policy; Economic Diversification; Belt and Road

Ⅳ Reports on Certain Countries

Abstract: In 2018, President João Manuel Gonçalves Lourençocontinued his anti-corruption campaign to consolidate power. The situation of public health and social security in Angola is grim, makingLourenço Government face enormous challenges. International oil prices have warmed up and Angola's economic reform has achieved initial results, but there is still a long way to go. Lorenzo actively sought economic assistance through summit diplomacy, and Angola received strong support from the International Monetary Fund. China's cooperation with Angola is fruitful, and future cooperation will pay more attention to the hematopoietic function of economic development.

Keywords: Angola; Economic Reform; China-Angola Relations

Abstract: In 2018, elections were seen an important opportunity for Brazil to find solutions to its recent political and economic crises. With the rise of Boslonaro and his extremely right party, the Brazil political ecology has changed largely, and it has also brought tremendous impact to the traditional political power structure. At the same time, the Brazilian traditional parties still maintain their influences at parliamentary and local government levels. Probably, this situation could play a role *brake valve*, during the future Bolsonaro's administration, avoiding any radical changes in domestic and foreign policies. Brazil's economy continues the recovery trend of the previous year, but the sluggish growth has not changed much, owing to the uncertainty of political and economic situation and the difficulties faced by the ongoing reforms in congress. Brazilian diplomacy was also relatively flat in 2018, reflecting the lack of attention to foreign affairs in the last year of Temer's administration. However, the Brazil-China relations have maintained a stable cooperative rhythm, especially the economic and trade cooperation with China, has played an important role in the recovery of Brazilian economy.

Keywords: Brazil; Elections; Bolsonaro; Belt and Road; BRICS

B. 13 The Republic of Cabo Verde *Song Shuang* / 179

Abstract: Cape Verde has stable political situation in 2017, with the Cabinet reconstruction initiated by the Prime Minister to improve operational efficiency. Cape Verde experienced fast economic growth thanks to the strong recovery of its economic partners, the raise of public investment and human costs, and the easy monetary policy. As domestic privatization has accelerated, Cape Verde Airlines became the first enterprise of the privatization plan including 23 state-owned enterprises. Social situation kept improving, and the government further strengthened infrastructure construction in the fields of communications and transportation. The bilateral relationship between China and Cape Verde kept deepening in the fields of politics, economy and trade, technical cooperation, education and training, etc. As a founding member of the Forum for Economic and Trade Co-operation between China and Portuguese-speaking Countries (Macao), Cape Verde has actively participated in various activities over the past 15 years, and all sectors of the society gave high praise to the Forum.

Keywords: Cabinet Reconstruction; Economic Growth; Privatization; Forum Macao

B. 14 The Republic of Guinea-Bissau *Song Shuang* / 190

Abstract: Guinea-Bissau had changed its Prime Minister twice from 2017 to 2018, and Aristides Gomes was elected as the latest Prime Minister in April 2018. The economy kept growth momentum, with GDP growth rate reaching 5.9% in 2017. However, its social development indicators remained lagging behind, and there was still significant promotion space in education, healthcare and infrastructure. China and Guinea-Bissau cooperated extensively in the fields of politics, economy and trade, development, medical treatment and agriculture, and signed agreements on important projects such as fishing port and coastal highway. In the 15th anniversary of the Forum for Economic and Trade Co-operation between China and Portuguese-speaking Countries (Macao), Guinea-Bissau highly praised the achievements of the Forum in infrastructure construction and human resource training.

Keywords: Change of Government; Economic Growth; Social Backwardness; Forum Macau

B. 15 The Republic of Mozambique *An Chunying* / 200

Abstract: In 2018, The contention for political power was fierce between Renamo (The largest opposition party in the country) and Partido Frelimo (the long-standing ruling party), especially in the October municipal elections. Because the next presidential, legislative and provincial elections for 2019, Mozambique's social stability is facing trouble as the respond to the event. The government faces challenges in maintaining stability. Meanwhile, The economy continues to be depressed in Mozambique, and The government's fiscal is deficit. In the field of foreign relations, Mozambique-China relations are more closely related in political, economic and People-to-People exchange fields.

Keywords: Mozambique; Political Development; Unemployment Rate; Depressed Economy; Bilateral Relations

B. 16 The Republic of Portugal *Zhang Min* / 216

Abstract: The Portuguese political situation remained stable in 2018. The ruling Socialist Party continued to receive parliamentary support from the Left-wing Group, the Portuguese Communist Party and the Portuguese Green Party. The government's budget plan for 2019 could be passed smoothly. The prospects for economic growth are promising. In 2018, economic growth will benefit from domestic demand, export growth and the support of EU funds. The situation in the labour market has improved markedly, and the unemployment rate has reached its lowest level since 2004. China's President Xi Jinping's official state visit to Portugal every eight years further strengthens the comprehensive strategic partnership between the two countries. In the future, China will build a "maritime partnership" and jointly build the 21st century Maritime Silk Road.

Keywords: Potugal; Political Stability; Economic Recovery; Sino-Portuguese Relations; Marine Partnership

B. 17 The Democratic Republic of Sao Tome and Principe

Wang Hongyi / 228

Abstract: This paper introduces the present situation of Sao Tome And Principe in the 2018, and expounds three aspects of politics, economy and relations with China respectively. In the political area, this paper introduces the parliamentary election and the establishment of a new government, analyzes the reasons for the failure of the ruling party, and evaluates the future political trend of the country. In the economic field, introducing the difficulties faced by the country in the 2018, the measures taken by the Government to get out of the economic predicament, the results achieved, and analyzes the development trend in the 2019. In its relationship with China, The two sides strengthened high-level contacts, signed a number of agreements and are carrying out many major projects.

Keywords: Sao Tome And Principe; China; Bilateral Relations

Abstract: 2017 celebrated the 15th anniversary of Timor-leste's independence and the first presidential and parliamentary elections fully organized by itself. The elections were held peacefully and smoothly, but the minority government failed to reach a compromise with the opposition and the president had to dissolve parliament for reelection. Despite the twists and turns of election, Timor-leste enjoys overall political and social stability, progress of the 2030 Agenda for Sustainable Development and economic diversification, and improved social development indicators. It have reached consensus on maritime delimitation with Australia, and its development is strongly supported by international partners. Timor-leste joined AIIB and signed the MOU on cooperation under the framework of the Belt and Road Initiative (BRI) with China, which marks a new historical stage for both sides.

Keywords: the 15th Anniversary of Independence; General Election; 2030 Agenda for Sustainable Development; Maritime Delimitation; Belt and Road

Resumo Geral

O *Relatório de Desenvolvimento dos Países de Língua Portuguesa* (*2017 - 2018*) tem por objeto de pesquisa, os oito Países de Língua Portuguesa, nomeadamente, Angola, Brasil, Cabo Verde, Guiné-Bissau, Moçambique, Portugal, São Tomé e Príncipe e Timor-Leste. Nele se analisa a situação geral do desenvolvimento económico e social desses países entre 2017 - 2018. Além da visão geral do conjunto dos países, temos um relato próprio sobre cada país. Tanto na parte mais geral do relatório quanto nas suas abordagens específicas, se analisa e se discute em profundidade o desenvolvimento da cooperação económica e comercial entre a China e os Países de Língua Portuguesa.

O Relatório Principal analisa integramente o desenvolvimento económico e social dos Países de Língua Portuguesa no contexto da globalização económica em 2017 - 2018 a partir de dados macros detalhados, expondo também as experiências e desafios desses países numa perspectiva vertical e horizontal através de métodos comparativos. Em 2017, a taxa de crescimento da economia mundial recuperou-se acentuadamente e observou-se uma tendência de crescimento nas economias desenvolvidas. No entanto, os Estados Unidos adotaram o unilateralismo, agravando assim os conflitos comerciais sino-americanos.

O PIB dos Países de Língua Portuguesa chegou a US $ 2, 43 trilhões, um aumento substancial de 16, 34% em comparação com o ano anterior, e a taxa média de crescimento dos oito países chegou a 1, 72% . O volume económico total dos Países de Língua Portuguesa representa 3, 01% do total da economia global, com um pequeno aumento em relação ao ano anterior. O Brasil e Portugal começaram a sair da crise económica em diferentes graus, apresentando uma situação gratificante de crescimento restaurativo. Os Países de Língua Portuguesa da Ásia e África tiveram um crescimento económico estável, mas ainda estão num período de baixo crescimento.

A cooperação amistosa entre a China e os Países de Língua Portuguesa desenvolveu-se de forma constante. Em dezembro de 2018, o presidente chinês Xi Jinping visitou Portugal e os dois lados assinaram o *Memorando de Entendimento para Promover Conjuntamente a Construção da "Faixa e Rota"*. Em agosto de 2017, o presidente brasileiro Michel Temer visitou a China e participou da reunião dos líderes do BRICS em Xiamen. As visitas entre os líderes da China e dos Países de Língua Portuguesa promoveram grandemente a cooperação amistosa entre a China e cada um desses Países.

Em 2017 e 2018, o valor total de importação e exportação bilateral de mercadorias ultrapassou os 110 bilhões e 170 bilhões de dólares, com um aumento de 20, 40% e 25, 31%, respectivamente. A cooperação entre a China e os Países de Língua Portuguesa registou grandes progressos sob as ações bilaterais e multilaterais e o efeito de transbordamento multilateral ficou evidente de acordo com a demonstração dos especialistas.

Com a expansão da cooperação económica e comercial entre a China e os Países de Língua Portuguesa, o comércio e o investimento entre os governos locais da China e os Países de Língua Portuguesa são cada vez mais evidentes. Vale enfatizar que nos últimos anos os intercâmbios entre no domínio do Think Tank a China continental e Macau e os Países de Língua Portuguesa se tenham tornado cada vez mais ativos e que os seminários, visitas mútuas e livros publicados estejam a aumentar.

Os Relatórios sobre as Questões Candentes recém-estabelecidos atraem muita atenção. Atualmente, quais são as questões de destaque nos Países de Língua Portuguesa? O desenvolvimento geral dos Países de Língua Portuguesa nos domínios económico, social e humano é notável. As realizações de estudos incluem a discussão de mecanismos de cooperação multilaterais e bilaterais entre a China e esses Países, estudos sobre a cooperação para o desenvolvimento entre atores e uma introdução geral sobre a origem e o desenvolvimento dos Países de Língua Portuguesa, estudos sobre o intercâmbio humano e cultural entre esses Países e a China, bem como o desenvolvimento económico do Brasil e de Angola. No caso do Brasil, analisa-se tendência de desenvolvimento económico e nova política após a formção do novo governo no Brasil; no caso de Angola, explora-se sua trajetória de desenvolvimento diversificado.

Nos Relatórios por País, como sempre, através de pesquisas comparativas, analisa-se as mudanças entre o desenvolvimento em 2017 - 2018 e o nos dois anos anteriores, assim como os resultados da cooperação entre a China e vários Países de Língua Portuguesa. Apesar do acesso limitado a bibliografias, os autores obtiveram em primeira mão valiosas informações, através das laboriosas investigações de campo ou na interação com outros especialistas e estudiosos, obtendo-se assim um resultado muito valioso.

Em 2017, vivia-se um momento de esperança na recuperação da economia mundial, mas em 2018 a economia mundial voltou a ser acometida de muitas incertezas, devido à fricção comercial induzida pelos EUA em sua luta comercial contra a China. A reforma da Organização Mundial do Comércio enfrentou também enormes desafios e o desenvolvimento económico e social dos Países de Língua Portuguesa apresentou muitas dificuldades. Apesar disso, os Países de Língua Portuguesa seguiram lutando para superar as adversidades causadas pelos baixos preços nos mercados de *commodities* e continuaram a avançar. Em 2017 e 2018, o comércio entre a China e os Países de Língua Portuguesa registrou um crescimento considerável, não diminuindo o entusiasmo das empresas chinesas pelos Países de Língua Portuguesa, o que comprova bastante a estabilidade das relações amistosas entre a China e os referidos Países. A cooperação entre a China e esse conjunto de Países tem sido eficaz e o Fórum para a Cooperação Económica e Comercial entre a China e os Países de Língua Portuguesa (Macau) tem mantido sua forte vitalidade.

Para um futuro próximo, o desenvolvimento económico e social dos Países de Língua Portuguesa apresenta um grande potencial e o futuro da cooperação amistosa entre esses Países e a China tende a ser muito promissor!

Palavras-chave: Países de Língua Portuguesa; Economia e Sociedade; Cooperação Económica e Comercial

Resumos

I Relatório Principal

B. 1 Uma Introdução Geral do Desenvolvimento Económico e Social dos Países de Língua Portuguesa (2017 -2018)

Resumo: Em 2017, o desenvolvimento económico dos Países de Língua Portuguesa manteve-se, em geral, estável. No entanto, ainda continuavam em um estado de baixo crescimento. O Brasil superou a recessão económica e iniciou um processo de recuperação do crescimento. Portugal saiu da crise da dívida soberana desde 2008 e o seu crescimento económico bateu o recorde do século XXI. Os Países de Língua Portuguesa na Ásia e África continuaram a ser afetados pela fraca recuperação dos preços das *commodities*, mantendo assim um desenvolvimento económico flutuante. A população dos Países de Língua Portuguesa atingiu os 282 milhões e a redução da pobreza tornou-se cada vez mais importante. Depois das eleições em Angola e no Brasil, a sociedade ficou mais estável e a tendência das políticas domésticas e internacionais dos dois países passaram a receber mais atenção. Em 2018, o Presidente chinês Xi Jinping visitou Portugal e foi assinado o Memorando de Entendimento para Promover Conjuntamente a Construção da "Faixa e Rota". Por ocasião do 15° aniversário do Fórum de Cooperação Económica e Comercial China-Países de Língua Portuguesa (Macau, China), realizou-se uma importante avaliação externa.

Palavras-chave: Países de Língua Portuguesa; Desenvolvimento Económico e Social; Relação Económica e comercial

Ⅱ Relatórios Especiais

Resumo: 2018 marcou o 15° aniversário do Fórum para a Cooperação Económica e Comercial entre a China e os Países de Língua Portuguesa (Macau). Nesses 15 anos, o Fórum promoveu ativamente o desenvolvimento económico e comercial, a cooperação de recursos humanos e diversos intercâmbios culturais entre a China e os Países de Língua Portuguesa, alcançando resultados notáveis e criando uma série de mecanismos operacionais inovadores, especiais e eficazes no processo de desenvolvimento, acumulando assim muitas experiências bem sucedidas. No referido ano, o Secretariado Permanente do Fórum realizou diversos seminários relacionados ao 15° aniversário do Fórum, convidando líderes e especialistas que trabalharam no Fórum e participando na sua criação. Assim, foi possível rever a história do seu desenvolvimento e acolher novas sugestões para sua continuidade e desenvolvimento futuro. Este artigo examina cuidadosamente a história do Fórum, os conselhos dos especialistas e resume os 15 anos do desenvolvimento dessa experiência, bem como alguns pensamentos e inspirações.

Palavras-chave: Fórum para a Cooperação Económica e Comercial entre a China e os Países de Língua Portuguesa; Intercâmbio Cultural; Cooperação Económica e Comercial

B. 3 A Posição e o Papel da Região Administrativa Especial de Macau da China na Grande Área da Baía Guangdong-Hong Kong-Macau

Ye Guilin / 045

Resumo: A iniciativa "Faixa e Rota" e a estratégia da Grande Área da Baía Guangdong-Hong Kong-Macau injetaram nova vitalidade e novas conotações na plataforma de Macau para a China e os Países de Língua Portuguesa. A RAEM deveria aproveitar esta oportunidade para fornecer serviços para a formação de um novo padrão de abertura na Grande Área da Baía Guangdong-Hong Kong-Macau. Este artigo analisa a evolução do conceito da Grande Área da Baía Guangdong-Hong Kong-Macau desde a cooperação regional à estratégia nacional, resumindo o desenvolvimento da Grande Área da Baía Guangdong-Hong Kong-Macau, e a chave da cooperação entre Guangdong, Hong Kong e Macau. Ao mesmo tempo, analisa o posicionamento de Macau na construção de "um centro, uma plataforma e uma base" na Grande Área da Baía Guangdong-Hong Kong-Macau, apresentando forma de adicionar os elementos da Grande Área da Baía Guangdong-Hong Kong-Macau na construção da plataforma entre a China e os Países de Língua Portuguesa. Finalmente, este artigo propõe que Macau deve racionalizar o desenho de alto nível e fortalecer a investigação ao cooperar com a Grande Área da Baía Guangdong-Hong Kong-Macau.

Palavras-chave: "Faixa e Rota"; Grande Área da Baía Guangdong-Hong Kong-Macau; Macau; Plataforma entre a China e os Países de Língua Portuguesa

B. 4 Aprofundar a Cooperação Regional e Promover o Desenvolvimento Económico Moderado e Diversificado da Região Administrativa Especial de Macau

Zhang Haiyuan, *Qi Guanjun* / 060

Resumo: Macau é uma cidade próspera, cuja produção per capita e ranking de rendimento fica entre os melhores do mundo, e é uma mini economia. Desde

1999, quando a soberania de Macau foi transferida para a China, devido à implementação da política de "um país, dois sistemas" e ao forte apoio do governo central da China, a economia de Macau desenvolve-se rapidamente, a sociedade fica harmoniosa e estável, a vida do povo melhorou significativamente, mas o desenvolvimento também se limita por causa do território estreito, escassez de recursos humanos, estrutura industrial monótona. O país afirmou claramente que "promovendo Macau para impulsionar uma diversificação moderada da economia", o Governo da RAEM nos últimos anos tem trabalhado arduamente para promover a economia de Macau para ajustamentos moderadamente diversificados e alcançado resultados positivos. O Secretário Geral do PCCh, Xi Jinping, reuniu-se com as missões de todos os sectores de Hong Kong e Macau para celebrar o 40° aniversário da reforma e abertura do país, sublinhando que para Hong Kong e Macau, a política "um país, dois sistemas" é a sua maior vantagem, a reforma e abertura do país é o maior palco e as estratégias de construir "Faixa e Rota", e a construção de Grande Área da Baía Guangdong-Hong Kong-Macau são as novas oportunidades. Sob esses contextos, Macau precisa de seguir as mudanças da situação económica dentro e fora, aproveitando a oportunidade de reforma aprofundada e a construção acelerada de "Faixa e Rota", integrando profundamente na construção da Grande Área da Baía Guangdong-Hong Kong-Macau. Através de aprofundamento da cooperação económica com a China continental e outras regiões, resolvendo os problemas de desenvolvimento com a abertura mútua e cooperação prática a nível mais alto, promovendo o desenvolvimento moderadamente diversificado e sustentável para a economia de Macau.

Palavras-chave: Macau; Cooperação Regional; Desenvolvimento Moderado e Diversificado; Grande Área da Baía Guangdong-Hong Kong-Macau

Ⅲ Relatórios sobre as Questões Candentes

B. 5 Construção e Eficácia do Mecanismo de Cooperação Multilateral e Bilateral entre a China e os Países de Língua Portuguesa

Liu Jinlan, Wen Zhuojun / 073

Resumo: A China tem uma longa história de relacionamento com os Países de Língua Portuguesa. Desde o estabelecimento de relações diplomáticas entre a China e a Guiné-Bissau em 1974, a China estabeleceu e desenvolveu gradualmente relações com os Países de Língua Portuguesa e estabeleceu um mecanismo de cooperação bilateral estável e de longo prazo. O Fórum de Cooperação Económica e Comercial China-Países de Língua Portuguesa (Macau) (adiante designado por "Fórum de Macau"), criado em 2003, iniciando um mecanismo de cooperação multilateral entre a China e os Países de Língua Portuguesa. Nesses 15 anos, o mecanismo de cooperação entre a China e os Países de Língua Portuguesa vem amadurecendo, as cooperações entre os governos estão cada vez mais estreitas, as visitas de alto nível estão cada vez mais frequentes, o investimento comercial cresceu significativamente, as áreas de cooperação estão alargando, e demonstrar gradualmente a eficácia da cooperação. Olhando para o futuro, o desenvolvimento da cooperação bilateral e multilateral da China com Países de Língua Portuguesa vai encontrar mais oportunidades sob a iniciativa "Faixa e Rota", a RAEM como um elo de ligação entre a China e os Países de Língua Portuguesa, o seu papel de plataforma irá tornar-se mais proeminente.

Palavras-chave: China e Países de Língua Portuguesa; mecanismo de cooperação; eficácia da construção; Fórum de Cooperação Económica e Comercial China-Países de Língua Portuguesa

B. 6 CPLP-Sonhos e Conceitos *Wei Dan / 088*

Resumo: Em comparação com as organizações internacionais como a Commonwealth, estabelecida em 1931, e as dos países de língua francesa, estabelecida em 1970, especialmente as que são estabelecidas em uma língua única, a Comunidade dos Países de Língua Portuguesa tem a sua característica própria. Neste relatório, analisa-se o contexto e o processo de criação da Comunidade dos Países de Língua Portuguesa e classifica sua natureza jurídica, principais instituições, objetivos e realizações e analisa seu valor e singularidade. Para além de uma análise aprofundada do conceito de Comunidade dos Países de Língua Portuguesa, este relatório também comentou o papel do Fórum de Cooperação Económica e Comercial China-Países de Língua Portuguesa (Macau).

Palavras-chave: Comunidade dos Países de Língua Portuguesa; Língua Portuguesa; Governança Internacional; Multilateralismo; "Faixa e Rota"

B. 7 Cooperação para o Desenvolvimento entre a China e os Países de Língua Portuguesa (2017 ~ 2018) *Liu Wei / 099*

Resumo: Em 2017, no âmbito da construção "Faixa e Rota", a cooperação para o desenvolvimento entre a China e os Países de Língua Portuguesa desenvolveu-se de forma constante no processo de mudança. No campo da cooperação para o desenvolvimento, a China continua a se concentrar no apoio ao desenvolvimento agrícola, melhoria do nível educacional, desenvolvimento de recursos humanos e melhoria dos serviços médicos nos países lusófonos na Ásia e África para ajudá-los a reduzir a pobreza e melhorar a vida do povo. Enquanto isso, a China e os Países de Língua Portuguesa fortalecem ainda mais o desenvolvimento da cooperação no domínio das infraestruturas de economia e a cooperação técnica, inovando maneira de financiamento e melhorando a capacidade de desenvolvimento independente e a sustentabilidade do desenvolvimento económico e social dos Países de Língua Portuguesa na Ásia e África. Em termos de cooperação para o desenvolvimento, a China continua a fortalecer a cooperação para o desenvolvimento em vários campos a nível bilateral para promover a melhoria dos países beneficiários e o desenvolvimento sustentável da economia e da sociedade. Ao mesmo tempo, a China também integra ativamente no desenvolvimento da cooperação entre a China e os Países Lusófonos no âmbito do quadro multilateral, especialmente na China e no quadro do Fórum para a Cooperação Económica e Comercial entre a China e os Países de Língua Portuguesa (Macau) através de discussões coletivas multilaterais, concretização de ações, realizando o desenvolvimento mútuo dos países membros. Além disso, a China e os Países de Língua Portuguesa continuam a explorar a cooperação trilateral, acumulando experiências, o que é favorável para promover a cooperação internacional no campo da assistência ao desenvolvimento e satisfazer as necessidades de desenvolvimento económico e social dos países beneficiários e vantagens complementares entre os países doadores. Olhando para o futuro, a China e os Países de Língua Portuguesa irão desenvolver a cooperação na escala da "Faixa e Rota", inovando maneiras de financiamento e modalidades de ajuda para melhorar a eficácia da ajuda e promover os países para explorar o caminho de desenvolvimento adequado para as suas condições nacionais e metas de desenvolvimento sustentável.

Palavras-chave: "Faixa e Rota"; Cooperação para o Desenvolvimento; Fórum para a Cooperação Económica e Comercial entre a China e os Países de Língua Portuguesa (Macau); Cooperação trilateral

Resumo: O relatório pretende analisar a situação atual da cooperação humana e cultural entre a China e os Países de Língua Portuguesa. A cooperação humana e cultural constitui um dos conteúdos importantes da China na área de comunicação internacional nesta fase, e requer uma resposta positiva do lado estrangeiro. No contexto de ascensão da China, a cooperação humana e cultural promove o entendimento mútuo entre os povos, o que fornece apoio efetivo para intercâmbios políticos e económicos. O relatório tenta resumir as características da cooperação humana e cultural entre os povos da China e dos Países de Língua Portuguesa nesta fase e através dos quatro aspetos, como intercâmbio dos povos, ensino de línguas, cooperação académica e artes visuais, classificar e comentar a situação da cooperação humana e cultural entre a China e os Países Lusófonos.

Palavras-chave: Cooperação Humana e Cultural; Intercâmbio Mundial; Países de Língua Portuguesa

Resumo: A economia brasileira alcançou um crescimento de 1% em 2017. No entanto, perante três anos consecutivos de crescimento negativo do PIB e do PIB per capita, a recuperação da economia brasileira ainda é fraca. A economia brasileira ainda enfrenta muitos problemas e dificuldades macras e estruturais, como investimento insuficiente para produção e infraestrutura, aumento da taxa de desemprego, estrutura industrial de industrialização primária, falta de poder endógeno no crescimento económico e grande dívida do governo. Com o resultado da eleição brasileira, o candidato de partido direito Jair Bolsonaro venceu e assumiu oficialmente o cargo no 1° de janeiro de 2019. A recuperação atual do comércio global proporcionou um ambiente externo favorável para a economia brasileira. No entanto, como o novo governo pode tirar proveito do ambiente externo favorável, que medidas pode tomar para lidar com a reforma fiscal e promover o emprego e a sustentabilidade social para que a economia saia dos problemas o mais rápido possível são os primeiros desafios que o governo de direita deve enfrentar.

Palavras-chave: Situação Económica do Brasil; Problemas Económicos; Escassez de Investimento; Reforma Fiscal; Promoção de Empregos

Resumo: O relatório é dividido em quatro partes: A primeira parte explica o desenvolvimento económico geral do país nos anos 2017 a 2018, através da introdução geral da política económica e monetária doméstica de Angola nesses dois anos. Ao mesmo tempo, analisa a tendência da política monetária doméstica. A segunda parte descreve a importância da diversificação económica de Angola e analisa a razão por que Angola precisa da diversificação económica e a direção da reforma económica. A terceira parte explora as formas e meios de diversificação económica e suas vantagens. Escolhendo agricultura, turismo e indústria para analisar é porque estas três partes têm tanto vantagens e desvantagens. Por exemplo, o desenvolvimento agrícola já entrou num estágio mais maduro, está melhorando as condições de produção agrícola e a renda através de um grande número de investidores estrangeiros. O turismo e a indústria têm algumas desvantagens, como infraestrutura deficiente e maior dificuldade na implementação. A quarta parte descreve brevemente a influência da "Faixa e Rota" para Angola e as oportunidades de cooperação e desenvolvimento económico entre os dois países no futuro.

Palavras-chave: Economia Nacional e Política Monetária; Diversificação Económica; "Faixa e Rota"

IV Relatórios por País

Resumo: Em 2018, o presidente João Manuel Gonçalves Lourenço continuou a campanha contra corrupção para consolidar o poder. Nas áreas de saúde pública e segurança social, a situação ainda é severa e o governo de Lourenço enfrenta enormes desafios. Os preços internacionais do petróleo recuperaram lentamente e as reformas económicas de Angola começaram a dar frutos, mas ainda têm um longo caminho a percorrer. Lourenço buscou ativamente a assistência económica através da diplomacia, e Angola recebeu forte apoio do Fundo Monetário Internacional. A China e Angola conseguiram uma cooperação frutífera e a cooperação futura dará mais atenção à função hematopoiética do desenvolvimento económico.

Palavras-chave: Angola; Reforma Económica; Relação Sino-angolana

Resumo: Em 2018, as eleições tornaram-se num tema importante para definir a situação política do Brasil. Com a ascensão do Bolsonaro e o seu partido de extrema direita, concretiza-se então uma "virada à direita" no ambiente político do país, e ao mesmo tempo dava impactos a estrutura do poder político tradicional brasileiro. No entanto, os partidos políticos tradicionais ainda têm uma grande influência a nível do parlamento e do governo local, o que também desempenha um papel de "válvula de freio" durante a governança do Bolsonaro no futuro, evitando algumas mudanças radicais na política doméstica e estrangeira. A economia brasileira continuou a tendência de recuperação do ano anterior, mas a situação de crescimento lento não mudou muito. A incerteza da situação política e económica doméstica e as dificuldades enfrentadas pela atual reforma económica são os principais obstáculos ao crescimento económico. A diplomacia brasileira também foi relativamente monótona em 2018, refletindo a falta de atenção para as relações exteriores do governo Temer no último ano da sua governança. No entanto, as relações sino-brasileiras mantiveram um ritmo estável, especialmente a cooperação económica e comercial entre a China e o Brasil teve um papel importante na recuperação da economia brasileira.

Palavras-chave: Brasil; Eleições; Bolsonaro; Faixa e Rota; BRICS

B. 13 República de Cabo Verde *Song Shuang* / 179

Resumo: Em 2017, Cabo Verde conta com a situação política estável, com a reconstrução do Gabinete iniciada pelo Primeiro Ministro para melhorar a eficiência operacional. Cabo Verde experimentou um rápido crescimento económico graças à forte recuperação de seus parceiros económicos, ao aumento do investimento público e dos custos humanos e à fácil política monetária. Com a aceleração da privatização doméstica, Cabo Verde Airlines tornou-se a primeira empresa do plano de privatização, que inclui 23 empresas estatais. A situação social continuou melhorando e o governo fortaleceu ainda mais a construção de infraestrutura nos campos de telecomunicações e transporte. A relação bilateral entre a China e Cabo Verde continuou a aprofundar-se nos campos da política, economia e comércio, cooperação técnica, educação e formação, etc. Como membro fundador do Fórum para a Cooperação Económica e Comercial entre a China e os Países de Língua Portuguesa (Macau), Cabo Verde tem participado ativamente em várias atividades ao longo dos últimos 15 anos, e todos os setores da sociedade deram grandes elogios ao Fórum.

Palavras-chave: Reconstrução de Gabinete; Crescimento Económico; Privatização; Relacionamento Bilateral

B. 14 República da Guiné-Bissau *Song Shuang* / 190

Resumo: De 2017 a 2018, Guiné-Bissau havia mudado seu primeiro-ministro duas vezes e Aristides Gomes foi eleito como o novo primeiro-ministro em abril de 2018. A economia manteve o ritmo de crescimento, com taxa de crescimento do PIB chegando a 5, 9% em 2017. No entanto, os indicadores de desenvolvimento social permaneceram atrasados, e ainda havia espaço significativo para crescer na área de educação, saúde e infraestrutura. A China e a Guiné-Bissau cooperaram extensivamente nos campos da política, economia e comércio, desenvolvimento, tratamento médico e agricultura, e assinaram acordos sobre importantes projetos tais como o porto de pesca e a rodovia costeira. No 15° aniversário do Fórum para a Cooperação Económica e Comercial entre a China e os Países de Língua Portuguesa (Macau), a Guiné-Bissau louvou muito as realizações do Fórum na construção de infraestruturas e na formação de recursos humanos.

Palavras-chave: Mudança do Governo; Crescimento Económico; Desenvolvimento Social; Fórum de Macau

B. 15 República de Moçambique *An Chunying* / 200

Resumo: Em 2018, a luta pelo poder político entre o Frelimo, o Partido da Frente de Libertação de Moçambique e o Renamo, o maior partido de oposição do país, a Resistência Nacional de Moçambique, é feroz, especialmente nas eleições municipais em Outubro. Antes da eleição, o ambiente de segurança social de Moçambique é preocupante, e a alta taxa de desemprego aumentou a pressão sobre o governo para manter a estabilidade. Ao mesmo tempo, a economia de Moçambique continua a ser lenta e o governo não conseguiu equilibrar suas contas. Em termos de relações externas, a relação entre Moçambique e a China é mais próxima nos campos político, económico e intercâmbio entre povos, impulsionada por plataformas bilaterais e multilaterais do Fórum para a Cooperação Económica e Comercial entre a China e os Países de Língua Portuguesa.

Palavras-chave: Moçambique; Situação Política; Taxa de Desemprego; Recessão Económica; Relação entre a Moçambicana e a China

B. 16 Repúlica Portuguesa *Zhang Min* / 216

Resumo: Em 2018, a situação política em Portugal manteve-se estável. O Partido Socialista, no poder, continuou a receber apoio do grupo de esquerda, do Partido Comunista Português e do Partido Verde de Portugal, e o plano de orçamento do governo para 2019 pode ser aprovado com sucesso. As perspetivas de crescimento económico são promissoras e, em 2018, o crescimento económico beneficiou da procura interna, do crescimento das exportações e do financiamento da UE. A situação do mercado de trabalho melhorou claramente e a taxa de desemprego caiu para o nível mais baixo desde 2004. A visita oficial do Presidente da China, Xi Jinping, a Portugal, após oito anos, fortaleceu ainda mais a parceria compreensiva estratégica entre os dois países e, no futuro, construirá uma "parceria marítima" e construirá juntamente a Rota da Seda Marítima do século XXI.

Palavras-chave: Portugal; Estabilidade Política; Recuperação Económica; Relação Sino-portuguesa; Parceria Marítima

B. 17 República Democrática de São Tomé e Príncipe

Wang Hongyi / 228

Resumo: Este artigo apresenta principalmente a situação atual política e económica de São Tomé e Príncipe em 2018 e a relação entre São Tomé e Príncipe e a China. Na parte da situação política, apresentamos as eleições parlamentares e o estabelecimento do novo governo, analisamos as razões do fracasso do partido no poder, o Partido Independente de Ação Democrática, e avaliamos as tendências políticas futuras de São Tomé. Na parte económica, apresentamos as dificuldades enfrentadas por São Tomé em 2018, as medidas tomadas pelo governo para sair das dificuldades económicas e as conquistas e a tendência de desenvolvimentos em 2019. Na parte da relação com a China, foram introduzidos os contactos de alto nível entre os dois países, os acordos assinados e os atuais projetos de grande escala em implementação pelos dois países.

Palavras-chave: São Tomé e Príncipe; China; Relações Bilaterais

B. 18 República Democrática de Timor-Leste *Tang Qifang* / 240

Resumo: O ano 2017 é o 15° aniversário da independência de Timor-Leste e o primeiro ano eleitoral para o presidente e o parlamento que é organizada completamente independente. A eleição correu calma e pacífico, mas o governo da minoria não conseguiu implementar a política e o parlamento só pode ser dissolvido no próximo ano. Contudo, em geral, a ordem política e social de Timor-Leste é estável, a *Agenda* 2030 *para o Desenvolvimento Sustentável* e a diversificação económica continuam a avançar, e os indicadores de desenvolvimento social melhoraram. Consistente com a delimitação marítima da Austrália, o desenvolvimento é fortemente apoiado por parceiros internacionais. Timor-Leste aderiu ao AIIB, assinou um Memorando de Entendimento para a cooperação "Faixa e Rota" com a China, e a cooperação entre a China e Timor-Leste atingiu um novo nível histórico.

Palavras-chave: 15° Aniversário da Independência; Eleições Generais; *Agenda de Desenvolvimento Sustentável para* 2030; Delimitação Marítima; "Faixa e Rota"

S 基本子库
UB DATABASE

中国社会发展数据库（下设 12 个子库）

全面整合国内外中国社会发展研究成果，汇聚独家统计数据、深度分析报告，涉及社会、人口、政治、教育、法律等 12 个领域，为了解中国社会发展动态、跟踪社会核心热点、分析社会发展趋势提供一站式资源搜索和数据分析与挖掘服务。

中国经济发展数据库（下设 12 个子库）

基于“皮书系列”中涉及中国经济发展的研究资料构建，内容涵盖宏观经济、农业经济、工业经济、产业经济等 12 个重点经济领域，为实时掌控经济运行态势、把握经济发展规律、洞察经济形势、进行经济决策提供参考和依据。

中国行业发展数据库（下设 17 个子库）

以中国国民经济行业分类为依据，覆盖金融业、旅游、医疗卫生、交通运输、能源矿产等 100 多个行业，跟踪分析国民经济相关行业市场运行状况和政策导向，汇集行业发展前沿资讯，为投资、从业及各种经济决策提供理论基础和实践指导。

中国区域发展数据库（下设 6 个子库）

对中国特定区域内的经济、社会、文化等领域现状与发展情况进行深度分析和预测，研究层级至县及县以下行政区，涉及地区、区域经济体、城市、农村等不同维度。为地方经济社会宏观态势研究、发展经验研究、案例分析提供数据服务。

中国文化传媒数据库（下设 18 个子库）

汇聚文化传媒领域专家观点、热点资讯，梳理国内外中国文化发展相关学术研究成果、一手统计数据，涵盖文化产业、新闻传播、电影娱乐、文学艺术、群众文化等 18 个重点研究领域。为文化传媒研究提供相关数据、研究报告和综合分析服务。

世界经济与国际关系数据库（下设 6 个子库）

立足“皮书系列”世界经济、国际关系相关学术资源，整合世界经济、国际政治、世界文化与科技、全球性问题、国际组织与国际法、区域研究 6 大领域研究成果，为世界经济与国际关系研究提供全方位数据分析，为决策和形势研判提供参考。

法律声明